[   ]님,
66일의 멋진 도전을
응원합니다!

— 갱미몬 —

영어 습관 만들기
START →

D-66	D-65	D-64
01 비밀과외 본책☐ 혼공노트☐	02 비밀과외 본책☐ 혼공노트☐	03 비밀과외 본책☐ 혼공노트☐

D-63	D-62	D-61	D-60	D-59
04 비밀과외 본책☐ 혼공노트☐	05 비밀과외 본책☐ 혼공노트☐	06 비밀과외 본책☐ 혼공노트☐	07 비밀과외 본책☐ 혼공노트☐	08 비밀과외 본책☐ 혼공노트☐

D-58	D-57	D-56	D-55	D-54
09 비밀과외 본책☐ 혼공노트☐	10 비밀과외 본책☐ 혼공노트☐	11 비밀과외 본책☐ 혼공노트☐	12 비밀과외 본책☐ 혼공노트☐	13 비밀과외 본책☐ 혼공노트☐

D-53	D-52	D-51	D-50	D-49
14 비밀과외 본책☐ 혼공노트☐	15 비밀과외 본책☐ 혼공노트☐	16 비밀과외 본책☐ 혼공노트☐	17 비밀과외 본책☐ 혼공노트☐	18 비밀과외 본책☐ 혼공노트☐

D-48	D-47	D-46	D-45	D-44
19 비밀과외 본책☐ 혼공노트☐	20 비밀과외 본책☐ 혼공노트☐	21 비밀과외 본책☐ 혼공노트☐	22 비밀과외 본책☐ 혼공노트☐	23 비밀과외 본책☐ 혼공노트☐

D-43	D-42	D-41	D-40	D-39
24 비밀과외 본책☐ 혼공노트☐	25 비밀과외 본책☐ 혼공노트☐	26 비밀과외 본책☐ 혼공노트☐	27 비밀과외 본책☐ 혼공노트☐	28 비밀과외 본책☐ 혼공노트☐

D-38	D-37	D-36	D-35	D-34
29 비밀과외 본책☐ 혼공노트☐	30 비밀과외 본책☐ 혼공노트☐	31 비밀과외 본책☐ 혼공노트☐	32 비밀과외 본책☐ 혼공노트☐	33 비밀과외 본책☐ 혼공노트☐

특정 행동을 지속적인 습관으로 만드는 데에 필요한 기간 66일,
여러분의 영어 습관을 완성하기 위해 66일 동안 매일 기록해 주세요!

D-33	D-32	D-31	D-30	D-29
34 본책 ☐ 혼공노트 ☐	35 본책 ☐ 혼공노트 ☐	36 본책 ☐ 혼공노트 ☐	37 본책 ☐ 혼공노트 ☐	38 본책 ☐ 혼공노트 ☐

D-28	D-27	D-26	D-25	D-24
39 본책 ☐ 혼공노트 ☐	40 본책 ☐ 혼공노트 ☐	41 본책 ☐ 혼공노트 ☐	42 본책 ☐ 혼공노트 ☐	43 본책 ☐ 혼공노트 ☐

D-23	D-22	D-21	D-20	D-19
44 본책 ☐ 혼공노트 ☐	45 본책 ☐ 혼공노트 ☐	46 본책 ☐ 혼공노트 ☐	47 본책 ☐ 혼공노트 ☐	48 본책 ☐ 혼공노트 ☐

D-18	D-17	D-16	D-15	D-14
49 본책 ☐ 혼공노트 ☐	50 본책 ☐ 혼공노트 ☐	51 본책 ☐ 혼공노트 ☐	52 본책 ☐ 혼공노트 ☐	53 본책 ☐ 혼공노트 ☐

D-13	D-12	D-11	D-10	D-09
54 본책 ☐ 혼공노트 ☐	55 본책 ☐ 혼공노트 ☐	56 본책 ☐ 혼공노트 ☐	57 본책 ☐ 혼공노트 ☐	58 본책 ☐ 혼공노트 ☐

D-08	D-07	D-06	D-05	D-04
59 본책 ☐ 혼공노트 ☐	60 본책 ☐ 혼공노트 ☐	61 본책 ☐ 혼공노트 ☐	62 본책 ☐ 혼공노트 ☐	63 본책 ☐ 혼공노트 ☐

D-03	D-02	D-01		
64 본책 ☐ 혼공노트 ☐	65 본책 ☐ 혼공노트 ☐	66 본책 ☐ 혼공노트 ☐	**Mission Complete!**	

독자의 1초를 아껴주는 정성!

세상이 아무리 바쁘게 돌아가더라도

책까지 아무렇게나 빨리 만들 수는 없습니다.

인스턴트 식품 같은 책보다는

오래 익힌 술이나 장맛이 밴 책을 만들고 싶습니다.

길벗이지톡은 독자 여러분이 우리를 믿는다고 할 때 가장 행복합니다.

나를 아껴주는 어학도서, 길벗이지톡의 책을 만나보십시오.

독자의 1초를 아껴주는 정성을 만나보십시오.

미리 책을 읽고 따라해본 2만 베타테스터 여러분과 무따기 체험단, 길벗스쿨 엄마 2% 기획단,

시나공 평가단, 토익 배틀, 대학생 기자단까지!

믿을 수 있는 책을 함께 만들어주신 독자 여러분께 감사드립니다.

....

(주)도서출판 길벗 www.gilbut.co.kr

길벗 이지톡 www.gilbut.co.kr

길벗 스쿨 www.gilbutschool.co.kr

66일
영어회화
비밀과외

현직 동시통역사에게 직접 배우는

66일 영어회화 비밀과외

66-Day Private English Conversation Class

초판 1쇄 발행 · 2021년 3월 20일
초판 2쇄 발행 · 2021년 8월 10일

지은이 · 장경미
발행인 · 이종원
발행처 · (주)도서출판 길벗
브랜드 · 길벗이지톡
출판사 등록일 · 1990년 12월 24일
주소 · 서울시 마포구 월드컵로 10길 56(서교동)
대표 전화 · 02)332-0931 | **팩스** · 02)338-0388
홈페이지 · www.gilbut.co.kr | **이메일** · eztok@gilbut.co.kr

기획 및 책임 편집 · 임명진(jinny4u@gilbut.co.kr) | **디자인** · 강은경 | **제작** · 이준호, 손일순, 이진혁
영업마케팅 · 김학흥, 장봉석 | **웹마케팅** · 이수미, 최소영 | **영업관리** · 김명자, 심선숙 | **독자지원** · 송혜란, 윤정아

편집진행 및 교정교열 · 강윤혜 | **전산편집** · 이현해 | **일러스트** · 최정을
녹음편집 · 와이알미디어 | **CTP 출력 및 인쇄** · 북토리 | **제본** · 신정제본

ISBN 979-11-6521-493-7 (04740) (길벗 도서번호 301065)
ⓒ 장경미, 2021

정가 15,000원

독자의 1초까지 아껴주는 정성 길벗출판사

(주)도서출판 길벗 | IT실용서, IT/일반 수험서, IT전문서, 경제경영서, 취미실용서, 건강실용서, 자녀교육서
더퀘스트 | 인문교양서, 비즈니스서
길벗이지톡 | 어학단행본, 어학수험서
길벗스쿨 | 국어학습서, 수학학습서, 유아학습서, 어학학습서, 어린이교양서, 교과서

페이스북 · www.facebook.com/gilbuteztok
네이버 포스트 · http://post.naver.com/gilbuteztok
유튜브 · https://www.youtube.com/gilbuteztok

현직 동시통역사에게 직접 배우는

66일
영어회화
비밀과외

장경미(갱미몬) 지음

길벗
이지:톡

✉ 66일의 도전을 시작하는 여러분께

23년, 갱미몬의 영어 삽질 표류기

저는 충북의 아주 작은 시골 마을에서 태어났습니다. 그래서인지 어려서부터 더 넓은 세계로 나가고 싶다는 간절한 열망이 있었어요. 그러다가 외고에 진학했고 대학도 영어 통번역학과에 들어갔습니다. 그렇게 갱미몬은 동시통역사가 되어서 행복하게 잘 살았습니다~로 끝났으면 참 좋았을 텐데… 첫 학기 저는 학사경고를 받고 말았습니다. 어려서부터 동네에서 나름 영어 잘하는 애로 통했고 스스로 자신감이 있었기에 결과에 적잖이 충격을 받았죠. 학과 특성상 재외국민 전형입학이나 영어권에서 태어나고 자란 해외파 친구들이 많기는 했습니다. 동기들은 영어가 모국어니까 굳이 공부하지 않아도 성적이 잘 나왔고 저는 온종일 도서관에 처박혀 공부해도 따라잡기가 힘들더군요.

이대로는 도저히 안 되겠다 싶어서 21살, 단돈 30만 원을 챙겨 들고 호주로 무작정 떠났습니다. 10년 전이라도 30만 원이면 deposit(보증금)도 안 되는 적은 금액이었어요. 더 대책 없는 게 뭔지 아세요? 당시 제 영어 실력은 의사소통이 힘든 수준이었다는 사실입니다. 호주 공항에 도착해 택시를 타면서 기사님께 건넨 첫 영어가 "Downtown, please.(시내로 가주세요.)"였어요. 아무래도 시내에 일자리가 있겠다 싶어 곧장 downtown으로 간 거죠. 그런데 패기 있게 들어간 식당의 사장님이 "애들은 안 써. waitress도 영어 실력이 원어민 수준이 되어야 해."라며 그동안 일자리를 찾아온 이들의 명단을 보여주더군요. 갑자기 현실의 벽이 확 느껴지더라고요. 다행히 기운 빠져 돌아가는 제 모습이 안 돼 보였던지 사장님이 "누가 안 시켜준대? 대신 어린 만큼 더 열심히 해!"라며 저를 채용했고 그렇게 식당에 취업해서 하루 벌어 하루 먹고 사는 삶을 시작하게 되었습니다.

그때 저의 영어 실력이 급속도로 향상된 계기가 있었는데요. 바로 아침 청소시간에 매일 듣던 영어회화 패턴 MP3 파일이었습니다. 당장 생존을 위해 영어가 절박한 상황이었던 만큼 바로 말을 만들 수 있도록 도와주는 교재가 필요했어요. 정말단 하루도 빠짐없이 매일 MP3 파일을 들었죠. 식당 사장님이 이어폰 빼고 일하라고 해도 '청소시간만큼이라도 제발 영어를 듣게 해달라'고 간곡히 요청하면서요. 그렇게 날마다 패턴을 듣고 따라 하며 외우고 퇴근길에는 지하철 노숙자(현지인)에게 샌드위치를 주면서 영어신문과 소설을 읽어달라고 부탁했습니다. 센트럴파크에 엎드려 Grammar in Use라는 문법책을 수차례 정독하기도 했고요.

지금 생각하면 어학원에 다니고 싶어도 여유가 없던 당시 제 처지가 전화위복의 기회였어요. 1년 비자를 받고 갔지만 5개월 되던 시점에 깨달았거든요. 영어는 결국 뼈대만 잡으면 INPUT의 차이이며, 단지 영어공부의 목적이라면 뼈대를 잡은 시점에 굳이 외국에 있을 필요가 없다는 것을요. 그래서 곧장 한국으로 돌아와 외국인을 많이 만날 수 있는 이태원에서 일을 시작했습니다. 잘 때도 이어폰을 꽂고 잘 정도로 영어환경에 노출되려고 노력했습니다.

몇 개월이 지난 어느 날, 자고 있는데 라디오에서 외국인 DJ가 하는 말이 우리말처럼 또박또박 들리기 시작했어요. 소위 말하는 '귀가 뚫리는 순간'을 경험을 한 것이죠. 그리고 영어를 쓸 수밖에 없는 상황에 자신을 몰아넣기 위해 무역회사에 취직해서 비즈니스 영어를 익혔어요. 그렇게 한 2년 정도 일하다 보니 23살 비즈니스 통역 및 영어회화를 하는 데 있어 어려움을 느끼지 않게 되었습니다.

66일, 평생 후회 안 할 영어 습관 장착하기

한국에서 태어나서 영어 때문에 오랜 시간 고생하며 시행착오를 겪어온 한 사람으로서, 이 책을 통해 저만의 영어 체득법을 아낌없이 알려드리고 싶었습니다. 사실 영어는 공부가 아닌 "습득", "체득"입니다. 학습은 잊게 되는 구조로 되어 있지만, 우리가 반복되는 훈련을 통해 체득한 것은 자다가 쿡 찔러도 튀어나오는 법이죠. 하지만 무조건 오래 많이 한다고 잘하는 건 아닌 것 같아요.

우리가 영어를 그렇게 오래 공부했지만 말할 수 없는 이유가 뭘까요? 저는 그 첫 번째 이유를 "영어가 안 들리기 때문"이라고 생각합니다. 영어를 하면서 가장 당황했던 것은 바로 학창시절 배웠던 영어 단어의 발음이 실제 원어민들이 말하는 소리와 달랐다는 사실입니다. 아는 만큼 들리고 들려야 말하는데, 들리지 않으니까 말을 할 수가 없죠. 외국어를 하는 데 중요한 "자신감"을 가질 수가 없습니다. 제대로 된 소리를 듣고 따라 하면서 귀를 뚫어야 합니다. 이 책에는 패턴을 영어 소리에 최대한 가까운 우리말 발음으로 표기했습니다. 물론 더욱 정확히 발음하기 위해 영어 원어민이 녹음한 MP3 파일을 꼭 함께 들어주셔야 합니다.

우리가 영어를 말할 수 없는 두 번째 이유는 "입이 안 떨어지기 때문"입니다. 당장 말을 하고 싶을 때 가장 추천하는 방법은 원어민이 자주 쓰는 회화 패턴을 공식처럼 익히는 것입니다. 입에서 자동으로 튀어나올 때까지요. 이 책에는 영어회화에서 가장 요긴하게 쓸 수 있는 66개 패턴을 담았습니다. 제 경험상 패턴을 아무리 열심히 외워도 실제로 대화할 때 써봐야 진짜 내 것이 되더라고요. 그래서 패턴을 어떤 상황에서 쓰는지 스토리가 있는 대화를 통해 체득할 수 있도록 했습니다. 그리고 표현을 살짝 바꿔 조금 길게 응용해서 말해보기도 하고요. 그렇게 하나하나 나만의 패턴이 늘어가면서 입이 열리게 됩니다.

그런데 아쉽게도 패턴만으로는 완벽하지 않더라고요. "패턴으로 채울 수 없는 네이티브 감각" 이것이 영어 말하기가 힘든 세 번째 이유입니다. 개별 단어의 뜻은 아는데 서로 연결되었을 때 전혀 다른 의미가 된다거나 문화적인 배경 이해가 없이는 도저히 알 수 없는 그런 표현들이 있습니다. 요런 건 최대한 많이 접하면서 체득하는 수밖에 없습니다. 여러분이 영어를 잘하려면 이런 패턴과 표현들의 INPUT이 충분히 채워져야 가능합니다.

66일, 특정한 행동을 지속적인 습관으로 만드는 데에 필요한 시간이 66일*이라고 합니다. 새로운 습관이 우리의 뇌에 인식되어 몸에 장착되는 66일의 시간을 영어 습관 만들기에 투자해보면 어떨까요? 단기간의 무리한 다이어트가 요요 현상으로 이어지는 것처럼 영어도 급하게 하거나 단발성으로 해서는 당장 말문이 트이는 것 같다가도 금세 잊히게 되고 자신감도 쌓이질 않습니다. 영어를 습관으로 만들어야 합니다. 오늘부터 66일 동안 하루 30분만 저와 만날 것을 약속해 주세요. 66번의 수업을 통해서 저는 여러분께 그동안 제가 시행착오를 통해 체득한 영어 노하우를 하나씩 알려드릴 것입니다.

나의 발목을 잡던 영어를 나의 매력으로 만들어 보세요. 아직은 영어공부의 길이 멀고 긴 터널처럼 보일지 모르지만, 묵묵히 걷다 보면 그 터널의 끝에는 무한한 기회가 기다리고 있을 겁니다. 여러분 곁에 제가 함께하겠습니다!

2021년 2월 어느 새벽, 갱미몬 드림

* 런던 대학 제인 위들 교수팀은 인간의 반복 행위가 반사행동으로 정착되는 기간을 알아보는 실험을 시행했다. 그 결과 평균 66일간 특정 행위를 반복하면 대단한 결심이나 의지가 없더라도 그 행위를 습관화시킨다는 결론에 도달했다.

영어회화 마스터키 만능패턴 66

패턴의 소리와 쓰임, 활용까지 빈틈없이 정리한다!

| 영어 자신감을 위한 첫걸음 |
영어의 진짜 소리와 친해지기
패턴과 예문을 실제 영어 발음에 최대한 가까운 우리말로 표기했습니다. QR코드를 스캔하여 원어민의 정확한 발음으로 들어보세요. 실제 원어민이 말하는 속도라서 조금 빠르게 들릴 수도 있지만 반복해서 듣고 적응하셔야 합니다.

| 입과 귀가 동시에 열리는 |
현직동시통역사의 패턴 과외
갱미몬이 실제로 영어 수업하는 내용 그대로 살려 패턴의 소리, 구조, 쓰임까지 꼼꼼히 설명했습니다. 일대일 과외수업이라고 생각하시고 꼭꼭 집중해 주세요.

뉘앙스 접수, 스토리텔링 훈련

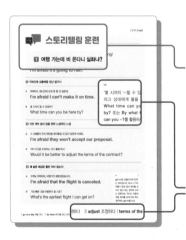

생생한 대화를 통해 패턴의 쓰임과 뉘앙스를 체득한다!

| 체험! 영어 대화의 현장 |
스토리텔링 대화문 훈련
패턴을 제아무리 열심히 외워도 실제로 대화할 때 써봐야 진짜 내것이 됩니다. 패턴을 구체적인 상황과 대화로 연습하면서 온몸으로 체득하세요. 스토리텔링 훈련의 MP3는 2회 반복되는데 두 번째는 섀도우스피킹으로 따라 말할 수 있는 시간이 주어집니다. 여러분이 대화속 주인공이 되어 말해보세요.

| 여러분, 잠깐만요! |
영어 꿀팁 & 표현정리
영어회화에 정말 자주 나오고 중요한 표현들은 그냥 넘어가기 아쉬워서 빼곡히 정리했어요. 요것도 놓치지 않으실 거죠?

하루 30분 여러분의 귀와 입을 열고 영어식 사고를 차곡차곡 완성해가는 〈본책〉과 그날 익힌 내용을 스스로 점검하는 〈혼공 노트〉로 구성되어 있습니다. 학습 취향에 맞게 분권하여 보다 가볍고 간편하게 사용할 수 있습니다.

⤢ 응용력 UP, 영어회화 늘리기

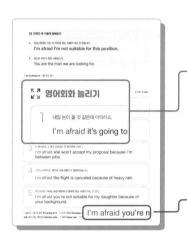

패턴 예문에서 표현만 살짝 바꿔 다양하게 말해본다!

| 내 영어가 더 길고 다양해지는 |
패턴 예문 응용하기
외운 문장만 말할 수 있는 건 하수! 여러분은 자유자재로 응용해서 말할 수 있는 영어 고수가 되실 분이랍니다. 앞에 나온 패턴 예문에서 표현을 살짝 바꾸거나 조금 길게 응용해서 말해보는 연습을 해보면서요. 처음에는 영어 문장을 손가락이나 펜으로 가리고 주어진 우리말만 보고 혼자 힘으로 말해보세요.

| 이 말 영어로 뭐죠? |
영어회화 힌트
혼자 말해보려고 했는데 앞에서 안 배운 표현이 나와서 어렵다고요? 그럼 힌트를 살짝 봐주시면 됩니다.

⚡ 100% 완성, 네이티브 감각 충전

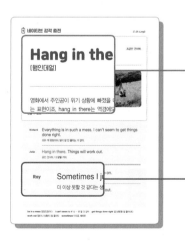

패턴만으로는 채울 수 없는 영어 감각을 완성한다!

| 패턴으로 2% 부족할 때 |
네이티브 감각 채우기
패턴만 외워서는 말할 수 없는 영어표현들이 있습니다. 개별 단어의 뜻은 아는데 서로 연결되었을 때 전혀 다른 의미가 된다거나 문화적인 배경 이해가 없이는 도저히 알 수 없는 관용표현들이죠. 차곡차곡 모아서 여러분의 영어 감각을 완성해 주세요.

| 네이티브 느낌으로 말해보기 |
섀도우스피킹 대화 연습
이번엔 관용표현이 실제 대화에서 어떻게 활용되는지 체험해보세요. 스토리텔링 훈련과 마찬가지로 MP3가 2회 반복됩니다.

특별부록

 66일 영어 습관을 완성하는 혼공노트

오늘 배운 문장은 까먹기 전에 확실하게 복습한다!

| 나와의 굳은 약속 |
66일 혼공노트로 숙제하기

매일 수업이 끝나면 그날 배운 문장을 혼공노트에 정리하세요.
이 노트는 여러분이 방치한다면 재활용 분리수거용 종이쓰레
기가 될 수 있지만, 매일 꾸준히 기록하여 활용한다면 여러분의
평생 영어 습관을 완성해줄 최고의 파트너가 될 것입니다.

MP3파일 활용법

1 QR코드 스캔하기

휴대폰의 QR코드 리더기로 스캔하면 MP3파일을 들을
수 있는 페이지가 나옵니다.

2 길벗 홈페이지

홈페이지에서 도서명을 검색하면 MP3파일 다운로드
와 바로 듣기가 가능합니다.

Contents

(   )의
66일
영어회화
비밀과외

———————— 주 의! ————————

이 책은 66일 동안 여러분의 영어 습관을 차근차근 완성할 수 있도록 구성했습니다. 가능한 매일 공부하는 것을 권장하지만, 바쁘고 힘들다면 주5일 학습도 괜찮습니다. 끝까지 포기하지 않는 것이 중요합니다.

Success is no accident. It is hard work, perseverance, learning, studying, sacrifice and most of all, love of what you are doing or learning to do. — Pele

성공은 결코 우연이 아닙니다. 엄청난 노력과 인내, 배움, 학습, 희생, 그리고 무엇보다도 자신이 하고 있는 일과 배우는 것을 사랑하는 것입니다. — 펠레(축구선수)

D-1

비밀
과외

영어 비밀과외 시작 전
특급 오리엔테이션

자, 오늘은 66일의 비밀과외 수업을 시작하기에 앞서 나의 영어 실력을 돌아보고 올바른 영어 공부 습관을 만들 준비를 하는 시간입니다. '에이, 됐고. 난 그냥 공부 시작할래!' 하는 분은 책장을 넘겨 p.25로 가셔도 됩니다. 하지만 나의 현재 상태를 정확히 알고, 보다 체계적으로 영어 습관을 잡고 싶다면 차근차근 오리엔테이션부터 시작해 주시기를 부탁드려요.

1교시 영어 발음 & 리스닝 진단평가　　🎧 00-1.mp3

문제) 원어민과 대화한다고 생각하고 다음 문장을 자연스럽게 읽어보세요.

> # I'm going to make a decision tomorrow.

방금 여러분이 한 발음이 다음 중 어느 발음에 가까운지 체크해 보세요.

☐ [아임 고잉 투 메이크 어 디시젼 투머로]

☐ [암고우인투 메이꺼 디씨젼 터머오로우]

☐ [암거너 메이꺼 디씨젼 터머오로우]

I'm going to make a decision tomorrow.

☐ [아임 고잉 투 메이크 어 디시젼 투머로]

☐ [암고우인투 메이꺼 디씨젼 터머오로우]

☐ [암거너 메이꺼 디씨젼 터머오로우]

실제로 원어민에게 이 표현을 읽어보라고 하면 두 번째나 세 번째에 가깝게 발음합니다. 여기서 잠깐, 첫 번째에 가까운 소리가 났다고 해서 여러분의 영어 발음이 별로라거나 잘못 발음한 것은 절대 아닙니다! 다만, 원어민과 실제로 대화할 때는 그들이 두 번째나 세 번째 발음에 가깝게 말하기 때문에 여러분이 못 알아들을 수가 있어요. 영어를 잘하기 위해서는 하나하나 정직한 발음으로 배웠던 소리를 자연스럽게 연결된 소리로 바꿔 익히는 연습이 필요합니다. (사실, 원어민들이 일부러 의도해서 이렇게 발음하는 건 아니고요. 우리가 듣기에는 빠르지만, 그들로서는 자연스러운 속도로 말하다 보면 이처럼 연결된 소리가 나거나 연결된 소리처럼 들린답니다.)

I'm going to : I'm은 I에 힘을 주고 빨리 [아임]이라고 말해보세요. [암]에 가까운 소리가 납니다. going to는 [고잉 투]가 아니라 [고우인투]로 발음하고요. 그런데 I'm going to make a decision tomorrow.(난 내일 결정을 내리려고 해.)처럼 going to가 '미래'를 나타낼 경우, 특히 미국인들은 더 편하게 더 빠르게 [거너]로 발음하는 경우가 많아요. 이때 주의해야 할 것은 '~할 것이다'라는 미래 용법으로 사용되었을 때만 [거너]로 발음한다는 것입니다. 〈I'm going to + 장소명사(~로 가는 중이다, ~로 가려고 한다)〉와 같이 go가 '가다'라는 동사 본연의 의미로 쓰일 때는 [거너]가 아니라 [고우인투]로 발음해 주셔야 해요.

make a decision : 일단 decision은 강세가 -ci-에 있어서 [디시젼]보다는 [디씨젼]에 가깝게 발음됩니다. (아시겠지만 영어단어를 발음할 때는 강세를 지켜주는 게 중요해요.) 그래서 make a decision을 단어 하나하나 정직하게 발음하면 [메이크 어 디씨젼]이 될 텐데요. 이때 원어민들은 a[어]를 약하게 발음합니다. (영어는 문장 내에서도 동사나 명사처럼 의미상 중요한 단어를 강하게 말하고, a나 전치사 같은 단어는 약하게 말하는 경향이 있죠.) 이런 점들을 알고 make a decision을 원어민 속도로 말해보세요. 자연스럽게 [메이꺼 디씨젼]에 가까운 소리가 날 거예요. make 와 a가 마치 한 단어처럼 연결되어 발음되는 거죠.

tomorrow : 원어민이 말하는 것을 잘 들어보면 [투마로]라고 발음하지 않고 [터머오로우] 에 가깝게 발음하는 걸 알 수 있습니다. -ow의 발음이 [오]가 아니라 [오우]에 가까운 소리가 나죠. 토마토(tomato)를 어떻게 발음하죠? 그렇죠. [토마토]가 아니라 [터메이로우]죠. 앞에 서 잠깐 본 것처럼 go의 -o 발음도 [오]가 아니라 [오우]에 가깝게 나고요. 이게 막 빠르게 지 나가서 별 차이 없는 것 같지만 [오]라고 끊어주는 거랑 [오우]라고 [우]까지 약하게 연결하는 거랑 느낌이 다르답니다. (한 가지 더! tomorrow에서 m 뒤의 -o-는 [ɔː] 발음인데, 이게 사실 우리한테 는 없는 발음이에요. 가장 가까운 우리말로 표기하기 위해 -mo-를 [머오]로 표기했는데요, 이 부분을 발음 할 때 요령은 입모양은 [머]로 하고 소리는 [모]로 내는 겁니다.)

자, 이제 파란색 글씨를 자연스럽게 이어서 다시 한 번 말해 보겠습니다!

암거너 메이꺼 디씨젼 터머오로우

이 책에는 패턴 예문에 우리말 발음기호를 달아두었습니다. 영어 발음에 최대한 가깝게 표기 하려고 노력했는데요. MP3파일도 꼭 함께 들어주세요. 영어를 말하고 싶다면 MP3파일과 친해지셔야 합니다. 원어민의 실제 발음을 귀로 들으면서 그동안 여러분이 알고 있었던 것과

다른 진짜 영어 소리에 친숙해져야 합니다. 그리 고 최대한 가깝게 따라 해보세요. 영어회화는 눈 으로 하는 게 아니라 눈-귀-입을 총동원해 온몸 으로 하는 거예요. 이렇게 연습하다 보면 어느새 회화는 물론 유창한 발음과 리스닝 실력까지 덤 으로 얻게 될 겁니다.

문제 다음에 제시된 단어들을 그림으로 그려보세요!

기린　　개미　　사자　　나　　토끼

★주의! 너무 깊이 생각하지 말고 편안하게 그려야 해요!

확인 여러분의 그림은 어떤 모습과 비슷한가요?

내가 그린 그림이 A와 비슷하다면

앞으로 '영어식 사고'로 바꾸는 데 수월하게 따라갈 수 있을 거예요. A그림을 자세히 보면 나를 중심으로 동물들이 원형을 이루고 있다는 사실을 알 수 있어요. 힘의 세기에 따라 동물들의 크기나 위치가 달라지지 않고 조화롭게 그려졌죠. 서양인들은 각 사물 간의 관계보다는 사물을 각각의 독립체라고 인식하는 경향이 있기 때문이에요.

내가 그린 그림이 B나 C와 비슷하다면

나의 사고는 동양인의 사고에 가깝다고 볼 수 있어요. B는 나열된 단어를 순서대로 그린 게 그림에서 느껴지고 힘의 세기에 따라 크기와 위치가 다른 걸 알 수 있죠. C는 그림에서 위계질서가 확연히 드러나는 모습을 보이고 있고요. 사물을 각각 독립된 개체로 인식하기보다는 사물 간의 관계에 더 중점을 두고 상하관계를 중요하게 여기는 동양인의 특징 때문이에요.

그럼 왜 이렇게 서양인과 동양인의 인식과 사고의 차이를 설명하는 걸까요?

서로 다른 문화와 사고는 결국 다른 언어체계를 만들어내기 때문이에요. 영어는 서양권에서 사용되는 언어이고 한국어는 당연히 동양에서 사용되는 언어이기 때문에 그 체계가 다릅니다. 기존에 가지고 있던 한국어의 체계를 영어에 대입하게 되면 간혹 어딘가 어색하고 콩글리시 같은 느낌이 드는 이유도 그 때문이랍니다. 그렇다면 어떻게 하면 이러한 한국어식 영어를 줄이고 영어다운 영어를 할 수 있을까요? 이번 오리엔테이션에서는 바로 그 해답을 살짝 엿보겠습니다.

"다 하셨어요?"

Did you finish it? 위 문장을 영어로 만들어 보시겠어요? Finish? End? 이런 말이 머릿속에 먼저 떠오르지 않나요? 그래도 영어 의문문의 기본구조 정도는 안다 하는 분이라면 Did you finish?란 말이 떠오를 수도 있고요. 그런데 말이죠. 우리는 이런 경우, 당연히 상대방(you)한테 물어보는 것인데다 지금 나랑 상대방은 뭘 다 했냐는 건지 내용 다 알고 있으니까, 주어라든가 목적어 같은 거 굳이 언급해주지 않고 말하는 게 보통이죠. 하지만 영어는 조금 달라요. Did you finish에서 보는 것처럼 you라고 주어 분명하게 언급해줘야 하고요, 뭘 다했냐는 건지 상대방도 알고 있고 나도 알고 있는 내용을 it이나 that 같은 대명사로 받아서 Did you finish it?처럼 목적어도 분명하게 밝혀줘야 하죠. 왜냐하면 이때 finish가 목적어를 반드시 대동하는 타동사이기 때문이에요.

Are you done? 그런데 여기서 한 발짝 더 나가면! 우리도 어떤 일을 '끝마치다(finish)'라고도 말하고 '다 했다(be done)'라고도 말하는 것처럼 이런 부분은 영어도 마찬가지랍니다. 그럼 "다 하셨어요?"라는 우리말 그대로 영어 의문문의 기본구조에 맞춰보면 Are you done? 이렇게 되겠네요. 이때 be done은 단순하게 얘기해서 자동사 개념이기 때문에 목적어 없이 그냥 Are you done?이라고 하면 돼요.

Are you done with it? 그런데 여기서 또 한 발작 더 나가면! 그럼 Are you done?이란 표현을 이용해서 "식사(를) 다 하셨어요?" 같은 말은 못하는 걸까요? 아뇨 아뇨, 할 수 있습니다! 바로 Are you done with ~? 패턴을 이용하면 되거든요. 이렇게 자동사 개념의 단어 뒤에 특정 목적어를 언급해주고 싶을 때는 그 자동사랑 어울리는 전치사를 이용해주는

경우들이 있거든요. 그래서 "식사 다 하셨어요?"는 Are you done with your meal?이라고 하면 우리말과 딱 떨어지는 표현이 되는 거예요. Are you done with ~?를 이용해 "다 하셨어요?"란 말도 할 수 있는데요. 그러려면 이 경우엔 목적어 it을 넣어줘서 Are you done with it?이라 해야 하고요.

복잡하다고요? 아뇨 아뇨 이런 복잡한 얘기들, 기억할 필요 없어요. 사람 사는 곳 어디나 보편적으로 통하는 구석도 있고 또 문화와 사고가 다른 구석도 있고 하잖아요. 그래서 우리 말과 영어의 표현 방식도 같은 점, 다른 점이 엄연히 존재하는데요. 바로 그런 차이를 굳이 머리로 생각하고 따질 필요 없이 패턴 연습을 통해 자연스럽게 습득하면 되니까요. 이 책에 서는 바로 Are you done with ~? 같은 패턴을 연습하게 될 텐데요. 그냥 책을 따라 연습 하다 보면 주어, 목적어를 각각의 독립체로 꼭꼭 챙겨주는 영어식 사고를 자연스럽게 습득할 수 있게 된답니다.

패턴 연습을 통해
주어와 목적어를 웬만하면 밝혀주는 영어식 사고에 익숙해진다

"선택사항이 너무 많아."

자, 이 문장 영어로 바로 튀어나오나요? "에, '선 택사항'은 option이고, '너무'는 very나 so… 아, '많다'는 동사는 영어로 뭐지?"라며 진땀 빼고 있 진 않으세요? 그런데 말이죠, 이 문장은 〈There are so many + 복수명사〉 패턴을 활용하면 간 단하게 해결된답니다.

There are so many options. 여기서 핵심은 우리는 '선택사항이 너무 많아.'라고 말 하지만, 영어는 '너무 많은 선택사항이 있어.'라는 식으로 말한다는 거예요. 주목할 점은 우리 가 주어와 동사로 표현하는 것을 영어는 〈형용사 + 명사〉를 활용해 나타내는 표현법들이 발 달했다는 거고요. 하나 더 주목해야 할 부분은 우리는 단복수 구별해서 말하지 않고 복수의 경우에도 '선택사항'처럼 단수로 말하는 경우가 보통이잖아요. '많다'라는 말에 이미 선택사항 이 여러 개라는 게 포함되어 있으니까요. 하지만 영어는 단복수 개념을 단어 하나하나에 다 포함해주죠. 그래서 many 뒤에 오는 명사는 복수명사여야 한답니다. 영어의 이런 표현법도 패턴뿐만 아니라 패턴을 활용해 말을 완성해가는 과정을 통해 자연스럽게 습득하면 되니까 요, 전혀 복잡하게 생각할 필요 없습니다!

패턴 연습을 통해
〈형용사 + 명사〉의 영어식 사고에 익숙해진다

"덕분에 기분이 좋아졌어요."

You made my day. '네 덕분에 내 기분이 좋아졌다'는 말이니까, 주어를 I로 해야 할 것 같은데, You를 주어로 해서 '네가 나의 날을 만들어 줬다'라는 식으로 표현했네요. 네, 그렇습니다. 이런 게 바로 영어만의 특이한 표현법이에요. 주체가 아니라 대상이나 원인이 되는 사람/사물을 주어로 말해주는 표현법이죠. You made my day.는 그런 영어만의 표현 방식이 확연하게 드러난 관용표현이랍니다.

"돈이면 다 돼."

Money talks. 우리는 '돈이면 다 된다', '유전무죄 무전유죄'처럼 말하지만 영어는 '돈이 말한다'는 식으로 사물이나 추상적인 대상을 주어로 해서 표현하는 방식도 발달했어요.

Money talks.는 이런 성질을 그대로 담은 관용표현입니다. 이처럼 관용표현을 익히다 보면 자연스럽게 이런 감각들이 체득되니까요, 벌써부터 촉각을 곤두세울 필요는 없답니다. (사실, 이런 영어식 사고는 〈What makes you V? 무엇이 네게 ~하게끔 만드느냐? → 왜 ~해?〉와 같은 패턴 연습을 통해서도 자연스럽게 익숙해질 수 있답니다.)

관용표현을 통해
사물 또는 대상을 주어로 취하는 영어식 사고에 익숙해진다

"그냥 장난 좀 친 거야!"

I was just pulling your leg. 이 문장에 쓰인 단어들, 다 아는 단어죠? 단어 뜻 그대로 우리말로 옮겨보면 '나는 그냥 네 다리를 잡아당기고 있었던 거야.'가 되는데요. 정말 이런 뜻이냐고 물으신다면 Nope! 아닙니다. pull someone's leg는 '누구의 다리를 잡아당기다'란 의미로 쓰이는 경우는 거의 없고요. 말로 '누군가를 놀리다'는 의미로 쓰는 관용표현이랍니다. 이 표현이 오늘날 이런 의미로 쓰이게 된 데에는 그들만의 역사와 문화가 있는데요. 궁금하시죠? 자세한 내용은 본격 비밀과외에서~!

"나 오늘 우울해."

I'm feeling blue today. 파란색 하면 우리는 맑고 청명한 이미지를 떠올리지만, 그네들은 blue 하면 우울한 이미지를 떠올린대요. 그래서 '우울하다, 울적하다'는 의미로 feel blue라는 관용표현을 쓴답니다. 사물이나 대상을 바라보는 시선과 감정의 차이가 느껴지죠?

이처럼 단어의 의미는 다 아는데도 이 단어들이 연결된 표현은 전혀 다른 의미가 된다거나 문화적인 배경(혹은 세상을 바라보는 그들만의 시선)에 대한 이해 없이는 도대체 알 수 없는 관용표현들이 있습니다. 때문에 이런 표현들을 익히다 보면 자연스레 찐네이티브 감각을 충전할 수 있어요.

> **관용표현을 통해**
> **개별 단어의 뜻만으로는 해결 안 되는 영어식 사고에 익숙해진다**

잠깐만요! 지금까지 이야기한 내용은 억지로 외우려고 하지 마세요. 그냥 '우리말과 영어가 이렇게 다르구나' 정도로 가볍게 받아들이고 넘어가시면 됩니다. 자, 그럼 지금부터 66일간의 영어 비밀과외를 시작해 볼까요?

I'm afraid (that) ~
~해서 유감입니다 / 어떡하지 ~

[아이머프뤠이ㄷ(댙)]

I'm afraid의 뜻을 물어보면 '~을 두려워하다'라고 대답하는 분들이 많아요. 그런데 원어민들은 이 말을 **어떤 일에 대해 유감을 표현하거나 걱정스러운 마음을 비칠 때 더 많이** 쓴답니다. '유감이다'처럼 딱딱한 어감 말고 '어떡하지 ~' 정도로 캐주얼하게 사용해도 좋은 표현이에요. 이때 I'm afraid (that) **뒤에는 문장(주어 + 동사)**이 이어지며 that은 생략해도 괜찮습니다.

1

비가 올 것 같은데 어떡하죠.

I'm afraid it's going to rain.

[아이머프뤠이ㄷ 잇츠고우인투뤠인]

※ be going to V가 '~할 것 같다'는 예측으로 쓰였어요. 여기서 rain은 비가 아니라 '비가 오다'는 동사랍니다.

2

어떡하지, 제시간에 도착 못 할 것 같은데.

I'm afraid we can't make it on time.

[아이머프뤠이ㄷ 위캐앤ㅌ 메이킬 언타임]

3

그들이 우리 제안을 받아들일 것 같지 않은데 어쩌죠.

I'm afraid they won't accept our proposal.

[아이머프뤠이ㄷ 데이워운ㅌ 액쎕ㅌ 아월프러포우절]

4

고객님 어떡하죠, 비행기가 결항되었습니다.

I'm afraid that the flight is canceled.

[아이머프뤠이ㄷ 댇더 플라잇 이ㅈ캔쓸ㄷ]

※ 비행기를 내가 취소한 게 아니라 항공사에 의해 취소된 것이죠. 그래서 수동태인 is canceled입니다. 비행기가 '지연되다, 연착되다'고 할 때는 is delayed를 쓰죠.

5

유감스럽게도 저는 이 자리에 맞는 사람이 아닌 것 같습니다.

I'm afraid I'm not suitable for this position.

[아이머프뤠이ㄷ 암낫 쑤러블 포얼디ㅆ퍼지쎤]

---

1 rain 비가 오다   **2** make it (무사히, 별탈 없이) 도착하다 | on time 제시간에   **3** accept someone's proposal ~의 제안을 받아들이다
5 be suitable for ~에 적합하다

025

1 여행 가는데 비 온다니 실화냐?

A 드디어 내일 여행 가네! 신난다!

We are finally going on a trip tomorrow! Exciting!

B 비가 올 것 같은데 어떡하지.

I'm afraid it's going to rain.

2 약속인데 교통체증 장난 없구나

A 어떡하지, 제시간에 도착 못 할 것 같은데.

I'm afraid I can't make it on time.

B 몇 시까지 올 수 있겠어?

What time can you be here by?

> *
> '몇 시까지 ~할 수 있어?'
> 라고 상대에게 물을 때는
> What time can you ~
> by? 또는 By what time
> can you ~?를 활용하세요.

3 이번 계약 쉽지 않을 듯한 느낌적인 느낌

A 그 사람들이 우리 제안을 받아들일 것 같지 않은데 어쩌죠.

I'm afraid they won't accept our proposal.

B 계약 조건을 조정하는 것이 좋을까요?

Would it be better to adjust the terms of the contract?

4 왜 슬픈 예감은 틀린 적이 없는지

A 고객님 어떡하죠, 비행기가 결항되었습니다.

I'm afraid that the flight is canceled.

B 가장 빠른 다음 비행편이 몇 시죠?

What's the earliest flight I can get on?

> *
> get on은 교통수단에 '탄다'
> 는 의미입니다. 버스나 기차,
> 비행기 등과 같이 허리를 숙
> 이지 않고 타는 경우에 쓰이
> 는 표현이죠. 택시나 자동차
> 처럼 허리를 숙여 타야 하는
> 경우에는 get in을 쓰죠.

---

1 go on a trip 여행 가다   2 be here 여기에 오다, 여기에 도착하다   3 adjust 조정하다 | terms of the contract 계약 조건[조항]

A 유감스럽게도 저는 이 자리에 맞는 사람이 아닌 것 같습니다.

I'm afraid I'm not suitable for this position.

B 당신은 우리가 찾던 사람입니다.

You are the man we are looking for.

5 **be looking for** ~을 찾고 있다

⤢ 영어회화 늘리기 　　　　　　　　　　🎧 01-3.mp3

1　내일 눈이 올 것 같은데 어떡하죠.

I'm afraid it's going to snow tomorrow.

2　차가 막혀서 제시간에 도착 못 할 거 같은데 어쩌지.

I'm afraid I can't make it on time because of traffic.

3　나 백수라고 그 애가 프로포즈 안 받아주면 어쩌지.

I'm afraid she won't accept my proposal because I'm between jobs.

4　고객님 어떡하죠, 폭우로 인해 비행기가 결항되었습니다.

I'm afraid the flight is canceled because of heavy rain.

5　미안하지만 자네는 배경 때문에 내 딸에게 맞는 사람이 아닌 것 같네.

I'm afraid you're not suitable for my daughter because of your background.

1 날씨가 ~일 것 같다 **it's going to V**　2 차가 막혀서 **because of traffic**　3 ~의 프로포즈를 받아주다 **accept someone's proposal** |
일을 쉬고 있는, 백수인 **between jobs**　4 폭우 **heavy rain**　5 어떤 사람의 집안, 배경 **someone's background**

Hang in there.

조금만 견뎌봐.

[행인[데얼]

영화에서 주인공이 위기 상황에 빠졌을 때 자주 등장하는 표현이죠. hang in there는 역경에도 '굴하지 않고 꿋꿋이 버티다, 견뎌내다'는 의미인데요. 어렵고 힘든 상황에 부닥친 사람이나 도저히 견딜 수가 없을 정도로 내키지 않는 상황에 부닥친 친구에게 포기하지 말고 '조금만 더 견뎌보라'고 할 때 Hang in there.라고 말합니다. 영화나 드라마를 보면 벼랑 끝 나뭇가지에 아슬아슬하게 매달린 주인공을 향해서도 내가 곧 구해줄 테니 "조금만 버텨."라며 Hang in there.라고 외치는 것을 자주 접할 수 있죠.

Hang in there.

Richard Everything is in such a mess. I can't seem to get things done right.

모든 게 엉망이야. 일이 잘 안 풀리는 거 같아.

Julia Hang in there. Things will work out.

좀만 견뎌봐. 다 잘될 거야.

Roy Sometimes I just don't think I can go on.

더 이상 못할 것 같다는 생각이 문득문득 들어.

Rachel Hang in there, Roy. Things will work out.

조금만 더 견뎌보자, 로이. 잘 풀릴 거야.

---

be in a mess 엉망진창이다   **I can't seem to V** 나 ~ 못 할 것 같아   **get things done right** 일[상황]을 잘 풀어내다
work out (일이나 상황이) 잘 풀리다   **sometimes** 이따금, 때때로

I'm happy to ~

~하게 되어 기분이 좋아

[암햅피투/암햅삐투]

I'm happy라고 하면 강박적으로 '난 행복해'라는 우리말로만 생각하는 분들이 많을 텐데요. **happy 는 '기분이 좋고, 기쁘고, 만족스럽고, 행복한' 감정을 나타내는 형용사**이기 때문에 상황에 따라 자연스 러운 우리말로 유연하게 생각하면 됩니다. **I'm happy to ~는** 무슨 일로 그렇게 기분이 좋은지를 구체 **적으로 언급할 때** 쓰기 좋은 표현이죠. **to 뒤에는 동사원형**을 이어줍니다.

---

1 뵙게 돼서 기쁩니다.

I'm happy to **meet you.**

[암햅삐투 밑유]

---

2 굉장히 기쁜 소식이다.

I'm happy to **hear that.**

[암햅피투 히얼댙]

> *
> 이 문장은 반가운 소식을 들 었을 때 반응하는 표현입니 다. 반대로 안타까운 소식을 들으면 I'm sorry to hear that.(저런./안됐다./안타깝 다.)이라고 해보세요.

---

3 기회가 생겨서 기뻐요.

I'm happy to **have a chance.**

[암햅삐투 해뷔췐ㅆ]

---

4 당신과 결혼하게 되어 행복합니다.

I'm happy to **marry you.**

[암햅피투 매애뤼유]

> *
> '~와 결혼하다'는 말을 하고 싶을 때는 marry 뒤에 바로 결혼하고 싶은 상대를 말해 주세요. marry 뒤에 전치사 with는 쓰지 않습니다.

---

5 함께 하게 되어 너무 좋아요.

I'm happy to **join.**

[암햅삐투 쥐인]

---

3 have a chance 기회가 생기다

1 반갑구만 반가워

A 뵙게 돼서 기쁩니다.

I'm happy to meet you.

B 저도 뵙게 돼서 너무 기뻐요.

It's a pleasure meeting you as well.

2 언제 들어도 마냥 기쁜 소식

A 오늘 월급이 올랐어! 기분이 째져!

I got a raise at work today! Isn't that great!

B 그 소식을 들으니 너무 좋네.

I'm happy to hear that.

3 기회는 준비된 자에게 오는 법

A 기회가 생겨서 다행이야.

I'm happy to have a chance.

B 네가 잘해서 그런 거야. 넌 하루도 빠지지 않고 열심히 일하잖아.

You've earned it. You work hard every single day.

> ✳
> You've earned it.은 '네가 노력해서 얻은 거야.' 그러니까 그런 결과는 당연하고 '넌 그럴 만한 자격이 있어. 그래도 돼.'라는 의미로 쓰이는 표현이에요.

4 결혼 좋아

A 너랑 결혼하게 돼서 너무 행복해.

I'm happy to marry you.

B 너랑 결혼할 수 있게 돼서 내가 더 행복해.

I'm happier to be marrying you.

---

1 **as well** 마찬가지로, 역시   2 **get a raise** 급여가 오르다   3 **every day** 매일 | **every single day** 하루도 빠지지 않고 매일

A 함께 할 수 있어서 너무 좋아. 뭘 가져와야 되니?

I'm happy to join. Should I bring anything?

B 그냥 몸만 오면 돼!

Just bring yourself!

⤢ 영어회화 늘리기

🎧 02-3.mp3

---

1 이 자리에 오게 되어 기쁩니다.

I'm happy to **be here.**

---

2 네 소식 들으니 정말 좋다.

I'm so happy to **hear from you.**

---

3 친구랑 함께 당신을 도울 수 있어서 기뻐요.

I'm happy to **help you with my friend.**

---

4 그 사람과 결혼하지 않게 되어 기뻐.

I'm happy not to **marry him.**

---

5 이 팀에 합류하게 되어 기쁩니다.

I'm happy to **join this team.**

---

1 이 자리에[여기에] 오다 **be here**   2 ~해서 정말 좋아[기뻐] **I'm so happy to V** | ~의 소식을 듣다 **hear from**
4 ~하지 않게 되어 좋아[기뻐] **I'm happy not to V**   5 이 팀에 합류하다 **join this team**

That's music to my ears!

듣던 중 반가운 소리네요!

[댓ㅊ 뮤직투마이얼ㅅ]

내 귀에 캔디 아니고, 내 귀에 음악입니다. 즉 직역하면 '그 소식은 내 귀에 음악이야'인데, '듣던 중 반가운 소리 네', '정말 좋은 소식이야'란 의미로 쓰는 표현이죠. 때 마침 기다리던 소식을 듣거나 기분 좋은 상황일 때 사용 하면 돼요. 실제로 저와 함께 공부한 학생이 이 표현을 원어민에게 사용하고선 뉴욕에서 살다 왔냐는 이야기 를 들었다고 합니다. 제 입장에서는 그 소식이 그야말로 That's music to my ears!였답니다.

That's music to my ears!

Nick	Hey, where are you now?
	여보세요, 지금 어디세요?

Kate	I am at COEX right now.
	지금 코엑스인데요

Nick	Really? I am at COEX, too!
	정말요? 저도 코엑스인데!

Kate	That's music to my ears!
	듣던 중 반가운 소리네요!

🎧 03-1.mp3

I'm in ~
[아이민]

나는 ~인 상태[상황]에 있어

학교 다닐 때 in은 '~안에'라는 뜻으로 배웠을 거예요. 하지만 영어공부를 하면 할수록 in을 '~안에'로 해석하면 어색하거나 말이 안 되는 상황들을 자주 접하게 되죠. 그 이유는 '~안에'라고 하면 '어떤 공간이나 시간 안에'로 국한해서 생각해버리기 때문이에요. **in**은 공간이나 시간뿐 아니라 누군가가 '**어떠한 상황이나 상태에 처해 있는**' 경우에도 쓰입니다.

---

1 잠깐 일을 쉬고 있는 중이야.
I'm in between jobs.
[아이민 비ㅌ위인 좝ㅅ]

> *
> '일 사이에 껴 있다'니 무슨 말인가 싶죠? 이 말은 일을 안 하고 잠시 쉬고 있는 중이라는 의미로 하는 말이에요. 우리가 보통 "나 백수야."라고 하는 말이죠. in을 빼고 I'm between jobs.라고도 써요.

---

2 난 지금 큰일났어.
I'm in big trouble.
[아이민 빅 츄러블]

---

3 그 남자와 사랑에 빠졌어.
I'm in love with him.
[아이민럽윋힘]

---

4 난 쇼핑 각이야.
I'm in the mood to go shopping.
[아이민더무욷투고우샤삥]

> *
> '~하고 싶은 기분이다'는 be in the mood for -ing 표현을 흔히 쓰는데요, 뒤에 오는 동사에 따라 for -ing 형보다는 to V형이 더 자연스러운 경우가 있답니다. go shopping처럼 말예요.

---

5 난 지금 급해/바빠.
I'm in a hurry.
[아이미너허뤼]

---

3 **be in love with** ~와 사랑에 빠지다   4 **be in the mood to V** ~하고 싶은 기분이다   5 **be in a hurry** 급한 상황이다

033

1 한마디로 백수/백조 되겠습니다

A   요즘 어때?

How are things these days?

B   좀 힘들지. 요즘 일을 쉬고 있어.

A little tough. **I'm in between jobs.**

---

2 나 이제 울 엄마한테 죽었다

A   나 큰일났어.

I'm in big trouble.

B   무슨 일인데? 네 부모님은 왜 화를 내시는 거야?

What happened? Why are your parents angry?

---

3 부럽구나

A   난 그 애랑 사랑에 빠졌어.

I'm in love with him.

B   너희 둘은 천생연분이야.

You two were meant for each other.

---

4 지름신 강림

A   나 쇼핑 각이야.

I'm in the mood to go shopping.

B   나도 따라갈까? 내가 진짜 좋은 데를 알거든.

Do you want me to come along? I know a really great place.

---

3 **be meant for each other** 천생연분이다   4 **go shopping** 쇼핑하러 가다 | **come along** 따라가다

5 밥은 먹고 일하지?

A 점심 같이 할래?

Do you want to grab lunch together?

B 미안. 나 지금 바빠. 다음에 같이 할래?

Sorry. **I'm in a hurry.** Rain check?

* rain check은 비가 와서 야구경기가 취소된 경우 관중들에게 나눠주던 '다음 경기 관람 교환권'에서 '다음을 기약한다'는 의미로 발전된 표현이에요.

---

5 want to V ~하고 싶다 (구어체에서는 [워너]로 발음하는 경우가 많음) | **grab lunch** 간단히 점심을 먹다 | **rain check** 다음 기회

↖↗ 영어회화 늘리기
↙↘

🎧 03-3.mp3

1 우리 아들은 잠깐 일을 쉬고 있는 중이야.

My son is in **between jobs.**

2 전 지금 위험한 상황이에요.

I'm in **danger.**

3 BTS와 사랑에 빠졌어. 특히 RM하고 말야.

I'm in **love with BTS, especially with RM.**

4 오늘은 낚시가 당기는데.

I'm in **the mood for fishing today.**

5 나 지금 그렇게 급하진 않아.

I'm not in **that much of a hurry.**

---

2 위험에 빠진, 위험에 처한 **in danger**   **3** (문장 뒤에 말을 덧붙이며) 특히 **especially**   **4** ~하고 싶은 기분이다, ~하는 게 당기다 **be in the mood for -ing** | 낚시하다 **fish**   **5** 나는 ~인 상태[상황]에 있지 않아 **I'm not in ~** | 그렇게 급한[서둘러야 하는] 상황 **that much of a hurry**

I'm working on it.

지금 하고 있어요. (좀 기다려봐요.)

[암월킨어닛]

work on은 어떤 일에 '매진하다, 몰두하다', 어떤 일을 '열심히 하다'는 의미입니다. 따라서 I'm working on it. 하면 '그 일 지금 (열심히) 하고 있어요.', '매진하고 있어요.'란 말이죠. 단순히 어떤 일에 매진하고 있다고 할 때도 쓸 수 있지만, 누군가가 어떤 일을 시키고선 재촉하는데 노력 중이지만 시간이 좀 더 필요한 경우가 있잖아요. 그럴 때 '지금 하고 있어요.' 그러니까 너무 채근하지 말고 조금만 기다려주면 좋겠다는 뉘앙스를 담을 때도 자주 사용합니다.

John	How's the project coming along?
	프로젝트는 어떻게 되어가고 있어요?

Emma	I'm working on it.
	지금 하고 있어요. (그니깐 너무 쪼지 말라고요.)

Frank	Where is the report?
	보고서는 어디 있죠?

Stephanie	It's a long story, but I'm working on it right now.
	얘기하자면 길지만, 지금 하고 있어요. (좀 기다려봐요.)

come along (일 등이) 순조롭게 진행되다

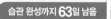

I'm in the middle of ~ 지금 (한창) ~ 하는 중이야
[아이민더미룰옵]

지금 한창 무언가를 하고 있는 상황이라 전화통화가 어렵거나 다른 데 신경 쓸 수 없는 경우가 있을 텐데요. 바로 이런 상황을 한 문장으로 표현할 때 딱인 패턴이 I'm in the middle of ~입니다. **'지금 한창 ~하는 중이야'**란 의미이죠. of 뒤에는 **명사 또는 동명사**가 옵니다.

1 지금 (한창) 회의 중이야.

I'm in the middle of a meeting.
[아이민더미룰오버미린]

2 지금 (한창) 저녁식사 중이야.

I'm in the middle of dinner.
[아이민더미룰옵디널]

3 지금 (한창) TV 보는 중이야.

I'm in the middle of watching TV.
[아이민더미룰옵와칭 티이뷔이]

*
내가 보려고 의도하지 않아도 눈에 들어와서 보이는 경우에는 **see**를 쓰지만, TV나 영화처럼 내가 보려고 의도해서 보는 경우엔 **watch**를 씁니다.

4 지금 (한창) 일하는 중이야.

I'm in the middle of working.
[아이민더미룰옵월킹]

5 지금 (한창) 차 고치는 중이야.

I'm in the middle of fixing my car.
[아이민더미룰옵픽싱 마이카알]

3 **watch TV** TV를 보다   5 **fix** ~을 고치다

1 지금은 회의 중

A   지금 한창 회의 중이야.

I'm in the middle of a meeting.

B   알았어. 나중에 전화할게.

Okay. I'll call back later.

2 금강산도 식후경일세

A   왜 아직 안 온 거야?

Why aren't you here yet?

B   지금 저녁 먹는 중이야.

I'm in the middle of dinner.

3 TV 보느라 바쁨

A   지금 어때? 바빠?

How are you? Busy?

B   TV 보고 있는 중이야.

I'm in the middle of watching TV.

4 업무 스트레스 만땅

A   너 스트레스 엄청 받는 거 같다.

You seem really stressed out.

B   그래. 지금 한창 일하는 중이거든.

Yeah, I'm in the middle of working.

> *
> seem은 '~처럼 보이다,
> ~인 듯하다'는 의미예요. 따
> 라서 **You seem ~**이라고
> 하면 '너 ~해 보여, 너 ~인
> 것 같아'며 상대방에게 관심
> 을 보일 때 쓰죠.

---

1 **call back later** 나중에 다시 전화하다   4 **stressed out** 스트레스를 받은

A 이거 무슨 소리야?

What's that sound?

B 나, 차 고치고 있는 중이야.

I'm in the middle of fixing my car.

⤢ 영어회화 늘리기

🎧 04-3.mp3

1 그 분은 지금 (한창) 발표 중입니다.

He's in the middle of **his presentation.**

2 지금 고객들과 (한창) 점심식사 중입니다.

I'm in the middle of **lunch with clients.**

3 여자친구랑 지금 (한창) 영화 보는 중이야.

I'm in the middle of **watching a movie with my girlfriend.**

4 지금 (한창) 숙제하는 중이야.

I'm in the middle of **doing my homework.**

5 지금 (한창) 자전거 수리 맡기는 중이야.

I'm in the middle of **getting my bike fixed.**

1 발표 **presentation**   2 고객 **client**   3 영화를 보다 **watch a movie**   4 숙제하다 **do one's homework**
5 내 자전거를 수리 맡기다 **get my bike fixed** (수리센터나 다른 사람을 시켜서 무언가를 고친다고 할 때는 get something fixed)

I mean it.

[아이미-맅]

진짜야. 진심이야. 정말이야.

동사 mean은 '의미하다'는 뜻이죠. 그런데 원어민들은 이 동사가 들어간 I mean it.이란 표현을 정말 자주 써요. '난 그것을 의미해.'라니 무슨 의미냐고요? 내가 방금 말한 내용을 it으로 받아 '진심이야.' '진짜야.' '나 지금 진지하게 말하는 거야.'라는 뜻을 전달하는 표현이랍니다. 같은 맥락의 표현으로 I'm serious (about it).가 있는데요, I mean it.은 I'm serious.보다는 좀 덜 무겁고 조금 더 캐주얼한 표현이에요. 하지만 사실 그다지 큰 차이는 없답니다.

Sean　　I think I love you.

나 널 사랑하는 것 같아.

Hanna　　I don't think so.

아닌 것 같은데.

Sean　　No, I really mean it!

아냐. 정말 진심이야!

Joel　　I'm really sorry.

정말 미안해.

Jessica　　This can't happen again! I mean it!

다시 이런 일 없도록 해! 진짜야!

I'm calling to ~
~하려고 전화했는데요

[암커올린투]

신입사원 시절 해외업무를 하면서 전화로 영어를 쓸 일이 많았는데, 그때 '다른 건 몰라도 I'm calling to ~ 하나는 유창하게 하자'라는 마음으로 여러 번 연습했던 기억이 있어요. I'm calling to ~는 '**~하려고 전화했는데요**'라는 의미로, **전화 건 용건을 밝힐 때** 아주 간편하게 쓸 수 있는 패턴이거든요. I'm calling to **뒤에는 동사원형**을 이어줍니다.

---

1 김선생님과 통화하고 싶은데요.
I'm calling to **speak to Mr. Kim.**
[암커올린투 스삐익투 미스털킴]

> *
> 전화상에서 '누구와 통화하다'는 말은 동사 speak to someone의 형태로 씁니다. speak 다음에 **to**가 따라온다는 점, 꼭 기억하세요.

---

2 예약하려고 전화했는데요.
I'm calling to **make a reservation.**
[암커올린투 메이커 뤠절붸이션]

---

3 김선생님과 진료 예약을 하려고 전화했는데요.
I'm calling to **make an appointment with Dr. Kim.**
[암커올린투 메이컨 어포인먼ㅌ 윋닥털킴]

---

4 부탁 좀 드리려고 전화했습니다.
I'm calling to **ask you a favor.**
[암커올린투 애스꾸어 페이붤]

> *
> call의 -a-는 [ɔː] 발음인데요. 사실, 이건 우리말의 [어]도 아니고 [오]도 아녜요. [ɔ]나 [ɔː] 발음은 입모양은 우리말의 [어]로 한 채 소리는 [오]로 내야 정확한 발음이 된답니다.

---

5 내일 선생님의 예약을 확인하려고 전화했습니다.
I'm calling to **confirm your appointment tomorrow.**
[암커올린투 컨펌 유얼 어포인먼ㅌ 터머오로우]

---

1 speak to someone 누구와 통화하다   **2 make a reservation** 예약하다   **3 appointment** (미용실, 병원 진료 등의) 예약
4 ask you a favor 너에게 부탁 좀 하다

1 통화하고 싶습니다만

A 김선생님과 통화하고 싶은데요.

I'm calling to speak to Mr. Kim.

B 죄송하지만 지금 사무실에 안 계신데요.

I'm sorry. He's out of the office.

> ✳ 전화를 받았는데 상대방이 찾는 사람이 외근 중이거나 사무실 자리에 없을 때 He's/She's out of the office.라고 하면 간단히 해결됩니다.

2 전화로 숙소 예약

A 예약하려고 전화했는데요.

I'm calling to make a reservation.

B 성함하고 전화번호 좀 알려 주시겠어요?

Can I get your name and phone number, please?

3 전화로 진료 예약

A 김선생님과 진료 예약을 하려고 전화했는데요.

I'm calling to make an appointment with Dr. Kim.

B 시간은 언제가 제일 좋으세요?

What time is best for you?

4 어렵게 전화기를 들었지 말입니다

A 안녕. 어떻게 지내?

Hi there. How are you?

B 부탁 좀 하려고 전화했어.

I'm calling to ask you a favor.

---

1 **out of the office** 사무실에 없는

A 내일 예약하신 거, 확인하려고 전화했습니다.

I'm calling to confirm your appointment tomorrow.

B 오후 4시죠, 그렇죠?

It's at four pm, right?

5 시간 + pm 오후 ~시 (원칙적으로는 p.m. 또는 P.M.으로 표기하지만 일상생활에서는 그냥 pm으로 쓰는 경우도 많음)

영어회화 늘리기

🎧 05-3.mp3

1 사장님과 통화하고 싶은데요.

I'm calling to **speak to the boss.**

2 내일 자로 예약하려고 전화했는데요.

I'm calling to **make a reservation for tomorrow.**

3 오늘 오후 두 시에 진료 예약을 하려고 전화했는데요.

I'm calling to **make an appointment for this afternoon at 2 p.m.**

4 뭐 좀 물어보려고 전화했어.

I'm calling to **ask you something.**

5 내일모레 예약 취소하려고 전화했는데요.

I'm calling to **cancel my reservation the day after tomorrow.**

1 사장님 **boss** (boss는 회사의 '대표', 부서의 '부장', 팀의 '팀장' 등을 캐주얼하게 부를 때 모두 사용)   2 내일로 예약 **reservation for tomorrow**   3 오늘 오후 **this afternoon**   4 네게 뭐 좀 물어보다 **ask you something**   5 내일모레 **the day after tomorrow**

It's a piece of cake.

[잇ㅊ어피-쓰옵케잌]

식은 죽 먹기야.

어떤 일이 아주 쉽다는 것을 강조할 때 우린 '그건 식은 죽 먹기지.' '누워서 떡 먹기지.'라는 식으로 말하잖아요. 영어에도 여기에 딱 떨어지는 표현이 있는데요, 바로 It's a piece of cake.입니다. a piece of cake이 '하기 쉬운 일'을 뜻하는 표현으로 사용되죠. 우리는 '식은 죽'에 빗대어 말하는데, 영어에서는 a piece of cake, '케이크 한 조각'에 빗대어 말하네요. 1870년경 미국 남부에서는 케이크를 부상으로 놓고 노예들에게 춤을 추게 하는 경기를 시켰어요. 노예들에게는 일을 하는 것보다 춤을 추고 상을 받는 게 더 쉽다는 뜻에서 이 표현이 유래됐다는 설이 있답니다.

It's a piece of cake.

Angela	**Can you fix this flat tire?**
	타이어 펑크 난 거 고칠 수 있어?

Dave	**No problem.** It's a piece of cake for me.
	문제 없어. 나한텐 식은 죽 먹기야.

James	**So I heard you got an A on your math test.**
	수학시험에서 A 받았다며.

Julia	**Yeah,** it was a piece of cake for me.
	응, 뭐 나한텐 식은 죽 먹기였어.

fix 고치다　**flat tire** 펑크 난 타이어

I'm going to ~

[암고우인투] / [암거너]

난 ~하려고 해

be going to **뒤에 동사원형**이 오면 '~할 것이다, ~할 예정이다'는 의미로, 가까운 미래의 일이나 예정되어 있는 일을 말할 때 씁니다. 이때 going to는 gonna[거너]로 편하게 발음하는 경우도 많아요. 따라서 I'm going to V ~ 하면 **내가 하려고 예정해둔 일을 말할 때** 쓰면 되니까, '**난 ~할 거야, ~할 예정이야, ~하려고 해**' 등과 같이 상황에 따라 유연하게 생각하면 됩니다. I'm going to 뒤에는 명사가 올 수도 있는데, 이 경우는 5번 예문의 설명을 참고해 주세요.

---

1 난 **결정을 내리려고** 해.

I'm going to make a decision.

[암고우인투 메이꺼 디씨젼] / [암거너 메이꺼 디씨젼]

＊
make a는 연음되어 [메이커] 또는 [메이꺼]에 가까운 소리로 발음됩니다.

---

2 난 **그걸 요약하려고** 해.

I'm going to summarize it.

[암고우인투 써머롸이짙] / [암거너 써머롸이짙]

---

3 난 **고객들과 저녁식사를 하려고** 해.

I'm going to have dinner with clients.

[암고우인투 햅디널윋클라이언ㅊ] / [암거너 햅디널윋클라이언ㅊ]

---

4 내일 **그 날 하루 휴가를 내려고** 해.

I'm going to take the day off tomorrow.

[암고우인투 테일더데이어웊 터머오로우] / [암거너 테일더데이어웊 터머오로우]

---

5 **여자친구랑 남산 가고 있어.** / 여자친구랑 남산에 가려고 해.

I'm going to Namsan with my girlfriend.

[암고우인투 남산 윋마이거얼프뤤ㄷ]

＊
I'm going to 뒤에 목적지를 나타내는 명사를 써서 현재 가고 있는 목적지나 가려고 예정해둔 목적지를 밝힐 수 있습니다. 이 경우 going to는 [거너]로는 발음하지 않아요.

1 make a decision 결정을 내리다　**2 summarize** 요약하다　**3 have dinner** 저녁식사를 하다
4 take the day off 그 날 하루 휴가를 내다

1 이쯤에서 결정을

A 난 결정을 내리려고 해.

I'm going to make a decision.

B 그래? 어떻게 생각하는데

Really? How do you feel about it?

---

2 어떻게 요약하면 잘했다는 소리를 들을까?

A 그걸 요약하려고 해.

I'm going to summarize it.

B 파워포인트로 할 거야, 아니면 이메일로 할 거야?

By PowerPoint or by email?

> *
> '어떤 수단을 동원해서' 뭔가 한다고 할 때는 전치사 **by**를 씁니다. 특히 **by email/fax**(이메일/팩스로)처럼 통신수단이나 **by bus/train**(버스/기차로)처럼 교통수단을 말할 때 애용되죠.

3 오늘은 저녁까지 업무 연장

A 오늘밤 계획은 뭐야?

What are your plans tonight?

B 고객들과 저녁식사를 하려고 해.

I'm going to have dinner with clients.

---

4 내일 하루 휴가 예정

A 내일 (그 날) 하루 휴가를 내려고 해.

I'm going to take the day off tomorrow.

B 어디가 안 좋아?

Are you not feeling well?

5 남산 데이트 예정

A 여자친구랑 남산에 가려고 해.

I'm going to Namsan with my girlfriend.

B 진짜 좋겠다!

That sounds amazing!

5 amazing (단순히 좋고 멋진 정도가 아니라) 정말 좋은, 진짜 멋진

↖↗↙↘ 영어회화 늘리기   06-3.mp3

---

1 가능하면 최대한 빨리 결정을 내리려고 해.

I'm going to make a decision as soon as possible.

---

2 발표를 마무리하겠습니다.

I'm going to wrap up my presentation.

---

3 사장님과 점심식사를 할 거예요.

I'm going to have lunch with my boss.

---

4 내일모레 일차를 쓰지 않으려고 해.

I'm not going to take a day off the day after tomorrow.

---

5 여자친구와 용산에 있는 영화관에 가고 있어. / 여자친구와 용산에 있는 영화관에 가려고 해.

I'm going to a movie theater in Yongsan with my girlfriend.

---

1 가능하면 최대한 빨리 **as soon as possible**   2 마무리하다 **wrap up**   4 ~하지 않을 거야, ~하지 않으려고 해 **I'm not going to V** |
일차를 쓰다, 하루 휴가를 내다 **take a day off**   5 영화관에 가다 **go to a movie theater** (*cf.* 영화 보러 가다 **go to the movies**)

Every cloud has a silver lining.

고생 끝에 낙이 온다. / 쥐구멍에도 볕들 날 있다.

[에브뤼클라운 헤저 씰뷜 라이닝]

'모든 구름에는 은빛 줄기가 있다'니, 무슨 말일까요? silver lining은 구름의 '환한 언저리'를 뜻하는 표현으로 '희망의 조짐, 밝은 전망'을 상징한답니다. 따라서 Every cloud has a silver lining.은 '어떠한 상황에도 희망은 있다', '괴로움 뒤에는 기쁨이 있다'는 뜻의 비유적인 표현이죠. 우리말에도 '고생 끝에 끝에 낙이 온다.' '쥐구멍에도 볕들 날 있다.' '하늘이 무너져도 솟아날 구멍은 있다.'라는 속담이 있는데요, 바로 이 속담에 딱 떨어지는 표현이 Every cloud has a silver lining.이랍니다.

Every cloud has a silver lining.

Jen	I heard your business is not going well.
	사업이 잘 안 된다고 들었어.

Jason	Yeah. I'm learning that a business will not always go well.
	응. 사업이 항상 잘되는 건 아니라는 걸 배우는 중이야.

Jen	Don't get discouraged. Every cloud has a silver lining.
	너무 낙담하진 마. 고생 끝에 낙이 온다잖아.

Jason	Yup. I'll take your advice and stay hopeful.
	응. 네 조언 듣고 희망 잃지 않을게.

get discouraged 낙담하게 되다   **take someone's advice** ∼의 조언을 듣다   **stay hopeful** 희망을 유지하다

🎧 07-1.mp3

Are you done with ~?
[알유던 윋]

~은 다 했니?

무엇을 '끝내다'라고 하면 finish나 complete부터 떠오를 텐데요. be done with도 아주 자주 쓰이는 표현이랍니다. 그래서 **상대에게 어떤 일을 다 했는지 확인하고 싶을 때는** Are you done with ~?로 물어보면 아주 쉽게 해결되죠. '**~은 다 했니? ~을 끝냈니?**'라는 의미예요. 전치사 with 뒤에는 무엇을 끝냈는지 그 대상을 말해주세요.

---

1   식사 다 하셨습니까?

Are you done with your meal?
[알유던 위듀얼 미이얼]

> *
> 해외에 나가면 종업원이 밥을 다 먹을 때쯤 옆으로 와서 '식사 다 하셨어요? (제가 접시를 치워도 될까요?)'라고 말하는데 이때 꼭 이 표현을 사용한답니다.

---

2   회의 끝났어?

Are you done with the meeting?
[알유던 윋더 미린]

---

3   그 관계 끝낸 거니? (너 그 사람이랑 헤어진 거야?)

Are you done with the relationship?
[알유던 윋더 릴레이션쉽]

---

4   설거지 다 했니?

Are you done with the dishes?
[알유던 윋더 디쉬ㅅ]

---

5   네 **프로젝트**는 다 끝냈어?

Are you done with your project?
[알유던 위듀얼 프라젝ㅌ]

---

3 **relationship** (남녀간의) 연인관계   4 **dishes** 설거지거리

스토리텔링 훈련

🎧 07-2.mp3

1 훌륭한 식사 한 끼의 행복

A 식사는 끝나셨습니까?

Are you done with your meal?

B 네. 감사합니다. 아주 훌륭했어요.

Yes. Thank you. It was wonderful.

---

2 밑도 끝도 없는 회의의 늪

A 회의는 끝났어?

Are you done with the meeting?

B 아직. 잠깐 쉬고 있어.

Not yet. We're just taking a short break.

3 사랑도 연애도 모르겠다, 정말!

A 너희들 관계는 끝났어?

Are you done with the relationship?

B 나도 잘 모르겠어. 하도 혼란스러워서 내 감정을 나도 잘 모르겠는걸.

I'm not sure. I'm so confused about my emotions.

---

4 뒤처리는 깔끔하게

A 설거지는 다 했어?

Are you done with the dishes?

B 거의 다 끝났어. 대략 10분 후면 끝날 것 같아.

Almost. I should be done in about 10 minutes.

> *
> in 뒤에 10 minutes 등과
> 같이 소요시간이 오면 현 시
> 점을 기준으로 '얼마 후에'라
> 는 의미가 됩니다.

---

2 **take a break** 쉬는 시간을 가지다, 휴식을 취하다   3 **confused** 혼란스러운   4 **about** 약, 대략

5 끝나긴 끝나는 걸까?

A 프로젝트는 다 끝냈어?

Are you done with your project?

B 아직 멀었어. 이틀 더 해야 해.

Not even close. I'll need another two days.

5 **Not even close.** '그렇기는커녕 턱없이 부족해.' '그러려면 아직 멀었어.'와 같은 의미로 하는 대답 표현

↖↗↙↘ 영어회화 늘리기

🎧 07-3.mp3

1 점심 다 드셨어요?

Are you done with lunch?

2 프레젠테이션 다 끝났어?

Are you done with **your presentation**?

3 너 그 애랑 정말 끝난 거야?

Are you **really** done with **her**?

4 영어숙제 다 했니?

Are you done with **your English homework**?

5 아르바이트 다 끝났어?

Are you done with **your part-time job**?

4 영어숙제 **English homework**　5 아르바이트 **part-time job**

We're in the same boat.

우린 이제 한배를 탔어. 우린 이제 같은 처지야.

[위얼인더 쎄임보우ㅌ]

be in the same boat, '같은 배를 타고 있다'는 이 표현은 '같은 곤경에 처해 있다, 같은 처지에 있다'는 뜻으로 쓰인답니다. 따라서 We're in the same boat. 하면 '우린 이제 한배를 탔어.' '우린 이제 같은 처지야.'라는 의미죠. 힘든 일이나 어려움을 공유하고 함께 헤쳐나가야 하는 처지일 때 사용합니다. 또, 같은 비밀을 공유하고 있는 사이에 '이제 우리 한 패다.'라는 의미로도 We're in the same boat.라고 말할 수 있죠.

Randy   I'm not going to be able to finish my deadline by tonight.

오늘밤까지 나 마감 못 맞출 거 같아.

Melissa   We're in the same boat.

우린 지금 같은 처지네.

Suzy   I have no idea what to do about our project.

우리 프로젝트에 대해 뭘 해야 할지 전혀 모르겠다.

Fred   I know. We're in the same boat.

그러게. 우린 한배를 탔잖아.

I'm not going to be able to V ~하지 못할 거 같아   **by tonight** 오늘밤까지   **I have no idea** 전혀 모르겠다
what to do 어떻게 해야 할지

Are you saying that ~? ~라는 거니?

[알유쎄인댇]

Are you saying that ~?은 '너 지금 ~라고 말하는 거니?', '~라는 거니?'라는 의미인데요. **상대의 말에 대해 항의하거나 따질 때** 원어민들이 자주 사용하는 패턴이죠. 물론 정말로 못 (알아)들어서 물어 볼 때도 쓰이긴 합니다. Are you saying that ~?에서 that은 접속사로, **뒤에는 문장(주어+동사)**을 이어주면 됩니다.

---

1 지금 내가 스파이라는 거니?

Are you saying that I'm a spy?

[알유쎄인댇 아이머 스빠이]

---

2 이 협상이 끝났다는 겁니까?

Are you saying that this negotiation is over?

[알유쎄인댇 디ㅆ 니고우쎄이션 이ㅈ 오우벌]

---

3 내가 바보천치라는 거니?

Are you saying that I'm an idiot?

[알유쎄인댇 아이먼 이디얻]

* idiot는 [이디얻] 또는 [이리얻]에 가깝게 소리 납니다.

---

4 기억이 안 난다는 거니?

Are you saying that you can't remember?

[알유쎄인댇 유캐앤ㅌ 뤼멤벌]

---

5 비행편이 취소됐다는 겁니까?

Are you saying that the flight is canceled?

[알유쎄인댇더 플라이리ㅈ 캔쓸ㄷ]

---

2 **negotiation** 협상 | **be over** 끝나다

1 스파이는 바로 너

A 지금 내가 스파이라는 거니?

Are you saying that I'm a spy?

B 음, 넌 친구들 이메일을 보잖아.

Well, you look at your friends' emails.

2 협상은 힘들어

A 유감이지만 우리는 서로 의견이 안 맞네요.

I'm afraid we don't see eye to eye.

B 이 협상은 끝났다는 겁니까?

Are you saying that this negotiation is over?

3 날 뭘로 보는 거?

A 내가 바보천치라는 거니?

Are you saying that I'm an idiot?

B 물론 아니지!

Of course not!

4 너 혹시… 선택적 기억상실증?

A 내가 거기 갔었는지 아닌지 잘 모르겠어.

I'm not sure if I was there or not.

B 기억이 안 난다는 거니?

Are you saying that you can't remember?

> *
> I'm not sure if ~는 '~인
> 지 잘 모르겠어'라는 의미예
> 요. 이때 if는 '~인지 어떤지'
> 라는 의미로, 뒤에는 문장이
> 옵니다.

2 **see eye to eye** 의견이 일치하다

A   비행편이 취소됐다는 겁니까?

Are you saying that the flight is canceled?

B   그렇습니다. 비행편이 모두 이륙을 하지 못하고 묶여 있습니다.

Yes. All flights have been grounded.

5 **be grounded** (악천후 등으로 인해 비행편이) 이륙하지 못하고 발이 묶이다

↖↗↙↘ 영어회화 늘리기

🎧 08-3.mp3

1   지금 제가 이중 스파이라는 건가요?

Are you saying that **I'm a double agent?**

2   콘서트가 끝났다는 거야?

Are you saying that **the concert is over?**

3   지금 나더러 야비하다는 거야?

Are you saying that **I'm mean?**

4   내 생일파티에 못 온다는 거니?

Are you saying that **you can't come to my birthday party?**

5   비행편이 지연됐다는 겁니까?

Are you saying that **the flight is delayed?**

1 이중 스파이 **double agent**   3 야비한 **mean**   4 ~의 생일파티에 오다 **come to someone's birthday party**
5 (비행편이) 지연되다 **be delayed**

bite the bullet
[바일더블릳]

이를 악물고 하다, 꾹 참고 버티다

저 옛날 전쟁터의 부상 당한 군인을 생각해 봅시다. 어떻게든 치료를 해야 하는데 그 당시엔 마취제란 게 없었단 말이죠. 어쩌겠습니까? 그 고통을 참기 위해 총알을 꽉 깨물고(bite the bullet) 버티는 수밖에. 그렇습니다. bite the bullet은 바로 이런 상황에서 유래된 표현이에요. 그래서 이젠, 하기는 싫지만 피할 수 없는 일이니 '이를 악물고 하다', '울며 겨자 먹기로 하다', '꾹 참다'라는 의미로 쓰이게 됐답니다. 마지못해 참고 한다는 뉘앙스이죠.

bite the bullet

Claire　What happened at work?

회사에서 뭔 일 있었어?

Chris　I had to bite the bullet and quit.

(그러고 싶진 않았지만) 이 악물고 그만둬야만 했어.

John　Why didn't you sleep last night?

어젯밤에 왜 잠을 못 잔 거야?

Vanessa　I had to bite the bullet and study all night.

꾹 참고 밤새 공부해야 했거든.

---

at work 직장에서 **quit** 그만두다 **last night** 지난밤, 어젯밤 **all night** 밤새도록

🎧 09-1.mp3

There's always ~   언제나 ~이 있기 마련이야
[데얼ㅅ 어올웨이ㅈ]

살면서 힘들 때 누군가가 이런 말을 해주면 어떨까요? "힘내. 언제나 희망은 있기 마련이니까." 아무리 힘들고 지쳐도 누군가 옆에서 이렇게 응원해준다면 훌훌 털고 이겨낼 수 있을 거예요. 그럼 오늘은 영어로 '언제나 ~이 있기 마련이야'라는 표현을 배워볼까요? **There's ~** 는 기본적으로 '~이 있다'의 뜻을 가진 활용빈도 1000%의 패턴입니다. **이 패턴에 always라는 부사를 활용하여 '항상 ~이 있기 마련이야'라는 뜻으로 활용**할 수 있죠.

---

1 항상 희망은 있는 법이야.

There's always hope.
[데얼ㅅ 어올웨이ㅈ 호웁ㅃ]

> * **always**에서 강세가 있는 **a-**는 [ɔ:] 발음인데요. 이 발음은 입모양을 우리말의 [어]로 한 채 소리는 [오]로 내야 한다고 했던 거, 기억나죠?

---

2 언제나 **길**은 있기 마련이야.

There's always a way.
[데얼ㅅ 어올웨이저웨이]

---

3 언제나 **내일**은 오는 법이야.

There's always tomorrow.
[데얼ㅅ 어올웨이ㅈ 터머오로우]

---

4 모든 일에는 항상 **이유**가 있기 마련이야.

There's always a reason behind everything.
[데얼ㅅ 어올웨이저 뤼즌 비하인ㄷ 에브뤼띤]

> * Everything happens for a reason.도 같은 맥락으로 자주 쓰이는 표현이니 함께 알아두세요.

---

5 그 공장 주변에는 항상 **소음**이 많아.

There's always a lot of noise around the factory.
[데얼ㅅ 어올웨이저랄옵 노이ㅈ 어롸운더 팩터뤼]

---

4 behind everything 모든 일의 배후[이면]에는   **5 around** ~ 주변에

1 절대 안 되는 건 없어

A   난 이제 다시 취직하기는 틀렸어.

I'll never get another job.

B   언제나 희망은 있는 법이야.

There's always hope.

2 지나친 낙관은 좋은 걸까 나쁜 걸까

A   언제나 길은 있어.

There's always a way.

B   넌 지나치게 낙관적이야.

You're overly optimistic.

3 쓰라린 오늘은 날려버려

A   오늘은 최악의 날이야.

I had the worst day.

B   언제나 내일이 오는 법이야.

There's always tomorrow.

4 정신을 어디에 판 거지?

A   내가 어쩌다 가방을 잃어버렸지?

How did I lose my bag?

B   뭐든지 그 이면에는 어떤 이유가 있는 거야.

There's always a reason behind everything.

---

1 **get a job** 취업하다   2 **overly** 지나치게 | **optimistic** 낙관적인   3 **have the worst day** 최악의 날을 보내다, 일진이 더럽게 나쁘다

A 여기서는 집중하는 게 너무 힘들어!

It's so hard to concentrate here!

B 이 공장 주변에는 항상 소음이 많아.

There's always a lot of noise around the factory.

5 **It's (so) hard to V** ∼하는 게 (너무) 힘들어/어려워 | **concentrate** 집중하다

↖↗↙↘ 영어회화 늘리기

🎧 09-3.mp3

1 항상 희망이 있는 건 아니야.

There isn't always hope.

2 언제나 출구가 있기 마련이야.

There's always a way out.

3 언제나 가능성은 있기 마련이야.

There's always a chance.

4 모든 일에는 항상 비난이 따르기 마련이야.

There's always criticism in everything.

5 그 공장 주변에는 항상 악취가 나.

There's always a stink around the factory.

1 항상 ∼이 있는 건 아니야 **There isn't always ∼**   2 출구 **way out**   3 가능성, 기회 **chance**
4 비난 **criticism** | 모든 일에는 **in everything**   5 악취 **stink**

bread and butter
[브뤠댄버럴]

밥벌이, 밥줄

우리는 생활하는 데 필요한 주 소득원을 '밥벌이'라든가 '밥줄'이라는 말로 표현하잖아요. 무엇보다도 일단 먹는 게 해결이 되어야 생존이 가능하다 보니 주 소득을 안겨 주는 일을 두고 밥심으로 살아가는 우리 한국인들은 '밥벌이, 밥줄'이라는 말로 표현합니다. 물론 영어권에도 이와 같은 맥락의 표현이 있는데요. '버터 바른 빵'을 기본적인 주식으로 하는 그들은 '밥벌이, 밥줄'을 bread and butter로 표현한답니다. 사람 사는 곳 어디든 먹는 문제가 생존 및 생계의 가장 기본이 되는 법이니까요.

Peter Accounting is my bread and butter at work.
회계 일이 직장에서 제 밥줄이에요.

Diane You're really lucky to have that skill.
그런 기술을 갖고 계시다니 정말 행운이시네요.

Ellen Why are you changing subjects?
왜 과목을 바꾸려고 하세요?

Gabriel Because history is my bread and butter.
역사가 제 밥벌이거든요.

---

accounting 회계, 회계 일   **You're lucky to V** ～하다니 운이 좋네   **subject** 과목

There's nothing to ~
~할 게 (하나도) 없어

[데얼ㅅ 낫띤투]

There's ~는 '~이 있다'는 의미라고 했죠? 그런데 이 뒤에 nothing을 붙이면 '아무것도 없다'는 의미가 되는데요. 보통 뭔가를 '할 게 아무것도 없다'는 식의 There's nothing to ~의 형태로 많이 씁니다. to 뒤에는 **동사원형**을 이어주죠. 즉, 우리말로 '**~할 게 아무것도/하나도/전혀 없어**'라는 어감으로 **없는 걸 강조해서 말하는 패턴**입니다.

---

1 먹을 게 (하나도) 없어.

There's nothing to eat.

[데얼ㅅ 낫띤투 이잍]

---

2 두려워할 거 (하나) 없어.

There's nothing to fear.

[데얼ㅅ 낫띤투 퓌얼]

---

3 (전혀) 걱정할 거 없어.

There's nothing to worry about.

[데얼ㅅ 낫띤두 워어뤼어바웉]

> ＊
> **to**는 개인의 스타일에 따라, 혹은 어떤 단어와 연결되느냐에 따라 [투]/[두]/[루]/[르]/[드] 등으로 발음된다는 점, 짚고 넘어가실게요~!

---

4 이제 더 잃을 게 없어.

There's nothing to lose anymore.

[데얼ㅅ 낫띤투 루우ㅈ 에니머얼]

---

5 희망을 가지는 수밖에는 도리가 없어.

There's nothing to do but hope.

[데얼ㅅ 낫띤투두 벌호웁ㅃ]

> ＊
> 여기에서 **but**은 전치사로 '~을 빼고는, ~이외에는'이라는 의미입니다. 따라서 이 문장을 직역하면 '희망을 빼고는 할 게 없다'는 것이죠.

---

2 fear 두려워하다   **3 worry about** ~에 대해 걱정하다   **4 anymore** 이제 더 이상

061

1 뭘 먹나, 그것이 문제!

A 먹을 게 없어.

There's nothing to eat.

B 그럼 우리가 제일 좋아하는 식당에서 뭐 좀 주문하자.

Then let's order something from our favorite restaurant.

---

2 기다림의 두려움

A 내일 결정이 어떻게 날지 좀 겁나.

I'm a little scared about tomorrow's decision.

B 겁낼 거 하나도 없어.

There's nothing to fear.

---

3 난 걱정하겠습니다

A 걱정할 거 하나도 없어.

There's nothing to worry about.

B 난 그렇게 생각하지 않아!

I completely disagree!

> *
> I completely disagree.
> 는 상대의 의견에 전적으로
> 반대할 때 쓰는 한 문장 표
> 현입니다. 통째 입에 익혀두
> 세요.

---

4 이판사판, 갈 데까지 가보자

A 우리가 모험을 해야 하는 건지 모르겠어.

I'm not sure if we should take a chance.

B 이제 더 잃을 것도 없잖아.

There's nothing to lose anymore.

---

2 **be scared about** ~에 대해 겁내다　3 **completely** 전적으로 | **disagree** 동의하지 않다, 반대하다 (↔ agree)　4 **take a chance** 위험을 무릅쓰다, 모험을 하다

5 희망이라도 갖자고!

A   우리, 이제 어떡해?

What are we going to do?

B   희망을 가지는 수밖에 달리 할 게 없네.

There's nothing to do but hope.

⤢ 영어회화 늘리기

🎧 10-3.mp3

1   냉장고에 마실 게 (하나도) 없어.

There's nothing to drink in the fridge.

2   너랑 나 사이에는 숨길 게 (하나도) 없어.

There's nothing to hide between you and me.

3   의미 없는 일로 속상해할 거 (하나도) 없어.

There's nothing to be upset about for meaningless things.

4   그 남자와 다투어봤자 얻을 게 (전혀) 없어.

There's nothing to gain from arguing with him.

5   시골에선 다섯 시만 넘으면 할 게 (전혀) 없어.

There's nothing to do in the countryside after 5 p.m.

---

1 냉장고 **fridge** (= refrigerator)   2 숨기다 **hide** | 너와 나 사이에 **between you and me**   3 ~에 대해서 속상해하다 **be upset about** | 의미 없는 일로 **for meaningless things**   4 ~하는 것으로부터 얻다 **gain from -ing** | ~와 다투다, 논쟁하다 **argue with**   5 시골 **countryside**

a lot on my plate

너무 많은 일

[얼라론마이 플레이ㅌ]

a lot on my plate(너무 많은 일)는 미국에서 90년대부터 사용된 표현으로, 식사 자리에서 쓰던 말이 일상회화로 옮겨져 온 경우랍니다. 접시에(on my plate) 내가 먹을 수 있는 양보다 많은 양(a lot)의 음식이 쌓여 있다고 생각해 보세요. 다 먹으려면 꽤나 바쁘게 입이 움직여야겠죠? '접시 위에 많이 쌓인 음식'처럼 해야 할 일이 너무 많을 때 원어민들은 이 표현을 사용합니다. 주로 동사 have 또는 have got과 함께 많이 쓰죠. have got은 have의 구어체 표현입니다.

Chris

Why can't you make it tonight?

오늘밤에 왜 못 와?

Wilma

I've got a lot on my plate! I'm super busy!

할 일이 너무 많아! 바빠 죽겠어!

Bella

Stella's got a lot on her plate these days.

스텔라는 요즘 할 일이 너무 많더라.

Alex

I know. She's really stressed out.

그러게. 스트레스가 이만저만 아니더라고.

---

make it (별일 없이 약속장소에) 가다   **have (got) a lot on my plate** 할 일이 너무 많다   **super busy** 아주 아주 바쁜 (super는 '초인적으로, 아주 아주'란 의미로 형용사를 강조해줌)   **these days** 요즘, 요새   **be stressed out** 스트레스를 받다

There's no need to ~ ~할 필요가 없어

[데얼ㅅ 노니-투]

오늘은 '**~할 필요 없어**'라는 식으로 어떤 상황에 대한 의견을 말하거나 상대를 안심시킬 때 쓰는 패턴을 배워보도록 하죠. '**~이 없다**'는 There's no 뒤에 need to ~만 붙이면 되는데요. 이때 need는 명사로 '**필요**'를 뜻하죠. 따라서 There's no need to ~ 하면 '**~할 필요가 없어**'라는 의미가 됩니다. 물론 to 뒤에는 **동사원형**을 이어줍니다.

---

1 걱정할 필요 없어.

There's no need to **worry.**

[데얼ㅅ 노니-투워어뤼]

---

2 속상해 할 필요가 없어.

There's no need to **be upset.**

[데얼ㅅ 노니-투비 업쎌]

> *
> 화가 났을 때의 감정은 다양하게 표현할 수 있어요.
> upset 화난, 속상한
> mad 화난, 노여워하는
> pissed off 짜증난, 열받은
> infuriated 불같이 화난, 폭발 직전의

---

3 이 일에 대해서는 얘기할 필요 없어.

There's no need to **talk about this.**

[데얼ㅅ 노니-투 터오꺼바웉디ㅆ]

---

4 체중 때문에 스트레스 받을 필요 없어.

There's no need to **stress out about your weight.**

[데얼ㅅ 노니-투 스트레사웉 어바웉 유얼웨잍]

---

5 이제는 그 여자를 만날 필요가 없어.

There's no need to **meet her anymore.**

[데얼ㅅ 노니-투 미잍헐 에니머올]

---

2 **upset** 속상한, 화나는   4 **stress out about** ~에 대해서 스트레스를 받다

1 나만 걱정인 거야?

A   내 차를 어떻게 할지 잘 모르겠어.

I'm not sure what to do about my car.

B   걱정할 필요는 없어.

There's no need to worry.

> ＊
> I'm not sure 뒤에는 '~인 지 어떤지'의 **if**뿐만 아니라 ⟨의문사 + to V⟩도 올 수 있 습니다.

2 시험 성적 따위

A   내 시험 성적이 너무 실망스러워.

I'm so disappointed with my exam results.

B   속상해 할 필요 없어.

There's no need to be upset.

3 나는 짚고 넘어가야겠다고!

A   이것에 대해서 말할 필요가 없어.

There's no need to talk about this.

B   하지만 나한테는 중요한 걸!

But it's important to me!

4 말이야 쉽지

A   체중 때문에 스트레스 받을 필요 없어.

There's no need to stress out about your weight.

B   터진 입으로 말하는 거야 쉽지.

That's easy for you to say.

---

2 be disappointed with ~에 실망하다

066

5 우리 계속 만나게 해주세요

A 이제 그 여자를 만날 필요가 없어.

There's no need to meet her anymore.

B 하지만 그 여자를 너무 사랑하는 걸.

I love her so much, though.

5 **though** (문장 맨 뒤에 써서) 그래도, 하지만

↖↗↙ 영어회화 늘리기

🎧 11-3.mp3

1 그렇게 서두를 필요 없어.

There's no need to rush like that.

2 실망할 필요 없어.

There's no need to be disappointed.

3 더 이상 문제 삼을 필요 없어.

There's no need to beat a dead horse.

4 살 뺄 필요 없어. (살 안 빼도 돼.)

There's no need to lose weight.

5 이제는 그 남자를 기다릴 필요가 없어.

There's no need to wait for him anymore.

1 서두르다 **rush** │ 그처럼, 그렇게 **like that**　2 실망한 **disappointed**　3 (결말이 난 얘기를) 다시 문제 삼다 **beat a dead horse**
4 살을 빼다 **lose weight**　5 ~를 기다리다 **wait for**

up in the air
[업삔디에얼]

미정인

up in the air 하니까 '공중에 붕 떠 있는' 그림이 그려지나요? 우리도 무언가 결정이 안 되고 애매한 상황일 때 '공중에 붕 떴다'는 말을 하잖아요. 영어도 똑같답니다. 어떤 일이 뭔가 확실하게 결정되지 않은 상황을 나타낼 때 up in the air라고 하는데요, undecided보다 좀 더 캐주얼하게 사용하죠. 우리말로는 '미정인, (아직) 정해진 게 없는' 정도로 옮기면 되겠습니다. 상태를 나타내는 형용사 형태이다 보니 아래 대화에서 보는 바와 같이 be동사와 잘 어울리죠.

Terry   Are you moving next month?
다음달에 이사 가니?

Jude   It's up in the air right now.
지금 당장은 정해진 게 없어.

Helen   Everything's so up in the air right now at work.
지금 당장은 회사의 모든 일이 완전 미정이야.

Allan   I thought you got a promotion. Did anything change?
네가 승진한 줄 알았는데. 뭐 변동사항이라도 있었어?

next month 다음달에   **get a promotion** 승진하다

There are so many ~

~이 너무 많아

[데얼(아)쏘우-메니]

'**~이 너무 많다**'는 말은 영어로 어떻게 할까요? 이 또한 '**~이 있다**'는 의미의 There's ~ 패턴을 응용해볼 수 있는데요. There's 뒤에 '**너무 많은 ~**'이란 의미의 〈so many + 복수명사〉를 붙이면 된답니다. 앗, 여기서 잠깐! 사실 **There's** 뒤에는 단수명사가 와요. 따라서 〈so many + 복수명사〉를 붙이려면 be동사 **is**를 **are**로 바꿔 There are so many ~라고 해야 합니다.

1
선택사항이 너무 많아.

There are so many **options.**

[데얼(아)쏘우-메니 압션ㅈ]

2
요즘은 어두운 소식이 너무 많아.

There are so many **bad news stories these days.**

[데얼(아)쏘우-메니 뱃뉴우스토뤼ㅈ 디이즈데이ㅈ]

3
서울에는 극장이 너무 많아.

There are so many **theaters in Seoul.**

[데얼(아)쏘우-메니 띠이어럴진쏘울]

4
당신네 조직에는 문제가 너무 많아요.

There are so many **problems in your organization.**

[데얼(아)쏘우-메니 프롸블럼ㅈ 인유얼 올거니제이션]

5
인터넷에는 재미있는 게 너무 많아.

There are so many **fun things to do on the Internet.**

[데얼(아)쏘우-메니 펀띵ㅈ 투두우 언디인터넽]

*
Internet은 [인터넽]뿐 아니라 [이너넽]에 가깝게 발음하는 경우도 많답니다.

2 **these days** 요즘   4 **organization** 조직, 회사

❶ 선택지가 많아도 고민

A   선택지가 너무 많아.

There are so many options.

B   뭐가 제일 좋아? 3번?

Which is the best one? Number three?

* 2개 이상의 선택안을 두고 이 중에 '뭐가/어떤 게 ~하냐?'고 상대의 의견을 물을 때는 Which is ~?를 씁니다.

---

❷ 어둠 속에도 빛은 있기 마련

A   요즘은 어두운 소식들이 너무 많아.

There are so many bad news stories these days.

B   그건 그래, 하지만 밝은 면도 봐야지.

I agree, but we have to look on the bright side of things.

---

❸ 널린 게 극장

A   서울에는 극장이 너무 많아.

There are so many theaters in Seoul.

B   맞아! 어디 가나 다 있어.

I know! They're everywhere.

---

❹ 윗물이 맑아야 아랫물이 맑다는데

A   우리 윗대가리들은 정말로 정직하지 못해.

My bosses are really dishonest.

B   너희 회사는 정말 문제가 너무 많아.

There are so many problems in your organization.

---

2 look on the bright side of things 상황/사물의 밝은 면을 보다   **3 be everywhere** 어디에나 다 있다   **4 dishonest** 정직하지 못한

A 인터넷에는 재미있는 게 너무 많아.

There are so many fun things to do on the Internet.

B 진짜 그래! 난 SNS로 사람들을 새로 사귀는 게 너무 좋아.

Totally! I love using social media sites to connect with new people.

5 **I love -ing** 난 ~하는 게 너무 좋아 | **social media site** SNS (우리는 SNS라고 하지만 영어에서 이런 말은 쓰지 않음) | **connect with** ~와 접속하다, 연락하다

⤢ 영어회화 늘리기

🎧 12-3.mp3

1 메뉴가 너무나 많아.

There are so many menus.

2 그에 대한 안 좋은 소문들이 너무 많아.

There are so many bad rumors about him.

3 부산에는 시장이 정말 많아.

There are so many markets in Busan.

4 당신 팀 내에는 문제가 너무 많아요.

There are so many problems within your team.

5 주말에는 할 일이 너무 많아.

There are so many things to do on the weekend.

2 안 좋은 소문, 나쁜 소문 **bad rumor**   5 할 일들 **things to do** | 주말에, 주말에는 **on the weekend**

You have my word.

약속할게.

[유햅 마이월ㄷ]

영화나 미드에서 자주 접할 수 있는 표현 중 하나입니다. You have my word. '넌 내 말을 가졌어.'라는 것은 곧 '(내가 너한테) 약속할게.' '내 말 믿어도 좋아.'라는 의미인 것이죠. I promise you.와 큰 차이는 없지만, You have my word.라고 하면 뭔가 상대에게 좀 더 신뢰를 주는 느낌이 듭니다. 내 말을 상대에게 귀속시킬 정도의 진정성이 담겨 있으니까요. 상대에게 어떻게 할 것을 약속하는 표현이다 보니 '~하겠다'는 의미의 I'll ~ 문장과 곧잘 어울려 쓰입니다.

You have my word.

Jean	Are you sure you can pick up my bag?
	진짜 내 가방 찾아다 줄 수 있어?

Randy	You have my word. Guaranteed.
	약속해. 장담한다니까.

Lisa	You have my word I'll be there.
	내가 같이 있어줄게. 약속해.

Bart	Okay, because I really need you.
	그래, 난 진짜 네가 필요하거든.

---

pick up (어디에 두거나 맡긴 물건을) 찾아오다 **guaranteed** 장담하는, 보장하는 **You have my word I'll ~** ~하겠다고 약속해 (= I'll ~. You have my word.)

Can I have ~?

~해도 돼요? / ~ (좀) 주시겠어요?

[캐나이햅]

Can I ~?는 '내가 ~할 수 있을까요?' 즉 '내가 ~해도 돼요?'라는 말로 상대에게 허락을 구하거나 뭔가를 요청할 때 기본적으로 쓰이는 패턴입니다. 여기에 동사 have를 붙여 Can I have ~?라고 하면 '내가 ~를 가질 수 있나요?', 즉 **상대에게 뭔가를 좀 (해)달라는 말을 부드럽게 전하는** 표현이 됩니다. 자연스런 우리말로는 '**~해도 돼요?**' '**~ 좀 주시겠어요?**' 정도가 되죠.

1
여기 앉아도 돼요?

Can I have a seat here?

[캐나이해버 씨일 히얼]

2
주목 좀 해주시겠어요?

Can I have your attention, please?

[캐나이해뷰얼 어텐션 플리이ㅈ]

3
전화번호 좀 알려주시겠어요?

Can I have your phone number?

[캐나이해뷰얼 포온 넘벌]

4
생각할 시간 좀 주시겠어요?

Can I have some time to think about it?

[캐나이햅썸타임투 띵꺼바우맅]

5
한 입 먹어봐도 돼?

Can I have a bite?

[캐나이해버 바잍]

> *
> 학교 다닐 때 '한 입만' 하고 다니는 친구가 한 명씩은 꼭 있지 않았나요? bite는 '물다'라는 동사로도 사용되지만 앞에 관사 a가 쓰였으니 명사 표현인 '한 입'으로 쓰인 걸 알 수 있어요.

1 **seat** 좌석, 자리   5 **a bite** 한 입

1 빈자리가 보여서

A 여기 앉아도 됩니까?

Can I have a seat here?

B 실은 제가 친구를 기다리고 있거든요.

Actually, I'm waiting for a friend.

2 내가 지금 얘기하고 있잖아요

A 주목 좀 해주시겠습니까?

Can I have your attention, please?

B 물론이죠. 잘 듣고 있으니까, 어서 하시죠.

Of course. We're listening. Go ahead.

> *
> Go ahead.는 상대방이 하려고 하는 것을 '어서 해. 그렇게 해.'라며 수긍해줄 때 자주 쓰이는 표현입니다.

3 첫눈에 반해서

A 전화번호 좀 알 수 있을까요?

Can I have your phone number?

B 음, 주고 싶지 않은데요.

Umm…I'd prefer not to give it out.

4 생각할 시간이 필요해

A 생각할 시간을 좀 줄 수 있어요?

Can I have some time to think about it?

B 그러세요. 기다릴게요.

Sure. I can wait.

---

1 **wait for someone** 누구를 기다리다   3 **I'd prefer not to V** (어떤 쪽이냐 하면) ~하고 싶지 않은 쪽이다 | **give out** ~을 나눠주다, 배포하다

5 한 입만

A 한 입 먹어도 되니?

Can I have a bite?

B 네 돈으로 햄버거 사서 먹어!

Buy your own hamburger!

↖↗ 영어회화 늘리기
↙↘

🎧 13-3.mp3

1 따뜻한 차 좀 주시겠어요?

Can I have **some hot tea?**

2 계산서 좀 주시겠어요?

Can I have **the bill, please?**

3 명함 한 장 주시겠어요?

Can I have **your business card?**

4 이메일 주소 좀 알려주시겠어요?

Can I have **your email?**

5 한 모금 마셔봐도 돼?

Can I have **a sip?**

1 따뜻한 차 **hot tea**　2 계산서 **bill**　3 명함 **business card**　4 이메일 주소 **email (address)**　5 한 모금 **a sip**

clear the air
[클리얼디에얼]

감정을/오해를 풀다, 의혹을/논란을 해소하다

폭풍이 휩쓸고 지나가면 공기 중의 먼지나 부유물들이 깨끗이 제거되죠? 이 표현은 글자 그대로 '공기를 정화시키다'는 표현으로 사용하기도 하지만, 무언가 기류 속에서 느껴지는 불편한 감정이나 오해 등을 제거함으로써 안 좋은 감정을 풀거나 논란 및 의혹 등을 해소할 때 더 자주 사용합니다. 아래 대화 속에서 그 의미를 제대로 느껴 보세요. (*cf.* Please open a window and clear the air in here. 창문 좀 열어서 환기 좀 시키자.)

Charles   I want to clear the air with my brother.
남동생이랑 감정을 풀고 싶어.

Diana   Then just call him!
그럼 그냥 전화해!

Michael   Are you still fighting with Jenny?
제니랑 아직도 싸우는 중이야?

Erin   Yeah. I need to clear the air with her as soon as possible.
응. 가능한 빨리 개랑 감정 풀어야 하는데.

---

as soon as possible 가능한 빨리

🎧 14-1.mp3

Can I take ~?
[캐나이테잌]

~해도 될까요? (제가 ~ 좀 취해도 될까요?)

take는 영어의 기본 동사로 take a picture(사진을 찍다), take a minute(잠깐 시간을 가지다), take a rain check(다음 기회를 가지다, 다음을 기약하다), take a day off(하루 휴가를 내다)와 같이 다양하게 활용됩니다. 그런데 가만 보면 이 표현들에서 **동사 take**는 모두 **'가지다, 취하다'**는 개념을 갖고 있죠. 오늘은 **'내가 ~해도 될까요?'라는 패턴 Can I ~? 뒤에 동사 take를 붙여 표현하는 연습**을 해보겠습니다.

---

1 사진을 찍어도 될까요?
Can I take **a picture?**
[캐나이테이커 픽철]

---

2 잠깐 시간을 내주실 수 있을까요?
Can I take **a minute?**
[캐나이테이커 미닡]

> *
> 상대에게 잠깐만 시간 좀 내
> 달라고 할 때 쓰는 표현. 여
> 기서 a minute는 곧이곧대
> 로 '1분'을 말하는 게 아니라
> '잠시, 잠깐'이란 의미예요.

---

3 다음 기회에 해도 될까요?
Can I take **a rain check?**
[캐나이테이커 레인첵]

---

4 하루 휴가를 낼 수 있을까요?
Can I take **a day off?**
[캐나이테이커 데이어옾]

---

5 제가 (밖에서) 모셔도[대접해도] 되겠습니까?
Can I take **you out?**
[캐나이테이큐 아웉]

> *
> take someone out은 '누
> 구를 식당이나 어디 좋은 데
> 데려가서 대접한다'는 의미
> 가 담긴 표현입니다. 따라서
> 데이트 신청을 할 때도 쓰기
> 좋은 표현이죠.

---

1 take a picture 사진을 찍다   3 take a rain check 다음 기회를 가지다
4 take a day off 하루 휴가를 내다

1 사진 찍을까?

A 사진을 찍어도 될까요?

Can I take a picture?

B 그러면 저는 좋죠.

I'd love that.

> *
> I'd love that.에서 I'd는 I would의 축약형입니다. 따라서 I'd love that.은 '그렇게 한다면야 나는 좋다'며 가정해서 말하는 것이죠.

2 잠시 시간 좀

A 잠깐 시간을 내줄 수 있나요?

Can I take a minute?

B 얼마든지 내드릴게요.

Take as much time as you need.

3 아무래도 지금 당장 하기는

A 다음 기회에 해도 될까요?

Can I take a rain check?

B 뭐 잘못된 거라도 있나요?

Is something wrong?

4 휴가가 필요해

A 하루 휴가를 낼 수 있을까요?

Can I take a day off?

B 몸이 안 좋아요?

Are you feeling sick?

---

2 **as much time as you need** 네가 필요한 시간만큼 충분히   4 **feel sick** 몸이 안 좋다

A 제가 모셔도 되겠습니까?

Can I take you out?

B 멋진 식당으로 데려간다면요

Only if we go to a nice restaurant.

> ＊
> 〈Only if 주어 + 현재동사〉는
> '~한다면 그렇게 하겠다'고
> 단서를 붙여 답할 때 유용한
> 표현입니다.

↖↗ 영어회화 늘리기
↙↘

🎧 14-3.mp3

1 당신의 사진을 찍어도 될까요?

Can I take your picture?

2 메시지를 남기시겠어요? (당신 메시지를 받아둬도 될까요?)

Can I take a message for you?

3 제가 한 번 봐도 될까요?

Can I take a look at it?

4 이틀 휴가를 낼 수 있을까요?

Can I take two days off?

5 오늘 저녁 밖에서 대접해도 될까요?

Can I take you out for dinner?

2 당신 메시지를 받아두다 **take a message for you**   3 ~을 한번 (살펴)보다 **take a look at**   4 ~일 휴가를 내다 **take + 휴가일수 + off**
5 ~에게 저녁을 밖에서 대접하다 **take someone out for dinner**

spill the beans
[스삧더비인ㅅ]

비밀을 누설하다

spill the beans는 '비밀을 누설하다'는 의미입니다. 동사 spill은 '쏟다, 엎지르다'는 뜻이고, bean은 '콩'을 뜻하죠. 그렇다면 '콩을 쏟다'라는 표현이 어쩌다 '비밀을 누설하다'는 의미로 쓰이게 되었을까요? 고대 그리스에서는 흰 콩(찬성)과 검은 콩(반대)을 단지에 넣어 비밀투표를 했다고 하는데요. 개표를 하기 전에 단지를 엎질러 콩이 쏟아지며 비밀이 누설되었다는 설에서 유래했다는 이야기가 있어요. 작정하고 비밀을 누설하려는 경우에도, 무심결에 비밀을 말해버리는 경우에도 모두 쓸 수 있습니다. 또, 요새는 같은 의미로 spill the tea라는 표현도 쓰니까, 함께 알아두세요.

spill the beans

Emma   I'll spill the beans about what you did last night.

네가 어젯밤에 한 짓을 다 까발릴 거야.

Julia   Please don't tell anyone.

제발 아무한테도 얘기하지 말아줘.

Devon   I don't mean to spill the beans, but Trevor stole your wallet.

비밀을 누설하려는 건 아니지만, 트레버가 네 지갑 훔쳤어.

Margaret   Seriously? How could he do that?

정말이야? 걔가 어떻게 그럴 수 있지?

I don't mean to V ～하려는 의도는 아니다   **steal** 훔치다 (steal - stole - stolen)

Can I ask you ~? ~ 좀 물어봐도 될까요? / ~ 좀 해주시겠어요?
[캐나이 애스뀨]

동사 ask는 〈ask you + 명사〉의 형태로 **상대에게 뭔가를 '물어보다'** 또는 **'부탁하다, 요청하다'**는 의미로 쓰입니다. 또, 〈ask you + to V〉의 형태로 **상대에게 뭔가를 '해달라고 요청하다'**는 의미로도 자주 쓰이죠. 오늘은 Can I 뒤에 이런 ask you ~를 붙여 상대에게 뭔가를 물어봐도 되냐는 표현과 뭔가를 요청하는 표현을 연습해 봅니다.

1 뭘 좀 물어봐도 될까요?

Can I ask you something?
[캐나이 애스뀨 썸띤]

* ask you를 자연스럽게 이어서 [애스큐]라고 발음하면 [애스뀨]에 가까운 소리로 날 때가 많습니다.

2 부탁 하나 해도 될까요?

Can I ask you a favor?
[캐나이 애스뀨어 풰이붤]

3 소리 좀 **낮춰** 주실 수 있어요?

Can I ask you to keep it down?
[캐나이 애스뀨두 키이삗[따운]

* Can I ask you to V ~? '내가 당신에게 ~해달라고 요청해도 될까요?'는 '~해주실 수 있어요? ~해주시겠어요?'라는 요청을 좀더 완곡하게 하는 것이죠.

4 제가 여는 파티에 와 주시겠어요?

Can I ask you to come to my party?
[캐나이 애스뀨두 컴투 마이파아뤼]

5 돌아와 주시겠어요?

Can I ask you to return?
[캐나이 애스뀨두 뤼턴]

---

2 **favor** 부탁 3 **keep down** 소리를 낮추다, 볼륨을 줄이다

1 거 뭐 좀 물어봅시다

A 뭘 좀 물어봐도 될까요?
Can I ask you something?

B 뭔데요?
What's that?

2 저기, 부탁이 하나 있습니다만

A 부탁을 좀 해도 될까요?
Can I ask you a favor?

B 언제든지요! 뭐가 필요하세요?
Anytime! What do you need?

3 음악 소리가 너무너무 거슬려요

A 소리 좀 낮춰 주실 수 있어요?
Can I ask you to keep it down?

B 하지만 음악 소리가 그렇게 크지는 않은데요.
But the music isn't very loud.

4 파티에 초대하고 싶습니다만

A 제가 여는 파티에 와 주시겠어요?
Can I ask you to come to my party?

B 그럼 가야죠. 감사합니다.
I'd love to. Thanks so much.

* I'd love to.는 상대방의 제 안을 흔쾌히 수락할 때 애용 되는 표현이에요. 통째 입에 익혀두세요.

3 loud 소리가 큰, 시끄러운

A 돌아와 주시겠어요?

Can I ask you to return?

B 당신이 사과한다면요

Only if you apologize.

↖↗↙↘ 영어회화 늘리기

🎧 15-3.mp3

1 그 남자에 대해서 뭐 좀 물어봐도 돼?

Can I ask you something about him?

2 개인적인 질문 하나 해도 될까요?

Can I ask you a personal question?

3 좀 더 자세히 설명해주실 수 있어요?

Can I ask you to explain it in more detail?

4 제 집들이에 와 주시겠어요?

Can I ask you to come to my housewarming party?

5 환불해 주시겠어요?

Can I ask you to give me a refund?

2 개인적인 질문 **personal question**　3 좀 더 자세히 **in more detail**　4 집들이 **housewarming party**
5 ~에게 환불해주다 **give someone a refund** (환불을 요청할 때는 Can I ask for a refund?라고 말해도 같은 의미)

wishy-washy
[위쉬와쉬]

우유부단한, 흐리멍덩한

whishy라는 건지 washy라는 건지 뭔가 확실하게 이거
다 하지 않고 '우유부단하고 흐리멍덩하고 불분명한' 모
습을 나타낼 때 wishy-washy라고 표현해요. 그래서 a
wishy-washy person이라고 하면 '우유부단한 사람'
을 뜻하고, She's so wishy-washy.라고 하면 '걔는 너
무 우유부단해.'라는 말이 되죠. 이처럼 사람이 맺고 끊
는 거 없이 흐리멍덩하고 우유부단하다고 할 때도 쓰이
고, 아래 대화에서처럼 뭔가 말의 내용이 흐리멍덩하고
불분명하다고 할 때도 애용된답니다.

wishy-washy

Abe　Everything Dan says is wishy-washy.

댄이 말하는 내용은 전부 흐리멍덩해.

Gemma　I know! He's always stretching the truth.

알아! 그 애는 늘 사실을 과장하지.

Tiffany　What do you think of the president's speech?

대통령 연설 어떻게 생각해?

Robert　It was pretty wishy-washy.

내용이 되게 불분명했어.

stretch the truth 사실을 과장하다　**What do you think of ~?** ~에 대해 어떻게 생각해?　**pretty** 꽤

Can I get you ~?

[캐나이 겥유]

~ 좀 가져다/사다 드릴까요?

동사 get에는 누군가에게 뭔가를 '**사다 주다, 얻어다 주다, 가져다 주다**'라는 의미가 있어요. 그래서 **Can I get you + 명사?** 하면 상황에 따라 '**~를 좀 사다/얻어다 줄까?**'라는 의미도 되고, '**~를 갖다 드릴까요?**'라는 의미도 됩니다. 예를 들어, 식당 종업원이 손님에게 Can I get you ~?로 물었다면 '~를 갖다 드릴까요?'라고 묻는 말이 되는 거죠.

1 한 잔 (사)드릴까요?

Can I get you a drink?

[캐나이 겥유어 쥬륑ㅋ]

* a drink 하면 보통 '술 한 잔'을 의미하는데, 상황에 따라 '음료 한 잔'을 말하기도 해요.

2 다른 파스타로 (사)드릴까요?

Can I get you a different pasta?

[캐나이 겥유어 디프뤈ㅌ 파-스타]

3 과자를 (사)드릴까요?

Can I get you a cookie?

[캐나이 겥유어 쿠키]

4 뭐 좀 가져다/사다 드릴까요?

Can I get you anything?

[캐나이 겥유 에니띤]

5 먹을 것 좀 가져다/사다 드릴까요?

Can I get you something to eat?

[캐나이 겥유 썸띤두이일]

---

5 something to eat 먹을 것 (*cf.* something to drink 마실 것)

 **스토리텔링 훈련**

---

1 바에서 맘에 드는 여인을 봤다면

A 한 잔 사드릴까요?

Can I get you a drink?

B 좋죠. 차가운 맥주 한 잔 사주시면 아주 좋겠어요.

Please. A cold beer would be great.

---

2 원하시는 메뉴가…

A 다른 파스타로 드릴까요?

Can I get you a different pasta?

B 까르보나라가 아주 좋겠어요.

The carbonara would be perfect.

> *
> get you는 [겟유]라고도 발
> 음하고, 자연스럽게 이어서
> [겟츄]라고도 발음합니다.
> 개인의 스타일에 따라, 또는
> 같은 사람이라도 그때그때
> 하고 싶은 대로 발음하죠.

---

3 건강과 다이어트 둘 다 노리는 중

A 과자 하나 사줄까?

Can I get you a cookie?

B 실은 요즘에는 단 걸 안 먹어.

Actually, I don't eat sweets these days.

---

4 뭐 필요한 거 없으신가 몰러

A 뭐 좀 가져다 드릴까요?

Can I get you anything?

B 물 한 잔 마시면 참 좋겠어요.

I'd love a glass of water.

---

3 **sweets** 단 음식   4 **a glass of water** 물 한 잔

5 배 안 고프니의 다른 말

A 뭘 좀 먹을 걸 사줄까?

Can I get you something to eat?

B 피자 한 조각 어때?

How about a slice of pizza?

*How about ~?*은 상대방에게 '~는 어때?'라며 제안할 때 간단하게 쓸 수 있는 표현입니다. 뒤에는 명사나 동명사를 이어주면 되죠.

5 **a slice of pizza** 피자 한 조각

↖↗ 영어회화 늘리기   🎧 16-3.mp3
↙↘

1 물 좀 (가져다) 드릴까요?

Can I get you **some water?**

2 좀 더 큰 사이즈로 드릴까요?

Can I get you **a bigger size?**

3 스낵과 와인 한 잔 (가져다) 드릴까요?

Can I get you **a glass of wine with some snacks?**

4 뭐 좀 더 (가져다) 드릴까요? (주문할/필요한 거 더 있으세요?)

Can I get you **anything else?**

5 기다리시는 동안 마실 것 좀 (가져다) 드릴까요?

Can I get you **something to drink while you wait?**

2 좀 더 큰 사이즈 **bigger size**   5 마실 것 **something to drink** | ~하는 동안, ~하면서 **while** 주어 + 동사

hair of the dog

해장술

[헤얼옵더더오ㄱ]

직역하면 '개털'이라는 의미를 가지고 있는 이 표현이 왜 '해장술'이라고 쓰이게 됐을까요? 옛날 옛날 한 옛날, 광견병에 걸린 개에 물리면 개의 털을 상처부위에 붙여두면 낫는다는 미신이 있었대요. '독에는 독으로 다스린다'는 느낌이라고나 할까요? 여기에서 술로 인한 숙취도 술로 푸는 '해장술'을 개털에 빗대 hair of the dog이라고 하게 됐다는군요. 그나저나 웬만한 주당 아니고선 숙취를 '해장술'로 풀긴 힘들지 않나요?

hair of the dog

Ariel
This beer is the hair of the dog for me.
이 맥주가 나한테는 해장술이야.

Fran
Late night last night?
어젯밤 늦게까지 마셨나?

Karen
My head is splitting.
머리가 깨지는 것 같아.

Todd
I think you need the hair of the dog to fix this.
내 보기엔 해장술 마시면 나을 것 같은데.

---

split 깨지다, 쪼개지다   **fix** 낫게 하다, 고치다

Can you tell me ~?

~를 (좀) 알려 주실래요?

[캔뉴테얼미]

초행길 행인에게 "버스 정류장이 어디예요?"라고 묻는 것보다는 "버스 정류장이 어디 있는지 좀 알려 주실래요?"라고 묻는 게 보다 부드럽죠. 바로 이럴 때 쓰는 영어 패턴입니다. **뭔가 원하는 정보가 있을 때 알려줄 수 있냐고 점잖게 물어보는 표현**이죠. 뒤에는 〈의문사 + 동사〉, 〈의문사 + 주어 + 동사〉, 〈의문사 + to V〉, 〈about + 명사〉 등 다양하게 올 수 있습니다.

---

1 무슨 일이 있었는지 말해줄래요?

Can you tell me what happened?

[캔뉴테얼미 왙해쁜ㄷ]

---

2 버스 정류장이 어디 있는지 알려 주실래요?

Can you tell me where the bus stop is?

[캔뉴테얼미 웨얼더버스땁 이ㅈ]

---

3 우체국이 어디 있는지 알려 주실래요?

Can you tell me where the post office is?

[캔뉴테얼미 웨얼더포우슷ㅌ어오피ㅅ 이ㅈ]

---

4 거기에는 어떻게 가면 되는지 알려 주실래요?

Can you tell me how to get there?

[캔뉴테얼미 하우두겔데얼]

> *
> get은 어디에 '닿다, 도착하다'는 의미로도 쓰입니다. 이 경우엔 뒤에 〈to + 장소명사〉를 쓰는데, there처럼 장소부사의 경우에는 전치사 to 없이 바로 쓰면 되죠.

---

5 그걸 좀 더 자세히 말해줄래요?

Can you tell me about it in more detail?

[캔뉴테얼미 어바우맅 인머욜 디테이얼]

---

2 **bus stop** 버스 정류장   3 **post office** 우체국   4 **how to V** ~하는 방법, 어떻게 ~하는지   5 **in more detail** 좀 더 자세하게

1 전후 상황을 좀 알아야겠는데

A 무슨 일이 있었는지 말해줄래요?

Can you tell me what happened?

B 제가 기억력이 좋지 않아서요.

I really can't remember much.

2 버스 정류장을 찾고 있어요

A 버스 정류장이 어디 있는지 알려 주실래요?

Can you tell me where the bus stop is?

B 여기서 북쪽으로 두 블록 가면 있어요.

It's two blocks north of here.

3 우체국을 찾고 있어요

A 우체국이 어디 있는지 알려 주실래요?

Can you tell me where the post office is?

B 택시로 약 10분 거리에 있어요.

It's about 10 minutes away by taxi.

> *
> '택시/버스/지하철로 시간
> 이 얼마 걸리는 거리에 있다'
> 는 〈It's + 소요시간 + away
> by taxi/bus/subway〉와
> 같이 말하면 됩니다.

4 가는 방법을 알아야겠는데

A 거기에 어떻게 가면 되는지 알려 주실래요?

Can you tell me how to get there?

B 솔직히 말하면 저도 몰라요.

Honestly, I don't know.

3 **by taxi** 택시로

090

5 자세한 설명 좀 부탁해요

A 그걸 좀 더 자세히 말해 주실래요?

Can you tell me about it in more detail?

B 그러죠. 무엇부터 시작해야 되지?

Yes. Where should I start?

↖↗↙↘ 영어회화 늘리기

🎧 17-3.mp3

1 지난밤 메리에게 무슨 일이 있었는지 말해줄 수 있어?

Can you tell me what happened to Mary last night?

2 슈퍼마켓이 어디 있는지 알려 주실래요?

Can you tell me where the supermarket is?

3 가장 가까운 경찰서가 어디 있는지 알려 주실래요?

Can you tell me where the nearest police station is?

4 이 문제를 어떻게 해결하면 되는지 알려 주실래요?

Can you tell me how to solve this problem?

5 당신이 쓴 보고서에 대해서 말해줄래요?

Can you tell me about the report you made?

---

1 지난밤, 어젯밤 **last night**   3 가장 가까운 **nearest** | 경찰서 **police station**   4 이 문제를 해결하다[풀다] **solve this problem**
5 당신이 쓴 보고서 **the report you made**

a storm in a teacup
[어스또ㄹ엄이너티컵]　　　　　　　호들갑, 괜한 소동

폭풍이 났다고 해서 보니 기껏해야 찻잔 안에(in a teacup) 일렁이는 폭풍(a storm)이라, 뭔가 속은 느낌이랄까요? 아님 좀 우습다고나 할까? 어떻게 보면 좀 귀엽기도 하죠? 그래요, 찻잔 안의 폭풍처럼 대세에 크게 지장을 주지도 않는 일, 별것도 아닌 일에 호들갑 떠는 모습을 a storm in a teacup이라고 한답니다. 상황에 따라 우리말로는 '호들갑', '별일 아님', '헛소동', '괜한 소동', '자그마한 소동' 등으로 조금은 다양하게 옮길 수 있어요.

Paul　　This controversy is crazy.

이런 논쟁은 진짜 골 때려.

Mary　　No, it's not. It's just a storm in a teacup.

안 그래. 그저 조그마한 소동일 뿐이야.

Jessie　　This is simply a storm in a teacup.

이 문제는 진짜 별거 아녜요.

Sheila　　I disagree. We need to seriously consider this matter.

전 그렇게 생각 안 해요. 우리는 이 문제를 진지하게 고려해봐야 해요.

---

controversy 논쟁　**simply** 진짜　**seriously** 진지하게　**matter** 문제

Can you show me ~? ~ (좀) 보여/알려 주시겠어요?
[캔뉴쑈우미]

show는 '보여주다'는 의미이죠. 따라서 Can you show me ~? 하면 '~ 좀 보여 주시겠어요?'라는
의미입니다. **실제로 뭔가를 보여달라고 정중히 요청할 때도 쓰지만, 뭔가를 구체적으로 좀 알려달라고
할 때도 자주 쓰이죠. 특히 뭔가를 하는 '방법'을 알고 싶을 때 Can you show me 뒤에 how to V**
를 붙이면 쉽게 해결이 되죠.

1
여권 좀 보여 주시겠어요?

Can you show me your passport?
[캔뉴쑈우미유얼 패애ㅆ퍼올ㅌ]

2
여자친구 사진 좀 보여 줄래?

Can you show me a picture of your girlfriend?
[캔뉴쑈우미어 픽철옵 유얼 거얼프뤤ㄷ]

3
출구 좀 알려 주시겠어요?

Can you show me the way out?
[캔뉴쑈우미더 웨이아울]

＊
주차장이나 지하철역 등에
서 '입구, 들어가는 곳'에는
way in, '출구, 나가는 곳'에
는 **way out**이라고 적혀 있
는 것을 종종 볼 수 있죠.

4
거기에 어떻게 가면 되는지 알려 주시겠어요?

Can you show me how to get there?
[캔뉴쑈우미 하우두겔데얼]

5
쿠키를 굽는 법 좀 알려줄래요?

Can you show me how to bake cookies?
[캔뉴쑈우미 하우두베일 쿠키ㅆ]

---

1 **passport** 여권   3 **way out** 출구, 나가는 곳   5 **bake** 굽다

1 공항에서 비켜갈 수 없는 질문

A 여권 좀 보여 주시겠어요?

Can you show me your passport?

B 여기 있습니다.

Here it is.

> ✳
> 상대방이 요청한 물건을 건네면서 "자, 여기." "여기 있습니다." 할 때는 **Here it is.**라고 합니다.

2 네 여자친구가 궁금해

A 여자친구 사진 좀 보여 줄래?

Can you show me a picture of your girlfriend?

B 거실에 예쁜 사진 하나 있어.

I have a beautiful picture of her in the living room.

3 출구를 찾고 있어요

A 나가는 길 좀 알려 주시겠어요?

Can you show me the way out?

B 출구가 어디 있는지 진짜 모르겠는데요.

I don't really know where the exit is.

4 요새는 GPS로 다 되지 않니?

A 거기에 어떻게 가는지 알려 주시겠어요?

Can you show me how to get there?

B 그거야 쉽죠. GPS나 지도 있어요?

It's easy. Do you have a GPS or map?

3 **exit** 출구

5 너만의 요리비법이 궁금해

A 쿠키 굽는 법 좀 알려줄래?

Can you show me how to bake cookies?

B 스테이크를 맛있게 요리하는 법부터 알려주면.

Only if you show me how to make a great steak.

↖↗↙↘ 영어회화 늘리기

18-3.mp3

1 멤버쉽 카드를 보여 주시겠어요?

Can you show me **your membership card?**

2 네 숙제 좀 보여줄래?

Can you show me **your homework?**

3 6번 게이트가 어디인지 좀 알려 주시겠어요?

Can you show me **where gate number 6 is?**

4 박물관에 어떻게 가면 되는지 알려 주시겠어요?

Can you show me **how to get to the museum?**

5 이 복사기 사용하는 법 좀 알려줄래요?

Can you show me **how to use this copier?**

3 6번 게이트가 어디인지, 6번 게이트가 있는 곳 **where gate number 6 is**

4 (그) 박물관에 가다 **get to the museum** (get + 장소부사 / get to + 장소명사)　**5** 복사기 **copier** (= copy machine)

break the ice
[브뤠익디아이ㅆ]

서먹한 분위기를 깨다, 분위기를 띄우다

긴장을 하면 흔히 '얼음이 되다'라는 표현을 사용하죠? 얼음같이 냉랭한 분위기를 깬다고 할 때 원어민들은 break the ice라는 표현을 사용해요. '어색하고 서먹서먹한 분위기를 깨', '분위기를 띄우다'라는 의미이죠. 특히 유머러스한 사람은 '농담으로 분위기를 띄우는 (break the ice with a joke)' 데 탁월하죠. break the ice는 1800년경에 영국의 시인 바이런(Byron)이 본인의 작품에 이런 식의 비유로 처음 사용했다고 해요. 그때부터 어색한 분위기를 깬다는 의미로 계속 사용되고 있는 거랍니다.

break the ice

Aaron I couldn't talk to him.
그 남자랑은 말을 못하겠어.

Amy Find a way to break the ice!
어색한 분위기를 깰 방법을 찾아봐!

Beth How did you break the ice with Sarah?
사라와 어떻게 서먹함을 깼어?

Larry We had a couple of drinks together.
같이 술 두어 잔 마셨더니 그렇게 됐어.

find a way to V ~할 수 있는 방법을 찾다 **a couple of** 두 개의

Can you help me ~?

~ 좀 도와줄래요?

[캔뉴헤얼ㅃ미]

상대방에게 **도움을 청할 때** 유용한 패턴입니다. Can you help me 뒤에는 동사원형이나 〈with + 명사〉를 쓸 수 있는데요. 〈**help me + 동사원형**〉은 '**내가 ~하는 것을 도와주다**'는 의미인데, 굳이 동사를 쓰지 않고 **명사**만 써도 그 명사로 뭘 하는 걸 도와달라는 건지 뻔한 상황에서는 〈**help me with + 명사**〉로 간단하게 말하죠.

---

1 이거 좀 도와줄래요?

Can you help me with this?

[캔뉴헤얼ㅃ미 윗디ㅆ]

---

2 제 가방 드는 것 좀 도와주시겠어요?

Can you help me with my bag?

[캔뉴헤얼ㅃ미 윗마이배액]

> *
> bag의 -a-는 [æ] 발음인데요. 입술을 양옆으로 확 잡아당긴 채 [애]라고 소리 내 보세요. 그러면 bag이 [배액]처럼 소리 난답니다.

---

3 휴대폰 찾는 거 좀 도와줄래?

Can you help me find my mobile phone?

[캔뉴헤얼ㅃ미 퐈인마이모우벌포온]

---

4 이거 끝내는 것 좀 도와주시겠어요?

Can you help me finish this?

[캔뉴헤얼ㅃ미 퓌니쉬 디ㅆ]

---

5 이거 만드는 것 좀 도와줄래?

Can you help me make this?

[캔뉴헤얼ㅃ미 메익 디ㅆ]

---

3 **mobile phone** 휴대폰

스토리텔링 훈련

1 저기요, 이거 좀…

A 이것 좀 도와주시겠어요?

Can you help me with this?

B 그럼요

No problem.

> *
> 도움을 요청하는 말에 흔쾌히 수락할 때 쓸 수 있는 답변 중 하나가 **No problem.** 이죠. 그까이 거 도와주는 거 '별문제 아니다'는 어감의 표현이에요.

---

2 가방이 너무 무거워서

A 제 가방 드는 것 좀 도와주시겠어요?

Can you help me with my bag?

B 음, 이거 진짜 무거워 보이네요.

Umm. It looks really heavy.

---

3 아, 휴대폰 또 어디 뒀더라

A 휴대폰 찾는 것 좀 도와줄래?

Can you help me find my mobile phone?

B 마지막으로 본 게 어디야?

Where did you last see it?

---

4 혼자서는 도저히 못 끝내겠네

A 이거 끝내는 것 좀 도와주시겠어요?

Can you help me finish this?

B 그럼요, 뭘 해드리면 되죠?

My pleasure. What can I do?

> *
> **My pleasure.**도 도움을 요청하는 말에 흔쾌히 수락하는 답변인데요, 내가 도와줄 수만 있다면 '오히려 기쁘다'는 어감의 표현입니다.

---

2 It looks + 형용사 그건 ~해 보여   **3 Where did you last + 동사원형 ~?** 마지막으로 ~한 게 어디야?

A 이거 만드는 것 좀 도와주시겠어요?

Can you help me make this?

B 최선을 다하죠!

I'll try my best!

5 try one's best 최선을 다하다

⤢ 영어회화 늘리기

🎧 19-3.mp3

1 내 연설 좀 도와줄래?

Can you help me with my speech?

2 이 캐리어 옮기는 것 좀 도와주시겠어요?

Can you help me with this baggage?

3 신청서 작성하는 것 좀 도와주시겠어요?

Can you help me fill out the application form?

4 이거 설치하는 것 좀 도와줄래?

Can you help me install this?

5 회의 준비하는 것 좀 도와줄래요?

Can you help me prepare for the meeting?

1 연설 **speech** (이 문장은 연설문 작성이나 연설 연습에 대한 도움을 청할 때 모두 사용 가능)　2 캐리어 **baggage** (여기서 '캐리어'는 '여행 짐가방'을 의미하므로 baggage라고 하면 됨)　3 (신청서 등을) 작성하다 **fill out** | 신청서 **application form**　5 ∼을 준비하다 **prepare for**

pull someone's leg

놀리다

[푸울 써뭔ㅆ렉]

이 표현은 교수형에 처한 죄수의 다리를 밑에서 당겨주는 행위에서 유래됐다는 설이 있어요. 그렇게나마 사형수의 고통을 단축시키고 형 집행을 빨리 끝내려던 목적이었겠죠. 목적이야 어쨌든 pull someone's leg는 결국 사형수를 일찍 골로 보내는 행위잖아요. 그래서였을까요? 세월의 다리를 건너면서 pull someone's leg는 깜짝 놀라게시리 괜히 없는 얘기 만들어서 친구를 놀려먹거나, 실없는 농담으로 친구를 놀려먹는 행위를 나타내게 되었어요. 말로 사람을 골로 보내는 거죠. 그래서 이제는 '놀리다, 속여먹다', '농담하다'란 의미로 쓰이죠.

pull someone's leg

Alexander I was just pulling your leg!

그냥 장난 좀 친 거야!

Jane It wasn't very funny.

별로 재미없거든.

Tina What was that joke about? I didn't laugh.

그 농담 뭐야? 웃기지도 않는데.

Ian I was just pulling your leg.

그냥 좀 놀려먹으려고 그런 거야.

Can you explain why ~?

왜 ~인지 설명 좀 해주시겠어요?

[캔뉴익스쁠레인 와이]

납득이 안 되는 일을 접하면 왜 그런지 이유가 알고 싶어질 텐데요. 그럴 때 '**왜 ~인지 설명 좀 해주시겠어요?**'란 의미로 물어볼 수 있는 아주 요긴한 패턴입니다. **이유를 설명해달라고 정중하게 요청**하는 것이죠. Can you explain why 뒤에는 **이유가 궁금한 사항을 문장(주어 + 동사)으로** 말해주면 됩니다.

---

1 왜 제가 틀린 건지 설명 좀 해주시겠어요?

Can you explain why I'm wrong?
[캔뉴익스쁠레인 와이암뤄웅]

---

2 왜 그렇게 말씀하신 건지 설명 좀 해주시겠어요?

Can you explain why you said that?
[캔뉴익스쁠레인 와이유 쎄댇]

---

3 그 남자가 왜 좋은지 설명해줄 수 있어?

Can you explain why you like him?
[캔뉴익스쁠레인 와이유 라이킴]

---

4 왜 이걸 추천하는지 설명해줄 수 있어요?

Can you explain why you recommend this?
[캔뉴익스쁠레인 와이유 뤠커맨디ㅆ]

---

5 왜 작동이 안 되는지 설명 좀 해주시겠어요?

Can you explain why it doesn't work?
[캔뉴익스쁠레인 와이잍 더즌 월ㅋ]

* **work**는 '일하다'는 뜻 외에도 기계가 '작동하다', 약이 '효과가 있다, 잘 듣다', 일이 '잘 돌아가다' 등의 의미로도 쓰인다는 사실, 꼭 기억해 두세요!

---

4 **recommend** ~을 추천하다   5 **work** (기계가) 작동하다

❶ 왜 이러세요, 난 틀리지 않았다고요

A   왜 제가 틀린 건지 설명 좀 해주시겠어요?

Can you explain why I'm wrong?

B   이거 왜 이러십니깨 그걸 모르는 사람이 어디 있다고!

Come on! Everyone knows why!

❷ 네가 어떻게 나한테…

A   왜 그렇게 말한 건지 설명 좀 해줄래?

Can you explain why you said that?

B   화가 나서 그랬어!

Because I was angry!

❸ 그 남자가 좋아, 좋다고!

A   왜 그 남자가 좋은지 설명 좀 해줄래?

Can you explain why you like him?

B   친절하고, 귀엽고, 상냥하잖아.

He's kind, cute, and sweet.

❹ 당신의 추천 이유는?

A   왜 이걸 추천하는지 설명 좀 해줄래?

Can you explain why you recommend this?

B   전문가들이 모두 최고라고 하니까.

All the experts say it's the best.

4 **expert** 전문가

A 왜 작동이 안 되는지 설명 좀 해주시겠어요?

Can you explain why it doesn't work?

B 배터리가 다 닳았네요.

The batteries died.

*배터리가 다 닳았을 때 동사 die를 써서 The batteries died.라고 말하면 간단합니다. '닳다'는 동사가 '영어로 뭐지?'라며 복잡하게 생각할 필요 없어요.

⤢ 영어회화 늘리기

🎧 20-3.mp3

1 왜 제가 이 시험에 떨어진 건지 설명 좀 해주시겠어요?

Can you explain why I failed the test?

2 제인이 나에 대해서 왜 그렇게 말한 건지 설명해줄 수 있어?

Can you explain why Jane said that about me?

3 헨리가 왜 그렇게 좋은지 설명해줄 수 있어?

Can you explain why you like Henry so much?

4 왜 이 프로젝트에 김박사님을 추천하시는지 설명해주실 수 있어요?

Can you explain why you recommend Dr. Kim for this project?

5 왜 이 노트북이 작동이 안 되는지 설명 좀 해줄래?

Can you explain why this laptop isn't working?

1 시험에 떨어지다 **fail the test** 3 그렇게 많이 **so much** 4 어떤 일에 누구를 추천하다 **recommend someone for something**
5 (현재 기계가) 작동이 안 된다 **isn't working** (doesn't work라고 해도 됨)

work for peanuts

쥐꼬리만한 돈을 받고 일하다

[웤ㅋ 포얼 피-넛ㅊ]

우리는 턱없이 적은 돈을 받고 일하는 상황을 두고 '쥐꼬리만한 돈을 받고 일한다'며 '턱도 없이 적은 돈'을 '쥐꼬리'에 빗대어 말하는데요. 영어에서는 '땅콩'에 빗대어 work for peanuts라고 말합니다. 직역하면 '땅콩을 받으려고 일한다'인데요. 진짜로 땅콩을 받기 위해 일하는 사람은 아무도 없겠죠? 이 표현은 서커스에서 코끼리가 열심히 재주를 부리고 나면 땅콩으로 그 보상을 하는 데서 유래되었답니다. 하는 일에 비해 아주 적은 보수를 받으면서 일하는 것을 의미하죠.

work for peanuts

Tony Why can't I save money even if I work hard?

열심히 일하는데 왜 돈이 안 모이지?

Bona Because you are working for peanuts.

그야 쥐꼬리만한 월급을 받으니 그렇지.

Tony How could you say that?

어떻게 그렇게 말할 수가 있어?

Bona I'm just telling you the truth.

난 그저 사실을 말하는 거 뿐이야.

I can't understand why ~

왜 ~인지 이해가 안 돼

[아이캐앤ㅌ 언덜스[때앤ㄷ 와이]

I can't understand 하면 '이해가 안 된다, 이해를 못하겠다'는 의미인데요. 여기에 〈why 주어 + 동사〉를 붙여 〈**I can't understand why 주어 + 동사 ~**〉로 말하면 '**왜 ~인지 이해가 안 된다, 왜 ~인지 모르겠다**'는 의미가 됩니다. 도무지 영문을 모르겠는 상황에서 푸념을 떨 듯 혹은 따지듯 감정을 실어 말해보세요.

---

1 네가 왜 늦었는지 이해가 안 돼.

I can't understand why you were late.
[아이캐앤ㅌ 언덜스[때앤ㄷ 와이유월레잍]

---

2 난 걔가 왜 그런 짓을 했는지 이해가 안 돼.

I can't understand why he did that.
[아이캐앤ㅌ 언덜스[때앤ㄷ 와이히딛댙]

---

3 왜 이렇게 피곤한지 모르겠어.

I can't understand why I'm so tired.
[아이캐앤ㅌ 언덜스[때앤ㄷ 와이암 쏘우- 타이얼ㄷ]

---

4 걔가 왜 날 좋아하지 않는지 이해할 수가 없어.

I can't understand why he doesn't like me.
[아이캐앤ㅌ 언덜스[때앤ㄷ 와이히 더즌 라잌미]

---

5 그게 왜 그렇게 비싼지 이해가 안 돼.

I can't understand why it's so expensive.
[아이캐앤ㅌ 언덜스[때앤ㄷ 와(이)잇ㅊ 쏘우- 익스뺀씹]

---

5 expensive 비싼 (↔ cheap)

1 이해 좀 해주라

A 네가 왜 늦었는지 이해가 안 돼.

I can't understand why you were late.

B 차가 막혔다고!

I got caught in traffic!

2 걔는 대체 왜 그런대냐?

A 존은 왜 그런 짓을 하려고 했던 거야?

Why would John act that way?

B 난 걔가 왜 그랬는지 이해가 안 돼.

I can't understand why he did that.

3 다크서클이 턱밑까지

A 왜 이렇게 피곤한지 모르겠어.

I can't understand why I'm so tired.

B 아마 잠이 모자라서 그럴 거야.

It's probably because of a lack of sleep.

4 내가 어때서? 왜 날 미워해?

A 요즘 걔가 너한테 정말로 이상하게 구는데.

He's acting really weird with you these days.

B 걔가 왜 날 좋아하지 않는지 이해할 수가 없어.

I can't understand why he doesn't like me.

---

1 **get caught in traffic** 차가 막혀서 옴짝달싹 못하다   3 **a lack of sleep** 수면 부족   4 **weird** 이상한, 묘한, 기이한

A   저 TV 정말 비싸다, 안 그래?

That TV is really pricey, isn't it?

B   왜 그렇게 비싼지 이해가 안 된다.

I can't understand why it's so expensive.

5 pricey 값비싼

⤢ 영어회화 늘리기   🎧 21-3.mp3

1   션이 이 회의에 왜 늦었는지 이해가 안 돼.

I can't understand why Sean was late for the meeting.

2   그 남자가 왜 나타나지 않았는지 이해가 안 돼.

I can't understand why he didn't show up.

3   네가 왜 그렇게 속상해하는지 이해가 안 돼.

I can't understand why you're so upset.

4   왜 엄마가 그 사람을 좋아하지 않는지 이해가 안 돼.

I can't understand why Mom doesn't like him.

5   왜 뉴욕에서는 모든 게 다 비싼 건지 이해할 수가 없어.

I can't understand why everything is so expensive in New York.

1 ~에 늦다 **be late for**   2 나타나다 **show up**   3 속상해하는, 화난 **upset**   4 (우리) 엄마 **Mom** (= my mom)

When it rains, it pours. 설상가상, 엎친 데 덮친 격
[웨닡뤠인ㅅ 잍포얼ㅅ]

'안 좋은 일은 꼭 겹쳐서 온다.'는 말, 안 쓰고 싶은데 꼭 쓸 일이 생기죠. 한마디로 '설상가상(雪上加霜: 눈 내린 위에 서리까지 더한다)', '엎친 데 덮친 격'인데요. 이런 말, 영어에도 있답니다. 바로 When it rains, it pours.인데요. 직역하면 '비가 왔다 하면 퍼붓기 마련이다.'이죠. 우리는 눈과 서리로 이런 상황을 표현했는데, 영어권에서는 비로 이런 상황을 표현하는군요. 이 표현은 나의 연타석 불운을 이야기할 때도 쓸 수 있지만, 친구의 힘든 일을 듣고 공감해 줄 때도 쓸 수 있겠습니다.

When it rains, it pours.

Eliza

I got fired and then had to move!

회사에서 잘리고 이사까지 가야 했다고!

Tommy

When it rains, it pours.

엎친 데 덮친 격이었구나.

Ralph

You know, when it rains, it pours.

있잖아 왜, 엎친 데 덮친 격이라고.

Wendy

I know. I felt that way last year when everything collapsed around me.

그래. 작년에 내 주변의 모든 게 다 무너졌을 때 딱 그런 기분이더라.

get fired 잘리다, 해고되다   **collapse** 무너지다

I can't stop ~

[아이캐앤ㅌ 스땁]

난 ~을 멈출 수가 없어

지금 하고 있는 동작을 멈춘다고 할 때는 stop 뒤에 동사의 -ing형을 써서 말합니다. 즉 stop -ing는 '~하는 것을 멈추다'는 의미인 것이죠. 따라서 이것이 I can't과 결합해 **I can't stop -ing ~**로 쓰이면 **'난 ~하는 것을 멈출 수가 없어'**라는 표현이 됩니다. **아무리 애를 써도 웬만해선 멈춰지지 않을 때** 절실한 맘을 담아 표현해 보세요.

---

1 그대에 대한 사랑을 멈출 수가 없어요.

I can't stop loving you.
[아이캐앤ㅌ 스땁 러빈뉴]

＊
이 문장은 팝송 가사에 많이 등장하는데요. 상대방에 대한 사랑이 너무나 넘쳐흘러 어쩌지 못하는 맘을 잘 담은 표현이죠.

---

2 웃음이 멈추질 않아.

I can't stop laughing.
[아이캐앤ㅌ 스땁 래애핑]

---

3 네 생각을 멈출 수가 없어. (네가 계속 생각나.)

I can't stop thinking about you.
[아이캐앤ㅌ 스땁 띤킹어바울유우]

---

4 울음을 멈출 수가 없어.

I can't stop crying.
[아이캐앤ㅌ 스땁 크롸잉]

---

5 멈출 수가 없어.

I can't stop it.
[아이캐앤ㅌ 스[따삩]

＊
상대방도 알고 나도 아는 특정 동작을 콕 집어 '멈출 수가 없어.'라고 말할 때는 stop 뒤에 대명사 it만 붙이면 됩니다.

1 너무 사랑합니다

A 당신에 대한 사랑을 멈출 수가 없어요.

I can't stop loving you.

B 당신의 마음이 너무 커서 그래요.

That's because your heart is too big.

2 웃음보가 터지다

A 왜 이래? 숨 쉴 수 있겠어?

What's happening? Can you breathe?

B 우… 웃음을 멈출 수가 없어!

I...I can't stop laughing!

> *
> What's happening?은 뭔가 안 좋아 보이는 상대에게 '왜 그래? 뭔 일 있어? 무슨 일이야?'와 같은 의미로 물어보는 표현이에요.

3 내 머릿속에 너 있다

A 네 생각이 계속 나.

I can't stop thinking about you.

B 나도 그래. 넌 항상 내 마음 속에 있어.

Nor I of you. You're always on my mind.

> *
> 여기서 Nor I of you.는 Nor can I stop thinking of you.(나 역시 네 생각을 멈출 수가 없어. 나도 네 생각을 계속 해.)의 줄임말입니다

4 울음보가 터지다

A 무슨 일이야?

What's the matter?

B 울음을 멈출 수가 없어.

I can't stop crying.

> *
> What's the matter?도 What's happening?과 같은 맥락의 표현이죠. 이때 matter는 '문제'라는 의미입니다.

---

1 **That's because 주어 + 동사** ~해서 그래요   2 **breathe** [briːð] 숨을 쉬다   3 **on my mind** 내 마음에

5 나 긴장되나 봐

A 왜 계속 손톱을 물어뜯는 거니?

Why do you keep biting your nails?

B 멈출 수가 없어.

I can't stop it.

5 **keep -ing** 계속 ~하다, 자꾸 ~하다 | **bite one's nails** 손톱을 물어뜯다

⤡ 영어회화 늘리기

∩ 22-3.mp3

1 당신을 계속 쳐다보게 돼요.

I can't stop looking at you.

2 미소가 자꾸 지어지네.

I can't stop smiling.

3 그 영화 생각이 자꾸 나. (그 영화 생각이 멈추질 않아.)

I can't stop thinking of the movie.

4 재채기가 멈추질 않아.

I can't stop sneezing.

5 이 책을 손에서 놓을 수가 없어.

I can't stop reading this book.

1 ~를 쳐다보다, 바라보다 **look at** 2 미소 짓다 **smile** 4 재채기하다 **sneeze**
5 '책을 손에서 놓을 수가 없다'는 말은 '책 읽는 걸 멈출 수가 없다, 계속 읽게 된다'는 의미

Better late than never.

늦게라도 하는 게 아예 안 하는 것보다 낫지.

[베럴레잍댄네붤]

개그맨 박명수는 "늦었을 때는 정말 늦은 것이다."라고 말했지만 영어공부에 있어서는 늦은 시기란 없답니다. 인기리에 방영된 '꽃보다 할배'라는 프로그램을 보면 노년의 연예인들이 해외여행을 하며 유창하진 않지만 영어로 소통하며 여행하는 모습이 많은 사람들에게 영감을 주었죠. 이런 의미에서 '아예 하지 않는 것보다 늦게라도 하는 게 낫다.'는 영어 속담 Better late than never. 꼭 기억하세요!

Better late than never.

Irene	It took two years to get my payment!
	작업비 받는 데 2년 걸렸지 뭐야!
Arnold	Better late than never.
	늦게라도 받아서 다행이다.

Chris	Better late than never, I say.
	안 하는 것보다는 늦게라도 하는 게 낫단 말이죠.
Denise	I agree. Especially with money!
	맞아요. 특히 돈이 걸려 있으면!

It takes + 소요기간 + to V ~하는 데 (기간이) ⋯ 걸리다 　**payment** 보수, 작업비

I can't figure out ~ ~을 알아낼 수가 없어
[아이캐앤ㅌ 퓌겨롸웉]

figure out은 문제를 '풀다, 해결하다', 무언가를 '알아내다'라는 의미입니다. 그냥 처음부터 저절로 알고 이해하는 것이 아니라 어떤 것을 이해하고 알려고 애를 쓰고 알아내는 과정을 거친다는 의미가 내포되어 있죠. 따라서 **I can't figure out ~**은 뭐 좀 알아내려고 살펴도 보고 뒤져도 보고 생각을 해봐도 **모르겠다, 해결이 안 된다**는 어감의 표현입니다. 실제로 그만큼 애썼는지는 사실 별개고요.

---

1 이걸 어떻게 사용하는지 모르겠는걸.
I can't figure out how to use it.
[아이캐앤ㅌ 퓌겨롸웉 하우루유우짙]

---

2 그 문제를 풀 수가 없어.
I can't figure out the problem.
[아이캐앤ㅌ 퓌겨롸웉더 프롸블럼]

---

3 아무리 봐도 길을 잘 못 찾겠어.
I can't figure out the directions.
[아이캐앤ㅌ 퓌겨롸웉더 디뤡션ㅈ]

> *
> 어디로 갈지 모르는 상황이기 때문에 경우의 수가 여러 개이겠죠? 따라서 길[방향]을 찾을 때 direction은 복수로 사용된다는 점, 유의하세요.

---

4 네가 뭘 물어보는 건지 모르겠어.
I can't figure out your question.
[아이캐앤ㅌ 퓌겨롸웉 유얼 크웨스천]

---

5 걔가 뭘 하고 싶은 건지 알 수가 없어.
I can't figure out what he wants to do.
[아이캐앤ㅌ 퓌겨롸웉 왙이 원쓰투두]

---

1 how to V ~하는 방법, 어떻게 ~하는지   **5 what he wants to do** 그 남자가 하고 싶어 하는 것, 그 남자가 뭘 하고 싶어 하는지

113

1 사용법 좀 알려줘 봐

A 이걸 어떻게 사용하는지 모르겠는걸.

I can't figure out how to use it.

B 사용 설명서는 읽어봤어?

Have you read the instructions?

2 풀 수 없는 문제

A 뭐가 문제야?

What's the matter?

B 그 문제를 풀 수가 없어.

I can't figure out the problem.

3 나 길치인가 봐

A 지도를 봤어?

Have you looked at a map?

B 응, 근데 아무리 봐도 방향을 모르겠어.

Yes, but I can't figure out the directions.

4 질문의 의도가 뭐래?

A 당신이 뭘 물어보는 건지 모르겠는걸.

I can't figure out your question.

B 간단해. 밤 12시가 지나서 집에 왔냐는 거야.

It was simply if you got home after midnight.

---

1 **instructions** 사용 설명서   3 **look at** ~을 보다   4 **get home** 집에 도착하다

A 존은 뭘 하고 싶은 거야?

What do you think John wants to do?

B 걔가 뭘 하고 싶은 건지 알 수가 없어.

I can't figure out what he wants to do.

> ＊
> What do you think 주어 + 동사 ~?는 '주어가 ~하는 거라고 생각해?'라는 식으로 상대의 의견을 물어보는 표현입니다.

⤡ 영어회화 늘리기

🎧 23-3.mp3

---

1 이걸 어떻게 설치하는지 모르겠는걸.

I can't figure out **how to install this.**

---

2 요점이 뭔지 모르겠어.

I can't figure out **the point.**

---

3 그 분 강의의 핵심이 뭔지 모르겠어요.

I can't figure out **what the point of his lecture is.**

---

4 그 분이 설명한 게 뭔지 아무리 봐도 모르겠어.

I can't figure out **what she explained.**

---

5 전화가 왜 불통인지 모르겠어.

I can't figure out **why the line is dead.**

---

1 설치하다 **install** 2 요점, 핵심 **point** 3 강의 **lecture** 4 A가 설명한 것 **what A explained**
5 전화가 불통이다 **the line is dead** (이때 the line은 '전화선'을 의미)

It figures.
[잍퓌결ㅅ]

그럴 줄 알았어.

평소 약속만 하면 늦는 친구가 있어요. 오늘도 저녁시간 맞춰 친구들 서넛이 만나기로 했는데 아니나 다를까 그 친구, 늦을 거 같다고 연락이 왔네요. 그럼 이런 말 나오죠? "내 그럴 줄 알았다!" "뭐 놀랄 것도 없지!" "어련하실라고!" 바로 여기에 해당되는 영어표현이 It figures.랍니다. It 대신 That을 써서 That figures.라 해도 되고, 그냥 Figures.라고 해도 되죠. 평소 하는 모습에 비춰 충분히 예상되는 행동, 하지만 별로 달갑진 않은 행동을 누군가가 어김없이 했다면? 돌아가는 꼴을 보면 충분히 예상되는 일, 그렇지만 달갑진 않은 일이 어김없이 일어났다면? 그럴 때 It figures.라고 뱉어보세요.

Sue
I think Daniel is going to be late again.
다니엘이 또 늦을 것 같아.

Noah
It figures. He has no sense of time.
그럴 줄 알았어. 다니엘은 시간관념이 없잖아.

Jeki
Mary broke up with her boyfriend again.
메리가 남자친구랑 또 헤어졌대.

Henry
It figures.
그럴 줄 알았어.

---

have no sense of time 시간관념이 없다

🎧 24-1.mp3

I can't believe ~

~라니 믿기지 않아

[아이캐앤ㅌ 빌립]

믿을 수 없는 일이 벌어졌을 때 우리는 '~라니 믿기지가 않는다'는 식으로 감정을 표현하잖아요. 이런 표현 영어로는 I can't believe ~라고 하면 됩니다. **뒤에는** 벌어진 일을 **문장**으로 말해주면 되는데요, 이미 벌어진 일을 두고 하는 말이니까 동사는 과거형을 써주세요. 물론 현재나 미래에 예정된 사실에 대해서도 이 패턴을 쓸 수 있는데, 오늘은 과거 사실에 국한해 집중 연습해 보겠습니다.

---

1 그 애가 그런 짓을 했다니 믿어지지가 않아.

I can't believe she did that.

[아이캐앤ㅌ 빌립 쉬딛댈]

---

2 내가 시험에 붙었다니 믿기지 않아.

I can't believe I passed the test.

[아이캐앤ㅌ 빌립 아이 패애ㅆ더 테슷ㅌ]

---

3 그 애가 취직을 했다니 믿기지 않아.

I can't believe he got the job.

[아이캐앤ㅌ 빌립 히갈더 좌압]

---

4 그 여자분이 돌아가셨다는 게 믿기지 않아.

I can't believe she passed away.

[아이캐앤ㅌ 빌립 쉬패애ㅆ더웨이]

> *
> '죽다' 하면 **die**가 제일 먼저 떠오를 텐데요. 이 말을 완곡하게 예의를 갖춰 말한 표현이 바로 **pass away**입니다. 우리말의 '돌아가시다'에 해당되죠.

---

5 우리가 해냈다는 게 믿기지 않아.

I can't believe we made it.

[아이캐앤ㅌ 빌립 위메이맅]

---

2 **pass the test** (특정) 시험에 합격하다 (↔ fail the test)　　3 **get the job** (특정 일에) 취직하다

4 **pass away** 돌아가시다 (die의 완곡어법)　　5 **make it** 성공하다, 해내다

117

1 걔 미친 거 아냐?

A   마리아는 어제 무슨 생각을 하고 있었던 거야?

What was Maria thinking yesterday?

B   걔가 그런 짓을 했다는 게 믿어지지가 않는다.

I can't believe she did that.

2 경사 났네 경사 났어, 축 합격!

A   내가 그 시험에 붙었다니 믿기지 않아.

I can't believe I passed the test.

B   열심히 했잖아! 붙을 만해.

You worked hard! You deserve it.

> ✳
> 합격, 승진, 수상 등과 같이
> 상대방에게 좋은 일이 있을
> 때 '넌 그럴 만해. 그럴 자
> 격 있어.'라는 뜻으로 **You
> deserve it.**을 씁니다. 또
> 한, 잘못을 해서 야단맞는 상
> 대에게도 비아냥조로 쓸 수
> 있는 표현이죠.

3 경사 났네 경사 났어, 축 취업!

A   어쨌든 에릭이 면접관을 납득시킨 거지.

Eric somehow convinced the interviewer.

B   걔가 취직을 했다니 믿어지지가 않네.

I can't believe he got the job.

4 세상에 이럴 수가!

A   그 분이 돌아가셨다는 게 믿기지 않아.

I can't believe she passed away.

B   참으로 비극이야, 그렇지 않아?

It's such a tragedy, isn't it?

---

3 **somehow** 어쨌거나 | **convince** 설득시키다, 납득시키다   4 **tragedy** 비극

5 우리가 해냈다니 실화냐?

A 드디어 여기 도착했구나!

We're here! Finally!

B 우리가 해냈다는 게 믿어지지가 않아.

I can't believe we made it.

↖↗↙↘ 영어회화 늘리기

🎧 24-3.mp3

1 스티브가 이걸 만들었다니 믿을 수가 없는 걸.

I can't believe Steve made this.

2 내가 시험에 불합격했다니 믿을 수가 없어.

I can't believe I failed the test.

3 내가 잘리다니 믿기지가 않아.

I can't believe I got fired.

4 그 여자가 살해당했다니 믿기지가 않아.

I can't believe she was murdered.

5 우리가 복권에 당첨되다니 믿기지가 않아.

I can't believe we won the lottery.

---

2 (특정) 시험에 불합격하다 **fail the test**　3 잘리다, 해고되다 **get fired**　4 살해당하다 **be murdered**　5 복권에 당첨되다 **win the lottery**

119

Haste makes waste.　　급할수록 돌아가라.

[헤이숫ㅌ 메일ㅅ 우웨이숫ㅌ]

옛말에 '급할수록 돌아가라.'는 이야기가 있죠? 너무 서두르다가 되레 일을 그르칠 수 있으니 서두르기보다는 여유를 가지고 차근차근 해나가라는 뜻인데요. 영어에도 여기에 딱 떨어지는 표현이 있답니다. 바로 Haste makes waste.죠. (단어의 라임을 다 맞췄네요. 그죠?) haste는 '서두름, 급함'을 의미하고, waste는 '낭비'를 뜻하죠. 따라서 Haste makes waste.를 직역하면 '서두름이 낭비를 만든다.'인데요. 즉, 빨리 끝내려고 서두르다가 일을 망치게 되면 결국 그만큼 시간이나 에너지가 낭비된다는 것이죠.

Haste makes waste.

Ashley　Ben, slow down. Haste makes waste.

벤, 천천히 해. 서두르다가 일을 그르칠라.

Ben　It's easy for you to say. I'm running out of time!

말이야 쉽지. 지금 난 시간에 쫓기고 있다고!

Tom　You're working too hard.

너무 열심히 일하네.

Meryl　Well, haste makes waste. I have a deadline!

글쎄, 급할수록 돌아가랬잖아. 마감이 하나 있거든!

---

run out of A A가 바닥나다. A가 다 떨어지다　**have a deadline** 마감이 있다

Is it true (that) ~?
[이짓츄루(댙)]

~라는 게 사실이야?

몰랐던 사실이나 뜻밖의 소식을 건너건너 전해 들었을 때 놀랍기도 하고 이게 진짜인지 아닌지 긴가민가 싶기도 할 때 있잖아요. 그럴 때는 **진위 여부를 한번 확인**해봐야겠죠? 이때 유용한 패턴이 바로 Is it true (that) ~?입니다. **'that 이하가 사실이야/진짜야?'**라는 의미이죠. 물론 that은 생략해도 되고, **뒤에는 확인하고 싶은 사실을 문장으로** 말해주면 됩니다.

---

1 콜레스테롤이 건강에 나쁘다는 게 사실이야?

Is it true (that) cholesterol is bad for your health?
[이짓츄루(댙) 컬레ㅅ터로울 이ㅈ 배앤포얼유얼헬ㄸ]

---

2 그 남자가 가수라는 게 사실이야?

Is it true (that) he's a singer?
[이짓츄루(댙) 히-저씽얼]

---

3 내가 시험에 붙었다는 게 사실이야?

Is it true (that) I passed the test?
[이짓츄루(댙) 아이패애ㅆ더 테슷ㅌ]

---

4 줄리아가 임신했다는 게 사실이야?

Is it true (that) Julia is pregnant?
[이짓츄루(댙) 줄리아 이ㅈ 프레그넌ㅌ]

---

5 걔가 그 남자를 용서했다는 게 사실이야?

Is it true (that) she forgave him?
[이짓츄루(댙) 쉬퓔게이빔]

---

1 be bad for someone's health ~의 건강에 나쁘다[안 좋다]   4 pregnant 임신한   5 forgive 용서하다 (forgive - forgave - forgiven)

1 나만 몰랐던 거니, 그런 거니?

A 콜레스테롤이 건강에 나쁘다는 게 사실이야?

Is it true that cholesterol is bad for your health?

B 그걸 모르는 사람이 어디 있어!

Everybody knows that!

---

2 케니가 가수라고? 어쩐지…

A 케니의 목소리는 정말 힘이 넘쳐.

Kenny has such a powerful voice.

B 걔가 가수라는 게 사실이야?

Is it true that he's a singer?

> ✳
> 우리말로는 '목소리가 힘이 넘친다'고 표현하지만 영어로는 have a powerful voice, 즉 '힘이 넘치는 목소리를 갖고 있다'는 식으로 표현해요.

---

3 합격, 이거 실화냐?

A 내가 시험에 붙었다는 게 사실이야?

Is it true that I passed the test?

B 그래. 오늘 시험 결과가 올라왔어.

Yes. They posted the results today.

---

4 동료의 임신 소식

A 줄리아가 임신했다는 게 사실이야?

Is it true that Julia is pregnant?

B 확실치는 않지만, 들리는 말에 의하면 그래.

I'm not sure, but that's what I heard.

---

2 **have a powerful voice** 목소리가 힘이 넘친다   3 **post** (사이트나 게시판 등에) ~을 올리다, 게시하다   4 **what I heard** 내가 들은 바[것]

A 걔가 그 남자를 용서했다는 게 사실이야?

Is it true that she forgave him?

B 아니. 걔는 아직도 엄청 화가 나 있어.

No. She's still really angry.

↖↗ 영어회화 늘리기
↙↘

🎧 25-3.mp3

1 아몬드가 건강에 좋다는 게 사실이에요?

Is it true (that) almonds are good for your health?

2 그 여자가 왕년에 배우였다는 게 사실이야?

Is it true (that) she was an actress back in the day?

3 제가 정말 시험에 불합격한 건가요?

Is it true (that) I failed the test?

4 줄리아가 유부녀라는 게 사실이야?

Is it true (that) Julia is married?

5 알렉스가 토니를 배신했다는 게 사실이야?

Is it true (that) Alex betrayed Tony?

1 ~의 건강에 좋다 **be good for someone's health**   2 왕년에 **back in the day**   4 유부녀/유부남이다, 결혼한 상태이다 **be married**
5 배신하다 **betray**

under the weather
[언덜더웨덜]

몸/컨디션이 안 좋은

어디가 아픈지는 확실히 알 수 없어도 괜히 몸이 찌뿌둥하고 기분도 영 아니고 그럴 때 있잖아요. 이럴 때 우리는 '몸이 좀 안 좋다', '컨디션이 안 좋다'는 식으로 두루뭉술하게 말하는데요. 이런 두루뭉술한 표현, 영어에도 있습니다. 바로 under the weather이죠. '몸이 안 좋은', '컨디션이 안 좋은'이란 뜻으로, 동사 feel이랑 친하게 지내는 녀석이죠. under the weather는 선원들 사이에서 생겨난 말이라고 하는데요. 몸이 좋지 않은 선원은 갑판 아래로 내려가 태양이나 매서운 파도를 잠시 피하던 데서 유래되었다고 합니다.

Wendy　You look under the weather.
　　　　　컨디션 안 좋아 보인다.

Paul　Yeah. I feel awful today.
　　　　　응. 오늘 기분이 엉망이야.

Randy　What's wrong, Jean?
　　　　　어디 안 좋아, 진?

Jean　I feel under the weather. I think I have a cold.
　　　　　몸이 좀 안 좋네. 감기 걸린 거 같아.

---

feel awful 기분이 아주 안 좋다　**feel under the weather** 몸/컨디션이 좀 안 좋다　**have a cold** 감기에 걸리다 (여기서 cold는 '감기'를 의미)

Is it possible to ~?

~하는 게 가능하니?

[이짙파써벌투]

---

possible은 '가능한'이란 의미이죠. It's possible to ~라고 하면 '~하는 게 가능해'라는 의미이고, 이것을 의문문으로 바꿔 Is it possible to ~?라고 하면 **'~하는 게 가능하니?'**라고 묻는 표현이 됩니다. **어떤 일을 해도 되는지 확인하거나, 실제로 그런 일이 있을 수 있는지 반문할 때** 활용해 보세요. to 뒤에는 **동사원형**을 이어줘야 한다는 점, 기억하시고요.

1

일정을 다시 잡는 게 가능해?

Is it possible to **reschedule**?

[이짙파써벌투 뤼스께쥬얼]

2

나중에 협의하는 게 가능합니까?

Is it possible to **negotiate later**?

[이짙파써벌투 니고쉐일 레이럴]

3

직불카드나 신용카드로 결제 가능한가요?

Is it possible to **pay by debit or credit card**?

[이짙파써벌두 페이 바이 데빝오얼크레딭 카알ㄷ]

> *
> '신용카드로 계산하다'는 말은 pay by credit card라고 합니다. '신용카드로'라고 할 때 전치사 by를 쓰죠.

4

이 프로젝트를 중단하는 게 가능합니까?

Is it possible to **stop this project**?

[이짙파서벌투 스땁디ㅆ 프라젝ㅌ]

5

첫눈에 사랑에 빠진다는 게 가능하니?

Is it possible to **fall in love at first sight**?

[이짙파써벌두 쿼린럽 앹풜숫사잍]

> *
> 앞서도 언급했지만, to는 [투]/[두]/[루]/[르]/[드] 등으로 편의에 따라 다양하게 발음할 수 있습니다.

---

1 reschedule 일정을 다시 잡다 **2 negotiate** 협상하다 | **later** 나중에 **3 debit card** 직불카드 | **credit card** 신용카드 **5 fall in love** 사랑에 빠지다 | **at first sight** 첫눈에

1 사정이 있어 일정을 좀 조정했으면

A   일정을 다시 잡는 게 가능해?

Is it possible to reschedule?

B   가능하지. 할 수 있을 때 연락해.

It is. Call me when you can.

---

2 좀 더 생각해보고 협상하고 싶건만

A   나중에 협상하는 게 가능합니까?

Is it possible to negotiate later?

B   어렵겠는데요.

That would be difficult.

---

3 카드 결제하겠습니다

A   모두 합해서 12달러입니다.

The total comes to $12.00.

B   직불카드나 신용카드로 계산해도 될까요?

Is it possible to pay by debit or credit card?

> *
> '모두 다 해서 ~입니다'라고
> 전체 금액을 이야기할 때는
> **The total comes to** 뒤에
> 금액을 말하면 됩니다. 가게
> 에서 물건값을 계산할 때 자
> 주 들을 수 있는 표현이죠.

---

4 프로젝트 이대로 괜찮은가

A   이 프로젝트를 중단하는 게 가능합니까?

Is it possible to stop this project?

B   이 시점에서는 굉장히 어렵겠는데요.

At this point, it would be very difficult.

---

4 **at this point** 이 시점에서

5 첫눈에 반한 사랑이라니, 내겐 있을 수 없는 일

A   지난밤에 우리가 만났을 때 그 여자랑 사랑에 빠진 것 같아.

I think I fell in love with her when we met last night.

B   첫눈에 사랑에 빠진다는 게 가능하니?

Is it possible to fall in love at first sight?

⤢ 영어회화 늘리기

🎧 26-3.mp3

1   약속시간을 오후 3시로 조정하는 게 가능해요?

Is it possible to reschedule our appointment to 3 p.m.?

2   회의 끝나고 그 문제에 대해 논의하는 게 가능합니까?

Is it possible to discuss the issue after the meeting?

3   현금 결제 가능한가요?

Is it possible to pay in cash?

4   마감시한을 다음주까지 연장하는 게 가능해요?

Is it possible to delay the deadline until next week?

5   그 여자에게 첫눈에 반하지 않는다는 게 가능해?

Is it possible not to be in love with her at first sight?

---

1 ~시로 약속시간을 조정하다 **reschedule our appointment to + 시간**   3 현금 결제하다 **pay in cash** (*cf.* 할부 결제하다 **pay in installments**)   4 마감시한을 ~까지로 연장하다 **delay the deadline until + 시점**   5 ~하지 않는 게 가능하니? **Is it possible not to V ~?** | ~에게 반하다, ~와 사랑에 빠지다 **be in love with**

last-minute person

늑장 부리다가 마지막에 일을 처리하는 사람

[래슷ㅌ미닡 퍼얼쓴]

last-minute은 '마지막 순간의, 막판의'라는 의미이죠. 여기에 person을 붙이면 '마지막까지 안 하고 늑장 부리다가 급하게 일을 처리하는 사람'을 의미하게 돼요. 친구나 직장 동료 중에도 꼭 last-minute person이 한 명쯤은 있지 않나요? 오늘도 막판의 막판까지 늑장을 부리고 있는 동료가 있다면 You're such a last-minute person.이라고 따끔하게 한마디 해보세요. 참고로, last-minute 뒤에 vacation을 넣어 last-minute vacation이라고 하면 '급하게 준비해서 떠나는 휴가'를 뜻한답니다.

last-minute person

Luna
Have you finished your report?
보고서 다 끝냈어?

Rachel
I still have two days left until the deadline.
마감까지 아직 이틀 남았잖아.

Luna
You're such a last-minute person.
진짜 마지막까지 늑장 부리는 데는 선수라니까.

Clarice
You're such a last-minute person!
진짜 이렇게 막판까지 늑장 부리기예요!

Darren
I'm just not good at meeting deadlines.
제가 마감 맞추는 데 서툴러서 그러는 것뿐이에요.

---

be good at -ing ~하는 데 능숙하다, ~하는 걸 잘하다   **meet a deadline** 마감을 맞추다

Do I have to ~?
[두아이햅투]

제가 ~해야 하나요?

내가 꼭 이렇게 해야 하는지 어떤지 확인이 필요한 경우들이 있습니다. 정해진 규칙이 뭔지 애매할 때나 정확히 어떤 상황인지 모를 때 등이죠. 그럴 때는 **'제가 ~해야 하나요?'**라고 한 번쯤 물어보면 확실해질 텐데요. **Do I have to ~?**는 바로 이때 간편하게 쓸 수 있는 표현입니다. '~해야 하다'로 유명한 〈have to + 동사원형〉을 이용한 질문 패턴이죠.

---

1 저 환승해야 하나요?

Do I have to transfer?
[두아이햅투 츄웬스풜]

---

2 넥타이를 매야 하나요?

Do I have to wear a tie?
[두아이햅투 웨어러타이]

---

3 이 책을 반납해야 하나요?

Do I have to return this book?
[두아이햅투 뤼턴 디ㅆ북]

---

4 저 입원해야 하나요?

Do I have to stay in the hospital?
[두아이햅투 스떼인더하스피럴]

---

5 제가 이걸 다 갚아야 하나요?

Do I have to pay it off?
[두아이햅투 페이잍어옾]

---

1 **transfer** 환승하다   3 **return** 반납하다   4 **stay in the hospital** 병원에 입원하다   5 **pay off** (빌린 돈을) 다 갚다

1 버스를 타면서

A 환승해야 하나요?

Do I have to transfer?

B 아뇨. 이 버스는 손님 목적지까지 곧장 갑니다.

No. This bus goes directly to your destination.

2 공식행사라고 꼭 정장차림?

A 이번은 공식행사입니다.

It's a formal event.

B 넥타이를 매야 하나요?

Do I have to wear a tie?

3 친구가 빌린 책을 빌리면 벌어지는 일

A 이 책 내가 반납해야 하니?

Do I have to return this book?

B 응. 다음주까지는 반납해야 해.

Yes. It's due back next week.

4 큰 병에 걸린 것만 아니길

A 저 입원해야 해요?

Do I have to stay in the hospital?

B 아뇨, 몇 시간 내로 끝내고 가시게 될 겁니다.

No. You'll be discharged within the next hour.

---

1 go directly to + 장소 ~에 곧장 가다 | **destination** 목적지   **2 formal** 공식적인   **3 due back** 반납일인
4 discharge 할 일을 모두 끝내고 내보내다

5 사정 좀 봐주지

A 이걸 다 상환해야 하나요?

Do I have to pay it off?

B 네. 다음주 화요일까지입니다.

Yes. By next Tuesday.

> ＊ By next Tuesday.처럼 전치사 by는 '∼까지'라는 기한을 나타낼 때도 자주 쓰입니다.

⤢ 영어회화 늘리기

🎧 27-3.mp3

1 시청역에 가려면 환승해야 하나요?

Do I have to **transfer to get to City Hall**?

2 신발을 벗어야 하나요?

Do I have to **take off my shoes**?

3 이 책을 일주일 안에 반납해야 하나요?

Do I have to **return this book within a week**?

4 제가 얼마나 입원해야 하나요?

How long do I have to **stay in the hospital**?

5 언제까지 이 빚을 갚아야 하죠?

When do I have to **pay it off by**?

---

1 ∼하려면 **to V** | 시청(역)에 가다 **get to City Hall**   2 (옷, 신발 등을) 벗다 **take off**   3 일주일 안에 **within a week**
4 (기간) 제가 얼마나 ∼해야 하나요? **How long do I have to V ∼?**   5 (기한) 제가 언제까지 ∼해야 하나요? **When do I have to V ∼ by?**

right as rain
[롸잍애즈뤠인]

(예전처럼) 다시 컨디션을 회복한, 몸/건강이 좋아진

물은 생명의 근원이죠. 우리의 건강을 유지해주는 제일 필수조건이 물이라 해도 과언이 아닐 거예요. 그리고 예나 지금이나 '비', rain이 우리에게 그 귀한 물을 제공해 주죠. 가뭄에 세상 모든 만물이 기력을 잃고 지쳐가다가도 비님이 한번 내려주시면 금세 다시 기력을 회복하는 것만 봐도 그렇습니다. 그래서일까요? 이런저런 이유로 건강이나 기력을 잃었다가 예전처럼 '다시 컨디션을 회복하거나 몸/건강이 좋아진' 상태를 미국인들은 right as rain으로 자주 표현하죠. right 앞에도 as를 넣어 as right as rain이라고도 많이 말합니다.

right as rain

Cliff	I feel a bit better.
	몸이 좀 좋아진 거 같아.

Rachael	You'll be right as rain before you know it.
	금세 예전처럼 컨디션 회복될 거야.

Debby	You're right as rain!
	컨디션 좋아졌구나!

Pete	I got 12 hours of sleep last night.
	어젯밤에 12시간 잤거든.

before you know it 알지 못하는 사이에, (어느 순간) 금세, 순식간에   **get + 잠잔 시간 + of sleep** ~시간 자다

Don't forget to ~

[도운쮈겥투]

잊지 말고 ~해

Don't forget은 '잊지 말라'는 말이죠. 뭘 하는 걸 잊지 말라는 건지 구체적으로 콕 집어 말하고 싶을 때는 Don't forget 뒤에 〈to + 동사원형〉을 이어주면 됩니다. 생활하다 보면 상대에게 **잊지 말고 꼭 하라고 당부**해야 할 일들이 생기잖아요. 그럴 때 유용하게 쓸 수 있는 패턴이에요. Don't forget to **뒤에 동사원형**을 넣어서 이런저런 당부를 해보세요.

1 잊지 말고 **나한테 전화해.**

Don't forget to give me a buzz.

[도운쮈겥투 깁미어버즈]

> *
> buzz는 '지~잉' 하고 울리는 소리를 의미하는데요. 친한 사이에 편하게 '나한테 전화해.'라고 할 때 이 buzz를 활용해 Give me a buzz. 라고도 많이 쓰죠.

2 잊지 말고 **문 잠궈.**

Don't forget to lock the door.

[도운쮈겥투 락[더도얼]

3 잊지 말고 **기억해 놓으세요.**

Don't forget to remember.

[도운쮈겥투 뤼멤벌]

4 잊지 말고 **나 깨워.**

Don't forget to wake me up.

[도운쮈겥투 웽미업]

5 잊지 말고 **안전벨트를 매.**

Don't forget to fasten your seatbelt.

[도운쮈겥투 패애쓴유얼 씨잍벨ㅌ]

---

1 give someone a buzz ~에게 전화하다 **4 wake up** (자는 사람을) 깨우다 **5 fasten one's seatbelt** 안전벨트를 매다

1 오늘은 이쯤에서 바이바이~

A　곧 다시 얘기하자.
Let's talk again soon.

B　잊지 말고 전화줘.
Don't forget to give me a buzz.

2 문단속은 필수

A　잊지 말고 문 잠궈.
Don't forget to lock the door.

B　그거야 말할 필요도 없지!
That goes without saying!

> *
> 상대방의 말을 받아서 '그
> 야 말할 필요도 없지.' '두
> 말하면 잔소리지.' '말해 뭐
> 해, 당연한 걸.'과 같이 답
> 하고 싶다면 That/It goes
> without saying.을 쓰세요.

3 뭐래?

A　잊지 말고 기억해 놓으세요.
Don't forget to remember.

B　기억하긴 뭘 기억하라는 겁니까?
Remember what?

4 모닝콜을 부탁해, 꼭!

A　내일 보자.
I'll see you tomorrow.

B　잊지 말고 나 깨워줘.
Don't forget to wake me up.

5 아직도 안전벨트 안 매는 사람, 없죠잉~

A 잊지 말고 안전벨트 매.

Don't forget to fasten your seatbelt.

B 물론이지. 그게 법인데 뭐.

Of course. It's the law.

↖↗↙↘ 영어회화 늘리기

🎧 28-3.mp3

1 잊지 말고 토니한테 문자 보내.

Don't forget to **text Tony.**

2 우리 요리할 때 창문 여는 거 잊지 마.

Don't forget to **open the window when we cook.**

3 여기 들르는 거 잊지 마.

Don't forget to **drop by here.**

4 새벽 5시에 잊지 말고 제니 깨워.

Don't forget to **wake Jenny up at 5 a.m.**

5 잊지 말고 시드니 오페라 하우스 꼭 가봐.

Don't forget to **visit the Sydney Opera House.**

1 ~에게 문자 보내다 **text**　3 들르다 **drop by**　5 (관광지에) 가보다, 방문하다 **visit** | 시드니 오페라 하우스 **the Sydney Opera House**

go with the flow
[고우윋더플로우]

흐름에 맡기다, 대세에 따르다

flow는 '흐름'을 뜻합니다. 따라서 go with the flow는 '그 흐름과 함께 가다', 즉 어떤 상황을 내 입맛이나 내 생각대로 바꾸려고 애쓰기보다는 그저 '분위기나 상황에 순응하고 따르다', 즉 '흐름에 따르다, 흐름에 맡기다', '대세에 따르다, 시류에 편승하다'라는 의미인 거죠. 선과 정의가 가득한 사회라면 go with the flow의 자세로 세상을 살아가도 아쉬울 게 없겠지만, 악과 부조리가 함께하는 사회라면 go with the flow의 자세만으로 세상을 살아가기엔 이따금 나의 양심이 울부짖기도 하겠습니다.

Just go with the flow.

| Barrie | **This party is so weird.**
이 파티 되게 괴상하다. |

| Liz | **Just go with the flow. It'll be fine**
그냥 분위기에 따라. 괜찮아질 거야. |

| Henry | **If you go with the flow, everything will be fine.**
흐름에 맡기면 다 괜찮아질 거야. |

| Elisa | **I'm not sure I can do that.**
내가 그럴 수 있을지 모르겠다. |

weird 괴상한, 기묘한

Don't tell me ~

[도운테얼미]

설마 ~라는 건 아니겠지

낌새가 이상할 때, 특히 뭔가 우려하던 일이 벌어진 것 같은 낌새가 느껴질 때 '설마 ~라는 건 아니겠지'라고 말하잖아요. 이런 경우 영어로는 Don't tell me ~라고 표현합니다. 별로 듣고 싶지 않은 소식이라는 어감이 깔린 게 느껴지죠? Don't tell me 뒤에는 설마 하는 내용을 문장으로 이어주면 됩니다.

1

설마 내 생일을 잊어버렸다는 건 아니겠지.

Don't tell me you forgot my birthday.

[도운테얼미 유퐡갇 마이벌쓰데이]

> *
> birthday의 -th-는 [θ] 발음으로, 혀를 이 사이로 살짝 뺐다 넣으면서 [ㅆ] 소리를 내면 됩니다. 반면, that의 th-는 [ð] 발음으로, 혀를 이 사이로 살짝 뺐다 넣으면서 [ㄷ] 소리를 내면 되죠.

2

설마 몰랐다는 건 아니겠지.

Don't tell me you didn't know that.

[도운테얼미 유디든 노우댈]

3

설마 그게 없어졌다는 건 아니겠지.

Don't tell me it's missing.

[도운테얼미 잇ㅊ미씽]

4

설마 남자친구랑 또 헤어졌다는 건 아니겠지.

Don't tell me you broke up with your boyfriend again.

[도운테얼미 유브뤄컵 위듀얼 보이프뤤더게인]

5

설마 또 돈을 빌리고 싶다는 건 아니겠지.

Don't tell me you want to borrow money again.

[도운ㅌ테얼미 유워너 바로우머니 어게인]

---

3 missing 사라진, 없어진   **4 break up with** (사귀던 상대와) 헤어지다   **5 borrow** 빌리다

1 내 생일 까먹으면 죽~는다

A 설마 내 생일을 잊어버렸다는 건 아니겠지.
Don't tell me you forgot my birthday.

B 안 잊어버렸어! 너한테 깜짝 선물을 주고 싶었을 뿐이야.
No! I wanted my present to be a surprise.

* surprise는 '깜짝 선물'이나 '깜짝 파티'를 뜻하는 표현으로도 많이 쓰이죠.

2 설마 설마 했는데

A 에린이 이혼했다는 게 믿어지지가 않아.
I can't believe Erin got divorced.

B 설마 몰랐다는 건 아니겠지.
Don't tell me you didn't know that.

3 쓰고 나면 제자리, 기본 아니냐?

A 우리 노트북 충전기가 어디 있지?
Where is our laptop charger?

B 설마 없어졌다는 건 아니겠지.
Don't tell me it's missing.

4 너 또 헤어졌냐?

A 설마 남자친구랑 또 헤어졌다는 건 아니겠지.
Don't tell me you broke up with your boyfriend again.

B 우리 둘은 안 맞아. 헤어지는 게 최선이야.
It wasn't working out for us. It's for the best.

* work out은 뭔가 일이 '잘 풀리다, 잘되어가다'는 의미인데요. 여기서는 연애, 사귀는 상황을 It으로 받아 '사귀는 게 우리한테는 잘 안 된다, 안 맞다'는 의미이죠.

---

2 **get divorced** 이혼하다　　3 **charger** 충전기

5 난 너의 개인금고가 아니란다

A 이번 달에 날 좀 도와줄 수 있겠어?

Do you think you could help me out this month?

B 설마 또 돈을 빌리고 싶다는 건 아니겠지.

Don't tell me you want to borrow money again.

5 help out ~를 도와주다

📐 영어회화 늘리기

🎧 29-3.mp3

1 설마 우리 결혼기념일 잊어버렸다는 건 아니겠지.

Don't tell me you forgot our wedding anniversary.

2 설마 결함을 몰랐다는 건 아니겠지.

Don't tell me you didn't know the defect.

3 설마 지갑을 잃어버렸다는 건 아니겠지.

Don't tell me you lost your wallet.

4 설마 너 다른 사람을 만나고 있는 건 아니겠지.

Don't tell me you are seeing someone else.

5 설마 일을 그만두는 건 아니겠지.

Don't tell me you're quitting your job.

1 결혼기념일 **wedding anniversary** (wedding을 빼고 말하는 경우도 많음)   **2** 결함 **defect**   **3** 지갑을 잃어버리다 **lose one's wallet**
4 (연애) 다른 사람을 만나다 **see someone else**   **5** 일을 그만두다 **quit one's job**

go steady
[고우 스떼디]

정식으로 사귀다, 진지하게 만나다

steady는 '안정적이고 지속적인' 상태를 말합니다. 따라서 남녀 사이에 go steady라고 하면 '안정적이고 지속적인 상태로 가다', 즉 '정식으로 사귀다', '진지하게 만나다'는 의미가 되죠. 누구와 진지하게 만나고 있는지를 밝히고 싶을 때는 뒤에 〈with + 만나는 대상〉을 붙이면 됩니다. 이렇게 영어 공부 열심히 하면서 외국인 친구도 만나고 하다 보면 다음 대화의 테일러처럼 여러분도 언젠가 외국인 친구에게 Let's go steady.라고 제안할 날이 올 수도 있지 않을까요?

Taylor
Let's go steady.
정식으로 사귀자.

Emma
I'm sorry. I'm not ready yet.
미안해. 아직 난 준비가 안 됐어.

Erick
I'm going to ask Jenny out.
제니한테 데이트 신청하려고.

Sarah
Don't do that. She's been going steady with Richard for almost a year now.
그러지 마. 걔 지금 리차드랑 진지하게 만난 지 거의 1년이 다 되어가.

ask someone out ~에게 데이트 신청하다

Don't be so ~
[도운ㅌ비 쏘우-]

너무 (그렇게) ~하지 마

상대에게 단도직입적으로 '하지 말라'는 말을 할 때 Don't를 쓰는데요. **Don't 뒤에는 동사원형**이 오죠. Don't do that.(그러지 마.), Don't forget about it.(그거 잊지 마.)처럼 말이죠. 그런데 **"슬퍼하지 마."** 처럼 형용사(sad)를 써야 하는 경우에는 **Don't 뒤에 be동사를 말해준 다음 형용사를** 이어줍니다. Don't be sad. 이렇게요. 오늘은 여기에 **강조의 말 so(너무 그렇게)**까지 넣은 패턴 Don't be so ~를 연습해 보겠습니다.

1
그렇게 너무 **부정적으로 생각**하지 마.
Don't be so **negative**.
[도운ㅌ비 쏘우- 네거립]

2
자신에게 너무 **가혹하게 굴**지 마.
Don't be so **hard on yourself**.
[도운ㅌ비 쏘우- 할돈유얼쎄얼ㅍ]

> *
> 자신에게 너무 엄격하게 군다든지, 자기비하나 자책이 심한 친구들 종종 보죠? 이렇게 자신을 심하게 몰아붙이며 자학하고 괴로워하는 사람에게 해주면 좋은 표현입니다.

3
너무 그렇게 **슬퍼**하지 마.
Don't be so **sad**.
[도운ㅌ비 쏘우- 쌔앧]

4
너무 그렇게 **인색하게 굴**지 마.
Don't be so **cheap**.
[도운ㅌ비 쏘우- 취잎]

5
어리석은 소리 그만 해라. / **바보처럼 굴**지 좀 마.
Don't be so **stupid**.
[도운ㅌ비 쏘우- 스뜌핃]

---

1 **negative** 부정적인 (→ positive)   2 **hard on oneself** 자신에게 가혹하게 구는   5 **stupid** 어리석은, 바보 같은

1 세상을 바라보는 시선

A 요즘에는 세상이 온통 끔찍해.
The world is so awful lately.

B 그렇게 너무 부정적으로 생각하지 마.
Don't be so negative.

2 자기자신을 바라보는 시선

A 난 내 일을 할 수 있는 능력이 안 되나 봐.
I'm not good enough for my job.

B 자신에게 너무 가혹하게 굴지 마.
Don't be so hard on yourself.

3 타인을 바라보는 시선

A 난 그 남자를 볼 때마다 울고 싶어져.
I want to cry every time I see him.

B 너무 그렇게 슬퍼하지 마.
Don't be so sad.

4 자본주의 경제생활

A 너무 그렇게 인색하게 굴지 마.
Don't be so cheap.

B 인색한 게 아냐! 착한 가격을 좋아할 뿐이야!
I'm not cheap! I like good prices!

---

1 **awful** 끔찍한 | **lately** 최근들어, 요즘에는   3 **every time** 주어 + 동사 ~할 때마다

A 회사를 그만둬야겠어.
I should quit my job.

B 어리석은 소리 그만 해라.
Don't be so stupid.

5 **quit one's job** 직장을 그만두다

↖↗ 영어회화 늘리기
↙↘

🎧 30-3.mp3

1 그렇게 너무 낙관적으로 생각하진 마.
Don't be so optimistic.

2 너무 충격 먹진 마.
Don't be so devastated.

3 작은 일에 너무 실망하지 마.
Don't be so disappointed with small stuff.

4 야비하게 굴지 좀 마.
Don't be so mean.

5 시험결과에 대해 너무 염려하지는 마.
Don't be so concerned about the test results.

1 낙관적인 **optimistic** 2 충격 받은 **devastaed** 3 ~에 실망하다 **be disappinted with** | 작은 일, 사소한 것 **small stuff**
4 야비한, 치사한 **mean** 5 ~에 대해 염려하다 **be concerned about** (concerned 대신 worried를 써도 됨) | 시험결과 **test results**

feel blue
[퓌이얼 블루]

우울하다, 울적하다

feel blue, '파란색을 느끼다'라니 도대체 무슨 말일까요? 파란색 하면 우리는 맑고 청량한 느낌을 먼저 떠올리지만, 서양인들은 blue라는 색에 대해 '슬프고 우울한' 이미지를 먼저 떠올린대요. 서양인들은 비를 파란색으로 인식하는 사고관을 가지고 있어요. 고대 그리스 로마 신화에 제우스라는 신이 있죠. 제우스가 눈물을 흘리면 지상에 비가 내려 비가 오면 사람들은 '아, 제우스가 우울하구나'라는 생각을 가지게 된 것이죠. 따라서 feel blue 하면 '우울하다, 울적하다'라는 말이에요.

feel blue

Hannah

I'm feeling blue today.

나 오늘 우울해.

Julia

What happed?

무슨 일인데?

Hannah

I'm feeling blue because no one listens to me!

아무도 내 얘기를 안 들어줘서 우울해!

Jamie

Why do you look so down?

왜 그렇게 다운돼 있어?

Gerald

I'm feeling blue because I got dumped by Janice last night.

어젯밤에 제니스한테 차여서 기분이 우울해.

listen to someone 누구의 말을 귀담아 듣다　　**down** 기분이 다운된, 울적한　　**get dumped by** ～한테 차이다

Don't even think about ~

~할 생각도 하지 마

[돈(ㅌ)이븐띵꺼바울]

절대 안 된다고 싹둑 잘라 말할 때 사용되는 표현입니다. '~에 대해서는 생각도 하지 마라, 꿈도 꾸지 마라'는 의미이죠. about **뒤에 동명사(-ing)**를 써서 '~하는 것에 대해서는 생각도 하지 마라' 즉 '**~할 생각도 하지 마라**'고 상대의 행동에 제동을 걸고 싶을 때 활용해 보세요.

---

1 그런 짓은 할 생각도 마.

Don't even think about doing that.
[돈(ㅌ)이븐띵꺼바울 두인댇]

---

2 여기다 주차할 생각도 하지 마.

Don't even think about parking here.
[돈(ㅌ)이븐띵꺼바울 파알킨히얼]

*
park는 이제 우리말처럼 사용되고 있어서 의미를 잘 알 거라고 봐요. '공원'이라는 뜻으로도 쓰이고, '주차하다'란 뜻으로도 쓰죠.

---

3 나한테 거짓말할 생각도 하지 마.

Don't even think about lying to me.
[돈(ㅌ)이븐띵꺼바울 라잉투미]

---

4 초콜릿을 먹을 생각도 하지 마.

Don't even think about eating chocolate.
[돈(ㅌ)이븐띵꺼바울 이-린 춰컬릳]

---

5 (나 몰래) 바람 필 생각도 하지 마.

Don't even think about cheating on me.
[돈(ㅌ)이븐띵꺼바울 취린언미]

---

2 **park** 주차하다　3 **lie to** ~에게 거짓말하다　5 **cheat on** (배우자 몰래) 바람 피우다

1 네가 호구냐

A   마크의 운동 가방을 가져가야 할까?

Should I take Marc's gym bag?

B   그런 짓은 할 생각도 마.

Don't even think about doing that.

＊
Should I ~?는 '내가 ~해야 할까? ~하면 좋을까?'라는 의미입니다. 정황상 내가 그렇게 하는 게 좋을지 어떨지 확인하는 질문이죠.

---

2 주차할 곳 찾기가 하늘의 별 따기

A   여기다 주차할 생각도 하지 마.

Don't even think about parking here.

B   그럼 어디다 주차해야 해?

Where else am I going to park?

---

3 딱 보면 다 아니까

A   나한테 거짓말할 생각도 하지 마.

Don't even think about lying to me.

B   농담하니? 난 그런 짓은 절대 안 해!

Are you kidding? I would never do that!

---

4 초콜릿은 금물

A   초콜릿을 먹을 생각도 하지 마.

Don't even think about eating chocolate.

B   왜 하지 마? 난 초콜릿을 아주 좋아하는데.

Why not? I love chocolate.

---

1 **gym bag** (헬스클럽이나 체육관에 다닐 때 쓰는) 운동 가방   2 **where else** 다른 데 어디

A 바람 필 생각도 하지 마.

Don't even think about cheating on me.

B 뭐라고! 별 이상한 소리를 다 들어보네!

What! That's the craziest thing I've ever heard!

5 **That's the 최상급 형용사 + 명사 (that) I've ever heard** 그건 이제껏 내가 들어본 중에서 가장 ~한 …이다

↖↗ 영어회화 늘리기
↙↘

🎧 31-3.mp3

1 이거 살 생각도 하지 마.

Don't even think about buying this.

2 술 마실 생각도 하지 마.

Don't even think about drinking.

3 나랑 이야기할 생각도 하지 마.

Don't even think about talking to me.

4 저녁 늦게 치킨 먹을 생각도 하지 마.

Don't even think about eating chicken late at night.

5 나한테 기댈 생각도 하지 마.

Don't even think about leaning on me.

2 술 마시다 **drink**   3 ~와 이야기하다 **talk to**   4 저녁 늦게 **late at night**   5 ~에게 기대다, 의지하다 **lean on**

It's none of your business!

네가 상관할 바 아냐!

[잇ᅕ 너너뷰얼비즈니ᄊ]

영화 ≪친절한 금자씨≫ 에서 이영애 배우가 "너나 잘하세요."라고 한 대사를 기억하시나요? 그 대사와 일맥상통한 표현으로 영어에는 It's none of your business! 가 있답니다. '이건 네 일이 전혀 아니다', 즉 '네 일 아니고 내 일이니까 상관하지 말라'는 뜻으로 하는 말이죠. 괜히 오지랖 넓게 남의 일에 간섭하고 참견하는 사람에게 "네가 상관할 바 아냐!" 혹은 "신경 꺼!"라고 말하고 싶다면 It's none of your business!라고 해보세요. 같은 의미로 Mind your own business!도 많이 씁니다.

It's none of your business!

Luna
I think you've gone too far. I think you should apologize to him.
네가 너무 심했던 거 같아. 아무래도 걔한테 사과하는 게 좋을 거 같은데.

Stella
I appreciate your concern, but it's none of your business.
걱정해주는 건 고마운데 네가 상관할 바가 아니야.

Richard
Did you and Alex get back together?
너랑 알렉스 다시 합쳤어?

Stella
It's none of your business! Please don't ask again.
네가 상관할 바 아냐! 제발 두 번 다시 묻지 말아줄래.

---

go too far 너무 심하게 굴다, 선을 넘다   **apologize to** ~에게 사과하다   **appreciate** 감사하다, 고마워하다   **concern** 염려, 걱정

Let me know ~

~을 알려주세요 / ~하면 알려주세요

[렡미노우]

Let me know는 '내게 알려달라'는 의미입니다. **무엇을 알려달라는 건지 구체적인 내용을 뒤에 명사나 if절로 갖다 붙이면** 되죠. 상대에게 특정 정보를 캐낼 때 유용한 표현으로, 아래 예문을 보면 알겠지만 무늬는 평서문이어도 결국은 궁금한 것에 대한 답을 얻어내려는 질문의 속성을 띠고 있습니다. 〈**Let me know + 명사**〉, 〈**Let me know if 주어 + 현재동사**〉로 익혀두세요.

1
이메일 주소 좀 알려주세요.

Let me know **your email address.**

[렡미노유얼 이메이얼 어드뤠ㅆ]

2
축제 장소 좀 알려주세요.

Let me know **the location of the festival.**

[렡미노우더 로우케이션 옵더페스티뷜]

* location은 어떤 '특정 장소의 위치'를 의미하는 표현입니다. 따라서 이 문장은 그 축제가 열리는 장소의 위치를 묻는 표현이죠.

3
거기에 가는 가장 빠른 방법을 알려주세요.

Let me know **the fastest way to get there.**

[렡미노우더 패애숫티슷ㅌ 웨이루겥데얼]

4
할 거면 알려줘.

Let me know **if you are in.**

[렡미노우 이퓨얼 인]

* 미드를 보면 동네 꼬마들이 I am in. 이러면서 서로의 엄지 손가락을 잡고 올리는 장면을 종종 볼 수 있는데요. 어딘가에 합류하거나 참여 의사를 밝히는 표현이죠.

5
할인해 줄 수 있으면 알려주세요.

Let me know **if you can give me a discount.**

[렡미노우 이퓨캔 김미어 디스카운ㅌ]

---

1 email address 이메일 주소   **2** location (특정) 장소의 위치   **3** the fastest way to V ~하는 가장 빠른 방법

4 be in 가담하다, 참여하다   **5** give me a discount 내게 할인해주다

스토리텔링 훈련

🎧 32-2.mp3

---

1 자료 공유는 이메일로

A 이 자료 좀 공유해 주시겠어요?

Would you share this data with us?

B 네, 이메일 주소 좀 알려주세요.

Yes, **let me know** your email address.

---

2 축제가 열리는 곳을 찾아

A 축제 장소 좀 알려주세요.

Let me know the location of the festival.

B 여기서 5킬로미터 떨어진 곳인데요, 자동차로 약 20분 걸려요.

It's 5 km from here. About 20 minutes by car.

---

3 역시 지하철이 최고!

A 거기로 가는 가장 빠른 방법을 알려주세요.

Let me know the fastest way to get there.

B 지하철로 가는 게 제일 좋죠, 45분 걸릴 거예요.

Definitely by subway. It'll take 45 minutes.

> *
> 부사 Definitely(확실하게)
> 는 '확실하다'는 답변을 할
> 때 주어나 동사 없이 단독으
> 로 자주 쓰입니다.

---

4 시합에 출전해 말어?

A 시합에 나가야 할지 말아야 할지 결정을 못 하겠어.

I can't decide whether to play or not.

B 나가면 알려줘.

Let me know if you are in.

---

1 share A with B A를 B와 공유하다   **3** It'll take + 소요시간 (시간이) ~ 걸릴 것이다   **4** whether to V or not ~할지 말지, ~인지 아닌지

5 웬만하면 할인 좀 해주지 말입니다

A 할인해 줄 수 있으면 알려주세요.

Let me know if you can give me a discount.

B 관리자에게 확인해 볼게요.

I'll check with my manager.

영어회화 늘리기

🎧 32-3.mp3

1 전화번호랑 이메일 주소 좀 알려주세요.

Let me know your phone number and email address.

2 시청 위치 좀 알려주세요.

Let me know the location of city hall.

3 공항에 가는 가장 빠른 길 좀 알려주세요.

Let me know the fastest way to the airport.

4 관심 있으면 알려주세요.

Let me know if you are interested.

5 향후에 조금이라도 문제가 생기면 제게 알려주세요.

Let me know if there's any problem in the future.

2 시청 **city hall** 3 ~에 가는 가장 빠른 길[방법] **the fastest way to + 장소명사** 4 (~에) 관심이 있다 **be interested (in)**
5 조금이라도 문제가 생기다 **there's any problem** | 향후에, 앞으로 **in the future**

I'm on cloud nine!

기분 최고야! 기분 째진다!

[아이몬 클라운나인]

I'm on cloud nine.은 직역하면 '난 9번 구름 위에 있어.'인데요, 이렇게 해석해서는 도무지 무슨 의미인지 짐작이 안 가죠? 미국 기상청에서는 구름의 높이를 9단계로 분류했고, 따라서 9단계의 최상층 구름을 cloud nine이라고 했대요. 그럼 I'm on cloud nine.은 결국 '구름의 최상층에 있다'는 거네요. 그러니 기분이 얼마나 좋겠어요! 우리도 말로 설명할 수 없을 정도로 기분이 최고조일 때 '기분이 하늘을 찌를 것 같아. 하늘을 날 것 같아.'라는 식으로 말하잖아요. 그렇게 최고의 기분을 나타내는 표현이 바로 I'm on cloud nine!이랍니다.

I'm on cloud nine!

William　I'm on cloud nine! I won the lottery!

기분 최고야! 나 복권에 당첨됐어!

Mary　That's amazing!

와, 끝내준다!

Roberta　You look so happy.

너 기분 되게 좋아 보인다.

Nathan　I'm on cloud nine. I just got a promotion.

하늘을 날 것 같아. 나 승진했어.

---

win the lottery 복권에 당첨되다　**You look so + 상태형용사** 너 되게 ~해 보여　**get a promotion** 승진하다

🎧 33-1.mp3

Let me see if ~

[렡미씨이잎]

~인지 한번 볼게

상대방의 부탁이나 요청, 질문 등에 대해 '**어디 한번 보자. 한번 (확인해)볼게.**'라고 답할 때 **Let me see.**라는 문장을 흔히 쓰는데요. 구체적으로 어떤 사항이 '**~인지 어떤지 한번 볼게**'라고 친절을 발휘하려면 **Let me see** 뒤에 '**~인지 (어떤지)**'라는 의미의 **if**를 붙여 Let me see if ~라고 합니다. 물론 **if** 뒤에는 **문장**이 이어지죠.

1
내가 도와줄 수 있는지 한번 볼게.
Let me see if **I can help you.**
[렡미씨이이파이캔 헤얼뿌]

* 원어민들이 Let me를 말할 때 우리 귀에는 [렌미]로 들리는 경우가 많습니다. 하지만 발음할 때는 Let의 -t[ㅌ] 발음을 지켜 [렡미]로 소리내는 습관을 들이세요.

2
내가 정확하게 이해하고 있는지 확인해볼게.
Let me see if **I understand correctly.**
[렡미씨이 이파이 언덜스때앤ㄷ 커뤡ㅌ리]

3
아직도 비가 내리고 있는지 한번 볼게.
Let me see if **it's still raining.**
[렡미씨이 이픗쓰[ㅌ]일 뤠이닝]

4
그 여자 전화번호가 있는지 한번 볼게.
Let me see if **I have her number.**
[렡미씨이 이파이햅헐넘벌]

5
방이 있는지 한번 볼게요.
Let me see if **we have some room available.**
[렡미씨이 이퓌햅썸 루움 어베일러블]

* have some room available 은 '이용할 수 있는 방이 좀 있다', 즉 '빈방이 있다'는 의미입니다. available의 쓰임을 눈여겨봐두세요.

---

2 correctly 정확하게 **4** '누군가의 전화번호'를 확인하거나 물어볼 때 her number, your number처럼 phone을 빼고 number만 말하는 경우가 많음 **5 available** 이용할 수 있는

1 빌려서라도 만들어서라도 도와주고픈 마음

A   망치나 드라이버 있어?

Do you have a hammer or screwdriver?

B   내가 도와줄 수 있는지 한번 볼게.

Let me see if I can help you.

2 내가 이해한 게 맞나

A   내가 정확하게 이해하고 있는지 확인해볼게.

Let me see if I understand correctly.

B   내가 아주 확실하게 이해했어. 넌 마스크를 써야 해.

I was very clear. You need to wear a mask.

3 아직도 비가 내리면

A   우산을 갖고 가야 하나?

Should I take an umbrella?

B   아직도 비가 내리고 있는지 한번 볼게.

Let me see if it's still raining.

4 나한테 전번 있는 거 같은데

A   그 여자 전화번호가 있는지 한번 볼게.

Let me see if I have her number.

B   너무 고마워.

Thanks so much. I appreciate it.

> *
> 너무 고마울 때 Thanks so much. I appreciate it.처럼 감사하다는 말을 연이어 표현하는 경우, 자주 접할 수 있죠.

---

1 **screwdriver** 드라이버   2 **clear** 확실하게 이해한 | **You need to V** (그래야 할 필요가 있다는 맥락에서) 넌 ~해야 해

A   방이 있는지 한번 보겠습니다.

Let me see if we have some room available.

B   그래 주시면 아주 좋죠. 너무 감사해요.

That would be great. Much appreciated.

* '아주 고맙다'는 표현으로 간단히 Much appreciated. 도 많이 쓰니까 습관적으로 입에 배게 익혀두세요.

영어회화 늘리기

🎧 33-3.mp3

1   제가 예약을 변경해 드릴 수 있는지 한번 보겠습니다.

Let me see if I can change your reservation.

2   그 여자 말의 핵심을 내가 정확히 이해했는지 한번 볼게.

Let me see if I understood her point exactly.

3   아빠가 아직도 화 나셨는지 한번 볼게.

Let me see if Dad is still upset.

4   나한테 민호 인스타 아이디 있는지 한번 볼게.

Let me see if I have Minho's Instagram ID.

5   빈 회의실이 있는지 한번 볼게요.

Let me see if there's a meeting room available.

1 예약을 변경하다 change someone's reservation   2 말의 핵심 point | 정확히 exactly   3 화난, 속상한 upset
4 인스타 아이디 Instagram ID   5 빈 회의실, 쓸 수 있는 회의실 a meeting room available

Be my guest.

(허락을 구하는 상대에게) 얼마든지요. 그러세요.

[비마이게슷ㅌ]

Be my guest.는 허락을 구하거나 무언가를 부탁하는 상대에게 '그렇게 하라'고 흔쾌히 수락해 줄 때 애용되는 표현입니다. 직역하면 '내 손님이 되세요.'인데, 초대된 손님은 보통 극진히 모시잖아요. 불편한 부분이 있다면 해소해주려 하고, 필요한 게 있다면 채워주려 하고 말이죠. 따라서 Be my guest.는 당신은 나의 귀한 손님이니 원하는 게 있다면 '얼마든지 그렇게 하세요.' '좋은 대로 하세요.'라는 뉘앙스를 띠는 거죠.

Ben　　**Can I try this one?**

제가 이거 한번 해봐도 될까요?

Julia　　**Be my guest!**

얼마든지요.

James　　**Do you mind if I use your phone?**

네 휴대폰 좀 써도 될까?

Brian　　**Absolutely not!** Be my guest.

물론이지! 그렇게 해.

Do you mind if I ~? 내가 ~ 좀 해도 될까? (mind는 '싫다, 꺼리다'는 의미. 따라서 Do you mind if ~?는 '~한다면 싫으냐?'라고 묻는 것이므로 흔쾌히 수락할 때는 not을 붙여 Absolutely not! '전혀 싫지 않으니 그렇게 하라!'는 의미)

Let me check ~

[렡미첵]

~을 확인해볼게

check은 말 그대로 체크하고 확인하는 것을 뜻하는 동사입니다. 그래서 '확인해 보겠습니다.'라는 말은 Let me check.이라고 하죠. **무엇을 확인해 보겠다**는 것인지 확인할 대상을 언급해야 할 때는 **Let me check** 뒤에 명사를, **누구에게 확인해 보겠다**고 하려면 뒤에 〈with + 누구〉를 이어주면 되죠. **'~인지 (어떤지)'를 확인해 보겠다**고 하려면 뒤에 if절 혹은 whether절을 이어주면 되고요.

1
내 일정을 확인해볼게.
Let me check my schedule.
[렡미첵 마이스께쥬얼]

2
성함을 확인해 보겠습니다.
Let me check your name.
[렡미첵큐얼네임]

3
선생님의 예약을 확인해 보겠습니다.
Let me check your reservation.
[렡미첵큐얼레절붸이션]

4
관리자한테 확인해 보겠습니다.
Let me check with my manager.
[렡미첵 윋마이매니절]

5
아침식사가 포함되어 있는지 확인해 보겠습니다.
Let me check whether breakfast is included.
[렡미첵 웨덜 브뤡퍼숫티즈 인클루우디ㄷ]

*
'~인지 (어떤지)'를 뜻하는 말은 if뿐 아니라 whether도 있습니다. 따라서 앞서 배운 Let me see if ~에서 if는 whether로 바꿔 써도 상관없죠.

---

5 **be included** 포함되어 있다

1 내 스케줄이 말이지

A　다음주 월요일에 시간 있니?
Are you free next Monday?

B　일정 확인해볼게.
Let me check my schedule.

> ＊
> 특정 날을 콕 집어 그날 시
> 간 있냐고 물어보고 싶다면
> 〈Are you free + 특정 날?〉
> 을 기억해 두세요. 약속 잡을
> 때 필수표현이죠.

2 예약 손님 이름 확인하기

A　안녕하세요. 크리스 존스입니다.
Hi. I'm Chris Jones.

B　성함을 확인해 보겠습니다.
Let me check your name.

3 손님 예약 확인해주기

A　선생님의 예약을 확인해 보겠습니다.
Let me check your reservation.

B　대단히 감사합니다.
Thank you very much.

4 분실물 확인해주기

A　빨간 핸드백을 찾았습니까?
Did you find a red purse?

B　관리자한테 확인해 보겠습니다.
Let me check with my manager.

> ＊
> 미드를 보면 잘 알 수 있는
> 데요. 미국에서 purse는 '여
> 성용 핸드백'을 의미합니다.

4 **purse** (여성용) 핸드백

5 패키지 내용 확인해주기

A 우리 패키지에 식사도 포함되어 있나요?

Are any meals included in our package?

B 아침식사가 포함되어 있는지 확인해 보겠습니다.

Let me check whether breakfast is included.

⤢ 영어회화 늘리기

🎧 34-3.mp3

1 그 분 일정을 한번 확인해 보겠습니다.

Let me check her schedule.

2 시스템 상에서 고객님의 ID를 확인해 보겠습니다.

Let me check your ID on the system.

3 계좌를/계정을 확인해 드리겠습니다.

Let me check your account.

4 이에 대해 관리자한테 확인해 보겠습니다.

Let me check with my manager about this.

5 가이드 비용이 포함되어 있는지 확인해 보겠습니다.

Let me check if the guide fee is included.

2 시스템 상에서 **on the system**   3 (은행) 계좌, (메일) 계정 **account**   5 가이드 비용 **guide fee**

while you're at it

하는 김에

[와열율애릳]

아들녀석이 저녁에 갑자기 밖에 좀 나갔다 오겠다 하네요. 이때다 싶은 엄마는 얘기합니다. "나가는 김에 쓰레기 좀 버려주라." 또, 룸메이트가 잠깐 편의점에 갔다 오겠다고 합니다. 이때다 싶은 나는 "이왕 가는 길에 나 마스크 좀 사주라."라고 부탁하죠. 이처럼 '하는 김에' 무언가를 좀 해달라고 상대에게 부탁할 때 while you're at it을 씁니다. while은 '~하는 동안'을 뜻하고, it은 앞에서 상대가 하려고 한다고 말한 행위를 가리키죠. 상대가 아니라 '내가 하는 김에'라고 말할 때는 while I'm at it 이라고 하면 되죠.

while you're at it

Daniel I'll be out for a moment.
잠시 나갔다 올게.

Irene While you're at it, please throw away the garbage.
나가는 김에 쓰레기 좀 버려줘.

Jane Take her home while you're at it. She lives near you.
이왕 가는 길에 얘 집까지 좀 데려다 주라. 너희 집 근처에 살거든.

John I actually left my car at home today.
실은 나 오늘 차를 집에 두고 왔어.

---

for a moment 잠시, 잠깐   **throw away** ~를 버리다   **garbage** 쓰레기   **actually** 사실은 (상대가 예상하고 있는 것과는 다른 상황에 대해 거론할 때 쓰임)

Let me tell you about ~ ~에 대해 들려줄게
[렙미테얼유어바울]

Let me tell you about ~은 '~에 대해 말해줄게'인데요. **상대방에게 뭔가 들려주고 싶은 얘기가 있어서 말문을 열 때** 쓰기 좋은 패턴입니다. **뒤에는 들려주고 싶은 주제를 명사로** 간단히 말하면 되죠. 예를 들어, 끝내주는 여름을 보내서 자랑하고 싶어 입이 근질거린다 할 때 바로 Let me tell you about 뒤에 my summer라고만 딱 붙이면 '내가 여름에 어떻게 지냈는지 들려줄게.'라는 의미가 됩니다.

1 (내가 **뭐 좀**) 들려줄 얘기가 있는데 말야.
Let me tell you about something.
[렙미테얼유어바울 썸띤]

2 내가 무슨 일을 겪었는지 들려줄게.
Let me tell you about my story.
[렙미테얼유어바울 마이스또뤼]

3 내가 여름에 어떻게 지냈는지 들려줄게.
Let me tell you about my summer.
[렙미테얼유어바울 마이써멀]

4 지난 토요일에 무슨 일이 있었는지 들려줄게.
Let me tell you about last Saturday.
[렙미테얼유어바울 래쓰 ㅌ 새애러데이]

5 제 소개를 하겠습니다.
Let me tell you about myself.
[렙미테얼유어바울 마이쎌 ㅍ]

*
Let me tell you about은 [렙미테얼유어바울]에 가깝게 발음하되, 이를 원어민 속도로 말하면 우리 귀에 [렌미텔류(어)바울]처럼 들릴 때가 많죠. [어바울]의 [어]는 약하게 발음합니다.

---

4 **last Saturday** 지난 주 토요일 (*cf.* **this Saturday** 이번 주 토요일 | **next Saturday** 다음 주 토요일)

1 너에게 들려주고 싶은 이야기

A 들려줄 얘기가 있는데 말야.

Let me tell you about something.

B 뭔데? 열심히 듣고 있으니까, 어서 말해.

What is it? I'm all ears.

> *
> I'm all ears. '나는 전부 귀
> 다'? 이게 무슨 말이냐면요,
> '귀 쫑긋 세우고 잘 듣고 있
> 으니까 얘기해보라'는 의미
> 예요. 관용적으로 쓰는 표현
> 이니까, 통째 익혀두세요.

2 내가 무슨 일을 겪었냐면 말이지

A 막 미국에 도착했다며.

I heard that you just arrived in the U.S.

B 내가 무슨 일을 겪었는지 들려줄게.

Let me tell you about my story.

3 내가 여름에 한 일을 알려주마

A 내가 여름에 어떻게 지냈는지 들려줄게.

Let me tell you about my summer.

B 끝내줬냐?

Was it amazing?

4 지난 토요일에 생긴 일, 궁금하지 궁금하지?

A 지난 토요일에 무슨 일이 있었는지 들려줄게.

Let me tell you about last Saturday.

B 무슨 일이 있었는데? 나쁜 일이었어?

What happened? Was it anything bad?

> *
> -thing으로 끝나는 단어는
> 형용사가 뒤에서 꾸며줍니
> 다. anything bad(뭔가 나
> 쁜 일이라도), something
> new(뭔가 새로운 것)처럼
> 말이죠.

2 **I heard that 주어 + 동사** ~라고 들었어, ~라며   3 **amazing** (좋은 의미로) 끝내주는   4 **anything bad** 뭔가 나쁜 일이라도

5 제 자신에 대한 이야기를 좀 해보겠습니다

A 제 소개를 좀 하겠습니다.

Let me tell you about myself.

B 그러세요. 직업이 뭐예요?

Sure. What do you do for a living?

↖↗↙↘ 영어회화 늘리기

🎧 35-3.mp3

1 그 여자에 대해서 들려줄 얘기가 있는데 말야.

Let me tell you **something** about **her.**

2 내 어린 시절 얘기 들려줄게.

Let me tell you about **my childhood.**

3 내 이상형에 대해 얘기해줄게.

Let me tell you about **my ideal type.**

4 저희 회사의 연혁에 대해 말씀드리겠습니다.

Let me tell you about **our company's history.**

5 진실을 얘기해줄게.

Let me tell you about **the truth.**

1 ~에 대해 (뭔가) 들려줄 얘기가 있는데 말야 **Let me tell you something about ~**   2 어린 시절 **childhood**   3 이상형 **ideal type**
4 회사의 연혁 **company's history**

It's on me.
[잇ㅊ언미]

내가 낼게.

식사나 술자리에서 누구나 한 번쯤은 "내가 낼게[살게]." "내가 쏠게." 같은 말 하게 되는데요. 영어에도 여기에 딱 떨어지는 관용표현이 있답니다. 바로 It's on me.이 죠. It's on me. / That's on me. / This is on me. 식으로 모두 쓸 수 있죠. 또, '대접'이란 뜻의 treat를 써서 It's my treat. / That's my treat. / This is my treat. 이라고 해도 되고요. 다 자주 쓰는 표현이니까, 잘 익혀 두세요. 아참, 참고로 친구에게 "이건 네가 살 거지?"라고 부담을 지워주고 싶을 땐 It's on you, right?이라고 해보세요.

Sally	It's on me. 내가 낼게.
Samuel	Let me pay for myself. 내 건 내가 낼게.
Jack	This is my treat. 제가 쏠게요.
Ross	You don't have to do that. 안 그러셔도 되는데.

Let me V 내가 ~할게   **You don't have to V** (굳이) ~할 필요 없는데, ~ 안 해도 되는데

Would you like ~?

~을 드릴까요/드시겠어요?

[우ㄷ유라잌 → 우쥬라잌]

손님이 집에 오면 "차나 커피 좀 드릴까요?"라고 묻게 되죠. 영어로는 Would you like some tea or coffee?라고 하면 됩니다. 이처럼 **Would you like 뒤에 명사**를 쓰면 '**~을 드릴까요?**'라고 **정중하게 제안하는 표현**이 되죠. 특히 뒤에 음식을 가리키는 명사를 주로 넣어 '**~을 드시겠어요?**'라고 **음식을 권할 때** 많이 씁니다. 식당이나 기내에서 쉽게 들을 수 있는 표현이죠.

1
커피 한 잔 드시겠어요?

Would you like a cup of coffee?

[우쥬라잌 어커폽커오퓌]

2
맥주 좀 드릴까요?

Would you like some beer?

[우쥬라잌썸 비얼]

3
아이스크림 좀 드릴까요?

Would you like some ice cream?

[우쥬라잌썸 아이ㅆ크뤼임]

4
치즈를 더 드릴까요?

Would you like more cheese?

[우쥬라잌 머올 취이ㅈ]

5
다른 거 뭐 좀 더 드릴까요? (더 필요한 거 있으세요?)

Would you like anything else?

[우쥬라잌 에니띵 엘ㅆ]

---

*
coffee는 셀 수 없는 명사이기 때문에 '커피 한 잔' 하려면 a cup of coffee와 같이 쓰는 게 원칙이죠. 하지만 coffee는 일상생활에서 워낙 많이 쓰는 말이다 보니 그냥 a coffee로 편하게 쓰는 경우도 많답니다. beer도 마찬가지 이유로 a glass/bottle of beer(맥주 한 잔/병)를 그냥 a beer라고 편하게 쓰죠.

1 손님에게 커피 권하기

A　커피 한 잔 드릴까요?

Would you like a cup of coffee?

＊
커피에 넣는 '프림'을 영어로
는 **cream**이라고 합니다.

B　네, 부탁합니다. 프림은 둘 넣어주세요.

Yes, please. Two creams, please.

2 손님에게 맥주 권하기

A　맥주 좀 드릴까요?

Would you like some beer?

B　지역 맥주로 한 파인트 주세요.

I'd love a pint of a local beer.

3 아이스크림 주문 받기

A　아이스크림 드릴까요?

Would you like some ice cream?

B　초콜릿과 바닐라 있어요?

Do you have chocolate and vanilla?

4 부족해 보이는 게 있다면 이렇게

A　치즈를 더 드릴까요?

Would you like more cheese?

B　그러면 좋죠. 감사합니다.

That would be great. Thank you.

---

2 **a pint of ~** ~1파인트 (1파인트는 미국에서는 0.47ℓ, 영국에서는 0.57ℓ에 해당) | **local** 지역의

A 다른 거 뭐 좀 더 드릴까요?

Would you like anything else?

B 지금은 괜찮습니다. 고마워요.

I'm fine for now, thank you.

5 **for now** 지금 당장은

⤢ 영어회화 늘리기

🎧 36-3.mp3

1 케이크 한 조각 드릴까요?

Would you like **a piece of cake?**

2 오렌지주스 좀 드릴까요?

Would you like **some orange juice?**

3 간식 좀 드릴까요?

Would you like **some snacks?**

4 얼음 좀 더 드릴까요?

Would you like **some more ice?**

5 다른 사이즈로 (갖다) 드릴까요?

Would you like **another size?**

1 케이크 한 조각 **a piece of cake**   3 간식 **snack** (some 뒤에 셀 수 있는 명사가 올 경우에는 복수형을 씀)
5 (지금 보고 있는 것 말고) 또 다른 사이즈 **another size**

Read the room!

[뤼이더루움]

분위기 파악 좀 해!

Read the room!은 방 안에 있는 사람들의 분위기나 감정, 생각 등을 좀 읽고 행동하라는 의미에서 '분위기 파악 좀 해!' '눈치 좀 챙겨!'라는 뜻으로 쓰이게 된 표현 이에요. room 대신 table이나 audience를 써서 Read the table. 또는 Read the audience.라고도 하죠. 지금 사무실 분위기 심각한데 눈치 없이 해맑게 구는 친구, 자신의 본분을 망각하고 무리수 두는 친구 등에게 써볼 수 있겠네요. 미드에서도 접할 수 있는 표현이니까, 미드를 보다 마주치게 되면 놓치지 마세요!

Read the room!

Rick
What's going on here?
여기 무슨 일이야?

Bonnie
Read the room! Everyone's infuriated.
분위기 파악 좀 해! 사람들 다 화나 있잖아.

Gerald
He won't accept the election results, and that's because he's persistent.
그 사람은 선거 결과에 승복하지 않을 거야. 끈질긴 구석이 있는 양반이거든.

Molly
No one here is interested in talking politics right now. Read the room, Gerald.
여기 지금 정치 얘기에 관심 있는 사람 아무도 없어. 분위기 파악 좀 해, 제럴드.

---

infuriated 격분한, 격노한   accept the election results 선거결과를 받아들이다   persistent 끈질긴
be interested in -ing ~하는 데 관심 있다   politics 정치

Would you like to ~?
~하실래요?

[우ㄷ유라익투 → 우쥬라익투]

명사로 간단하게 권할 수 있는 경우엔 Would you like 뒤에 명사를 쓰면 되지만, **구체적으로 어떤 일을 '할래요?'라고 제안하고 권할 때는 Would you like 뒤에** 〈to + 동사원형〉을 씁니다. 아예 Would you like to ~?를 하나의 패턴으로 익혀두는 게 좋죠. 먼저 이 패턴을 이용한 문장들을 연습한 뒤 대화를 보면서 Would you like to ~? 제안에 대한 답변 방식도 함께 익혀두도록 하세요.

---

1 내가 여는 파티에 오실래요?

Would you like to come to my party?

[우쥬라익투 컴투마이파아뤼]

---

2 그 공연 같이 볼래요?

Would you like to watch the show together?

[우쥬라익투 왓춰더 쑈우 트게덜]

---

3 저하고 저녁식사 같이 하실래요?

Would you like to have dinner with me?

[우쥬라익투 햅디널윋미]

---

4 어디 다른 데 가실래요?

Would you like to go somewhere else?

[우쥬라익투 고우 썸웨얼엘ㅆ]

---

5 우리 가족 한번 만나볼래요?

Would you like to meet my family?

[우쥬라익투 미일 마이패애믈리]

---

3 have dinner with ~와 저녁을 먹다   **4 somewhere else** 어디 다른 데

1 파티에 초대합니다

A   내가 여는 파티에 오실래요?

Would you like to come to my party?

B   그럼요, 가야죠.

I'd love to!

✳
I'd love to.는 Would you like to V ~?로 제안하는 말에 흔쾌히 좋다고 수락할 때 흔히 쓰는 답변입니다. 이때 I'd는 I would의 축약형이죠.

2 데이트 신청의 좋은 예 – 공연 초대

A   그 공연 같이 볼래요?

Would you like to watch the show together?

B   너무 재미있겠네요.

That would be a lot of fun.

3 데이트 신청의 좋은 예 – 식사 초대

A   저하고 저녁식사 같이 하실래요?

Would you like to have dinner with me?

B   저야 좋죠. 몇 시에 어디서 뵙죠?

I'd love to. Where and what time?

✳
만나자는 제안에 대해 '몇 시에 어디서 만날까?'라고 되묻고 싶다면 이것저것 다 생략하고 간단히 Where and what time?이라고만 하면 됩니다.

4 좀 더 같이 있고 싶을 땐 이렇게

A   어디 다른 데 가실래요?

Would you like to go somewhere else?

B   그러면 좋죠. 그런데 어디가 좋을지 모르겠네요.

I guess so. I'm not sure where, though.

2 **a lot of fun** 아주 재미있는   4 **though** (문장 끝에 붙여) 그래도, 그런데

A 우리 가족 한번 만나볼래요?

Would you like to meet my family?

B 너무 좋죠!

That would be fantastic!

* 〈That would be + 형용사〉는 '그러면 ~하죠'라는 의미로, 제안에 대한 답변으로 자주 등장하는 표현입니다.

5 **fantastic** 환상적인, 멋진 (너무 좋다는 의미로 자주 쓰이는 형용사)

영어회화 늘리기

🎧 37-3.mp3

1 이번 주 토요일에 우리집 집들이에 오실래요?

Would you like to **come to my housewarming party this Saturday?**

2 영화 같이 볼래요?

Would you like to **watch a movie together?**

3 우리 부모님이랑 다음주 일요일에 점심식사 같이 할래요?

Would you like to **have lunch with my parents next Sunday?**

4 경복궁 한번 가볼래요?

Would you like to **go to Gyeongbokgung?**

5 내 친구랑 소개팅 한번 해볼래?

Would you like to **go on a blind date with my friend?**

1 우리집 집들이 | **my housewarming party** | 이번 주 토요일에 **this Saturday**　　2 영화를 보다 **watch a movie**
3 다음주 일요일에 **next Sunday**　　5 (~와) 소개팅을 하다 **go on a blind date (with ~)**

It's not my cup of tea.

내 취향 아니야.

[잇ㅊ낱 마이컵쁩티이]

새로 생긴 카페에 가서 한 번도 마셔본 적이 없는 새로운 차에 도전해 봅니다. 그런데 이게 영 내 입맛에 안 맞단 말이죠. 내 취향이 아녜요. 이 차는 내 것이 아닌 거죠. 이렇게 연상하며 It's not my cup of tea.를 익혀봐요. 영어에서는 '내 취향'을 my cup of tea에 빗대어 '그건 내 취향이 아냐.'라고 할 때 It's not my cup of tea.라고 합니다. '그건 내 취향이야.'라고 하려면 물론 not을 빼고 It's my cup of tea.라고 하면 되죠.

It's not my cup of tea.

Kal	**Do you like chocolate soufflé?**
	초콜렛 수플레 좋아해?

Julia	**It's not my cup of tea. I think it's too sweet.**
	내 취향 아냐. 너무 단 것 같아서.

Luna	**Have you seen a show called "Sex and the City"?**
	드라마 "섹스앤더시티" 본 적 있어?

Daniel	**I'm a huge fan of that show.** It's my cup of tea.
	나 그 드라마 완전 좋아하잖아. 내 취향이야.

show '공연'뿐 아니라 TV에서 방영되는 드라마, 예능, 토크쇼 등등을 모두 show라고 말함　**called A** A라고 불리는
I'm a huge fan of ~ 난 ~를 엄청 좋아해, 난 ~의 완전 팬이야

What would you like ~?

뭘 ~하고 싶으세요?

[왈우ㄷ유라잌 → 왈우쥬라잌]

Would you like ~?는 **Do you want ~?**의 정중한 버전으로 기본 개념이 '**~을 원하세요?**'입니다. 바로 이 맥락에서 '**~을 드실래요?**' '**~하실래요?**'라는 의미로 쓰이는 거죠. 오늘은 이 패턴 앞에 의문사 **What**을 붙인 **What would you like ~?** 패턴을 연습해 보도록 하겠습니다. '**어떻게 ~하기를 원하는지, 뭘 ~하고 싶은지**'를 묻고 싶을 때는 **What would you like** 뒤에 〈**to + 동사원형**〉을 씁니다.

1   어떻게 **불러드릴까요?**
    ## What would you like **to be called?**
    [왈우쥬라잌투비커올ㄷ]

*처음 만나는 사람에게 이름을 어떻게 불러주면 좋을지를 정중하게 물어볼 때 쓰기 좋은 표현입니다.

2   뭘 **배우고 싶으세요?**
    ## What would you like **to learn?**
    [왈우쥬라잌투러언]

3   뭘 **사고 싶으세요?**
    ## What would you like **to buy?**
    [왈우쥬라잌투바이]

4   선물로 뭘 **받고 싶어요?**
    ## What would you like **as a gift?**
    [왈우쥬라잌 애저깊ㅌ]

*이 문장은 What would you like to get as a gift? 라고 해도 되죠.

5   커피 대신 뭘 **드시고 싶어요?**
    ## What would you like **instead of coffee?**
    [왈우쥬라잌 인스[떼롭커오퓌]

*이 문장 역시 What would you like to have instead of coffee?라고 해도 됩니다.

5 instead of ~ 대신

1 초면에는 호칭 정리부터

A   어떻게 불러드릴까요?
What would you like to be called?

B   샘이라고 불러주세요.
Please, call me Sam.

> *
> 상대방이 묻기 전에 내가 먼저 Call me ~(~라고 불러주세요)와 같이 말해도 좋습니다.

2 학교에서는 배울 게 없어

A   난 학교에서 가르치는 과목이 전부 싫어.
I hate all my subjects at school.

B   그럼 넌 뭘 배우고 싶은데?
So what would you like to learn?

3 보석 같은 그대에게 보석을

A   뭘 사고 싶으세요?
What would you like to buy?

B   다이아몬드 귀걸이가 좋을 것 같아요.
I think diamond earrings would be nice.

4 받고 싶은 선물을 말해봐

A   선물로 뭘 받고 싶어요?
What would you like as a gift?

B   신발 한 켤레가 좋아요.
I'd love a pair of shoes.

> *
> 신발은 '한 켤레', '두 켤레'라는 의미의 a pair of, two pairs of와 같이 수를 표현합니다.

2 subject 과목   3 earrings 귀걸이

5 커피 말고 뭐?

A   커피 대신 뭘 드시고 싶어요?

What would you like instead of coffee?

B   녹차는 어때요?

How about some green tea?

'녹차'는 green tea라고 하는데요. '홍차'는 black tea라고 한답니다. '홍차'를 red tea라고 착각하지 마세요.

5 **How about ~?** ~는 어때요?

↖↗↙↘ 영어회화 늘리기

🎧 38-3.mp3

---

1   자신의 어떤 점을 바꾸고 싶어요?

What would you like **to change about yourself?**

---

2   회의에서 뭘 논의하고 싶으세요?

What would you like **to discuss at the meeting?**

---

3   방학 동안 뭘 하고 싶어?

What would you like **to do during the vacation?**

---

4   올해 크리스마스 선물로 뭘 받고 싶어?

What would you like **as a Christmas gift this year?**

---

5   점심식사로 뭘 드시고 싶으세요?

What would you like **for lunch?**

---

1 자신의 뭔가를 바꾸다 **change something about oneself**   2 회의에서 **at the meeting**   3 방학 동안 **during the vacation**
4 올해 **this year** (What would you like 뒤에 to get을 써도 됨)   5 점심식사로 **for lunch** (What would like 뒤에 have를 써도 됨)

I'm flattered.

[암플래애럴ㄷ]

과찬이세요.

여러분, 칭찬 받으면 Thank you.(감사해요.)라는 말은 곧잘 입 밖으로 나오죠? 그런데 상대방의 칭찬에 그저 Thank you. 정도로만 화답하기엔 그 칭찬의 내용이 너무 과하게 좋은 경우들도 자주 있잖아요. 그럴 때 우리는 '과찬이세요.' '영광이에요.' '너무 띄워주시는데요.' '몸 둘 바를 모르겠는데요.' 등과 같이 화답하죠. 이럴 때 영어로는 I'm flattered.라고 말합니다. 동사 flatter는 '아첨하다, 우쭐하게 하다'는 의미이죠. 또 상대방이 한 말을 That으로 받아 That's flattering.이라고 해도 같은 말이에요.

I'm flattered.

Marianne The tie looks very good on you.

그 넥타이가 참 잘 어울리네요

Tony I'm so flattered.

정말 과찬이세요

Brian You're the most beautiful woman here.

당신이 여기서 가장 아름다워요

Jessie That's so flattering.

몸 둘 바를 모르겠네요

A(사물) **looks good on B**(사람) A가 B에 잘 어울리다

Where would you like to ~?

어디로/어디에(서) ~하고 싶어요?

[웨얼우ㄷ유라익투 → 웨얼우쥬라익투]

이번에는 Would you like to ~? 앞에 '어디로, 어디에, 어디에서' 등을 뜻하는 장소 의문사 Where를 붙인 패턴을 연습해 보겠습니다. Where would you like to ~?는 **'어디로 ~하고 싶어요?' '어디에(서) ~하고 싶어요?'**라는 의미로, **어떤 일을 하고 싶은 장소나 위치를 물어볼 때** 유용한 패턴이에요. 우리말도 그렇듯 이때 Where는 꼭 물리적인 장소나 위치에 국한되지는 않는답니다.

---

1   어디로 **가고** 싶어요?

Where would you like to **go**?
[웨얼우쥬라익투 고우]

---

2   어디에 **앉고** 싶어요?

Where would you like to **sit**?
[웨얼우쥬라익투 씰]

> *
> sit은 [씰]으로 짧게 발음합니다. [씨일]으로 길게 발음하면 seat을 가리키니까요.

---

3   어디에서 **일하고** 싶어요?

Where would you like to **work**?
[웨얼우쥬라익투 월ㅋ]

---

4   5년 후에는 **어떤 자리에[어느 위치에] 있고** 싶어요?

Where would you like to **be in five years**?
[웨얼우쥬라익투비 인 파입이얼ㅈ]

---

5   휴가 때 **어디로 가고** 싶어요?

Where would you like to **go on vacation**?
[웨얼우쥬라익투 고우언붸케이션]

---

4 **in five years** 5년 후에   5 **go on vacation** 휴가 가다

1 가고 싶은 곳

A   어디로 가고 싶어요?

Where would you like to go?

B   길 따라 죽 올라가면 있는 슈퍼마켓에요.

To the supermarket up the street.

2 앉고 싶은 곳

A   어디에 앉고 싶어요?

Where would you like to sit?

B   저쪽이면 좋겠어요.

Over there is just fine.

3 일하고 싶은 곳

A   어디에서 일하고 싶어요?

Where would you like to work?

B   우리집 근처면 더 좋죠.

Preferably somewhere close to my home.

> *
> preferably는 '되도록이면 ~가 더 좋다'는 생각을 표현할 때 유용하게 쓰이는 부사예요. 특히 질문의 답변으로 쓰일 때는 이처럼 주어 동사다 생략하고 부사만 간단히 말할 때가 많죠.

4 미래의 내 위치

A   5년 후에는 어떤 자리에 있고 싶어요?

Where would you like to be in five years?

B   직장에서 간부직에 있으면 좋겠어요.

Hopefully in an executive position at work.

---

3 **preferably** 되도록이면 | **close to + 장소명사** ~에 가까운   4 **executive position** 간부직

A 휴가 때 어디로 가고 싶어요?

Where would you like to go on vacation?

B 콜로라도 주의 애스펀에 꼭 가고 싶어요.

Definitely Aspen, Colorado.

⤡ 영어회화 늘리기
🎧 39-3.mp3

1 어디로 여행하고 싶어요?

Where would you like to **travel**?

2 어디서 내리실래요?

Where would you like to **get off**?

3 어디서 저녁 먹고 싶어?

Where would you like to **have dinner**?

4 은퇴 후 어디서 살고 싶으세요?

Where would you like to **live after retirement**?

5 새해 첫날 어디 가고 싶어요?

Where would you like to **go on New Year's Day**?

2 (버스, 열차 등에서) 내리다 **get off** 　3 저녁을 먹다, 저녁식사를 하다 **have dinner** 　4 은퇴 **retirement**
5 새해 첫날에 **on New Year's Day**

flake on
[플레끄언]

~를 바람맞히다, (뒤늦게) ~와의 약속을 깨다

이것도 습관이라고, 걸핏하면 닥쳐서 약속 파토 내는 사람 있죠? 일찌감치 준비해서 약속장소로 이동 중인데 그제야 전화해서 못 갈 거 같다며 바람맞히는 사람 말예요. 이렇게 '누군가와의 약속을 파토 낸다', '누군가를 바람맞힌다'고 할 때 딱 떨어지는 표현이 flake on입니다. 'A가 B와의 약속을 파토 냈어. A가 B를 바람맞혔어.'라고 하려면 A flaked on B.와 같이 말하면 되죠. 자, 그럼 다음 대화를 보면서 함께 감정이입 해볼까요?

flake on

Jessica Jenny says she's gonna have to break our appointment for an important meeting today.
제니가 오늘 중요한 미팅이 있어서 약속을 못 지킬 것 같다고 하네.

Sarah I can't stand her anymore. She flaked on us again!
더 이상은 못 참아. 또 우리를 바람맞히다니!

Anthony How could Marianne flake on us again?
마리안이 어떻게 우릴 또 바람맞힐 수 있지?

Gail Your guess is as good as mine.
나도 모르지.

be gonna have to V ~해야만 할 것 같다 (gonna는 going to의 구어체 표현) I can't stand ~ ~를 못 참겠다 (여기서 stand는 '참다, 견디다'는 의미) Your guess is as good as mine. 모르기는 피차 마찬가지야. (너랑 마찬가지로) 나도 잘 몰라.

How would you like ~?

~는 어떻게 해드릴까요?

[하우우ㄷ유라잌 → 하우쥬라잌]

스테이크 하우스에서 음식 주문을 받을 때 스테이크는 어느 정도로 구워줄지를 묻곤 하죠. 그때 어김 없이 들을 수 있는 패턴입니다. 즉 **음식을 '어떻게 해드릴까요?'** 혹은 **머리를 '어떻게 해드릴까요?'** 등 과 같이 **상대의 의사나 취향을 확인할 때** 쓰는 표현이죠. 또, **물건값을 계산할 때** 점원이 손님에게 계 산을 어떻게 할지 물을 때도 아주 요긴하게 쓰이죠.

1
커피를 어떻게 타드릴까요?

How would you like your coffee?
[하우쥬라이큐얼 커오퓌]

2
스테이크를 어떻게 해드릴까요?

How would you like your steak?
[하우쥬라이큐얼 스떼잌]

*
스테이크 굽기를 어느 정도 로 하면 되겠냐고 물을 때 쓰는 표현입니다.

3
달걀은 어떻게 해드릴까요?

How would you like your eggs?
[하우쥬라이큐얼 엑ㅆ]

4
머리를 어떻게 잘라드릴까요?

How would you like your hair cut?
[하우쥬라이큐얼 헤얼컽]

5
결제는 어떻게 하시겠어요?

How would you like to pay?
[하우쥬라잌투 페이]

*
현금으로 계산할지, 카드로 계산할지 또는 일시불, 할부 로 할지를 물어볼 때 사용되 는 표현입니다.

스토리텔링 훈련

1 커피를 대접할 때 빠뜨리지 말아야 할 질문

A 커피를 어떻게 타드릴까요?

How would you like your coffee?

B 프림 한 숟가락에 설탕은 두 숟가락이요.

One cream and two sugars, please.

2 스테이크를 먹으러 갔다네

A 스테이크를 어떻게 해드릴까요?

How would you like your steak?

B 미디엄 레어로 해주세요.

Medium rare, please.

> * 식당에서 이런 질문을 받으면 Rare, Medium rare, Medium, Well done 중에서 원하는 것을 말하고, please만 덧붙이면 됩니다.

3 서비스는 디테일하게

A 달걀은 어떻게 해드릴까요?

How would you like your eggs?

B 토스트에 수란을 얹어주세요.

Poached on toast.

> * 그밖에 다양한 달걀 요리법
> ▶ sunny side up 한 면만 익은 상태 | over hard 앞뒤 골고루 다 익은 상태 | over easy 톡 건드리면 노른자가 흘러나오는 상태 | boiled 삶은 달걀 | coddled 계란찜 | scrambled 프라이팬에 휙휙 저어 약간 덜 익은 상태

4 머리를 자르러 갔다네

A 머리를 어떻게 잘라드릴까요?

How would you like your hair cut?

B 뒷머리를 3인치만 잘라주세요.

Just take off three inches from the back.

---

2 **Medium rare** '핏물이 조금 보일 정도로 덜 익힌' 상태를 말함 (*cf.* **Rare** 핏물이 많이 보일 정도로 살짝 구운 | **Medium** 중간 정도 익힌 | **Well done** 바싹 익힌) 3 **Poached (egg)** 수란 4 **take off** 잘라내다

5 결제 들어가십니다

A 결제는 어떻게 하시겠어요?

How would you like to pay?

B 직불카드로 하겠습니다.

By debit, thanks.

*

'신용카드로' 계산하겠다고 할 때는 **By credit (card).** 이라고 대답할 수 있고, '현금으로 계산하겠다'고 할 때는 **I'll pay in/with cash.** 라고 하면 됩니다.

---

5 debit (card) 직불카드

⤢ 영어회화 늘리기

🎧 40-3.mp3

1 닭고기를 어떻게 요리해 드릴까요?

How would you like **your chicken**?

2 생선을 어떻게 요리해 드릴까요?

How would you like **your fish**?

3 디저트는 어떻게 해드릴까요?

How would you like **your dessert**?

4 복어를 어떻게 준비해 드릴까요?

How would you like **your blowfish prepared**?

5 결제는 어떻게 하시겠어요? 현금인가요, 카드인가요?

How would you like **to pay? Cash or credit?**

4 복어 **blowfish**

attention seeker

관종

[어텐션 씨이컬]

'관종'은 '관심종자'의 줄임말로 '사람들의 관심을 병적으로 구하는 사람', '사람들의 주목을 받는 데 혈안이 되어 있는 사람'을 가리키는 말이죠. 영어에서도 '관종'이라는 단어를 우리와 비슷한 의미로 받아들이고 사용하고 있답니다. attention(관심, 주목) + seeker(무언가를 구하는 사람) = attention seeker(관심을 갈구하는 사람 = 관종)인 거죠. 남 얘기하기 좋아하는 우리네 사람들의 속성상 타인에 대해 한 번씩 attention seeker라며 거론하게 될 일도 생기겠죠?

Rebecca Michael is an attention seeker.

마이클은 관종이야.

Jin I totally agree with you. He's really an attention seeker.

완전 동의해. 걘 진짜 관종이야.

Oriel Your sister is such an attention seeker.

너희 언니는 완전 관종이야.

Maya No, she's not! She just wants her voice heard.

아냐, 안 그래! 언니는 그저 자기 목소리를 내고 싶은 것뿐이야.

---

want one's voice heard 자신의 목소리를 들리게 하고 싶다, 즉 세상에 '자신의 목소리를 내고 싶다'는 의미

41번째

비밀과외

습관 완성까지 **26**일 남음

🎧 41-1.mp3

When did you ~?

[웬디ㄷ유 → 웬디쥬]

언제 ~했어요?

과거 언제 있었던 일인지 혹은 **언제 했던 일인지**, 그 '때'를 알고 싶다면 When did you ~?로 말을 시작하면 됩니다. 글자 그대로 '**언제 ~했어요?**'라는 의미이죠. When did you **뒤에는 동사원형**으로 구체적인 내용을 이어주면 됩니다. 참고로 '언제 ~하니?'처럼 현재의 때를 묻고 싶다면 did를 현재형인 do로만 바꿔주면 되죠.

---

1 언제 **결혼**했어요?

When did you get married?

[웬디쥬 겥매애뤼드]

---

2 이건 언제 들었어?

When did you hear about this?

[웬디쥬 히어러바울 디ㅆ]

---

3 언제 **뉴욕에서 돌아왔어?**

When did you get back from New York?

[웬디쥬 겥배액 프뤔뉴욜ㅋ]

---

4 애플에서는 언제부터 일하기 시작했어?

When did you start working at Apple?

[웬디쥬 스따알ㅌ 워얼끼냍 애빠열]

---

5 제이크한테 마지막으로 연락을 받은 게 언제야?

When did you last hear from Jake?

[웬디쥬 래슷ㅌ 히얼 프뤔 제잌]

> *
> '마지막으로 ~한 게 언제야?'라는 말은 When did you 뒤에 last만 덧붙이면 됩니다. 〈When did you last + 동사원형 ~?〉 요렇게 말이죠.

---

1 get married 결혼하다 **3 get back from** ~에서 돌아오다 **4 start -ing** ~하기 시작하다
5 hear from ~한테 연락을 받다, 소식을 듣다

185

1 이런 거 여쭤봐도 될런지 모르겠지만…

A 언제 결혼했어요?

When did you get married?

B 꼭 1년 넘었어요.

Just over a year ago.

2 언제 들은 소식이래?

A 이건 언제 들었어?

When did you hear about this?

B 어젯밤에 뉴스를 보다가.

Last night while watching the news.

3 반갑다, 친구야!

A 언제 뉴욕에서 돌아왔어?

When did you get back from New York?

B 사흘 전에.

Three days ago.

4 너의 첫 출근이 궁금해

A 애플에서는 언제부터 일하기 시작했어?

When did you start working at Apple?

B 4월부터지만 그전에 8주 동안 교육을 받았어.

In April, but I had eight weeks of training before that.

＊
이 대화에서 In April은 I started working in April. (4월에 일하기 시작했어요.) 을 의미합니다.

---

2 **while -ing** ~하다가   4 **have + 기간 + of training** ~ 간의 교육을 받다

A 제이크한테 마지막으로 연락을 받은 게 언제야?

When did you last hear from Jake?

B 지난 11월 중이었던 같아.

Sometime last November, I think.

＊
딱 집어 언제라고 말할 순 없지만 '이번 주 중', '다음 달 중'처럼 두루뭉술하게 말할 때는 sometime을 이용합니다. sometime this week, sometime next month와 같이 표현하죠.

↖↗ 영어회화 늘리기
↙↘

🎧 41-3.mp3

---

1 언제 약혼한 거야?

When did you **get engaged**?

---

2 언제 예약하셨죠?

When did you **make a reservation**?

---

3 언제 대학을 졸업했어요?

When did you **graduate from college**?

---

4 영어를 언제부터 배우기 시작했어요?

When did you **start learning English**?

---

5 마지막으로 치과에 간 게 언제야?

When did you **last see the dentist**?

---

1 약혼하다 **get engaged**   2 예약하다 **make a reservation**   3 ~를 졸업하다 **graduate from**   5 치과에 가다 **see the dentist**

Don't pass the buck. 책임 떠넘기지[전가하지] 마.
[도운패애쓰더벅]

일상회화에서 buck은 dollar의 구어체로 흔히 쓰는데요. pass the buck에서의 buck은 '달러'가 아니라 '책임'을 뜻합니다. 그래서 pass the buck은 '책임을 떠넘기다', '책임을 전가하다', '책임을 회피하다'란 의미로 쓰이죠. 미국의 역대 대통령 중에는 '책임'의 buck을 이용해 The buck stops here.(해리 트루먼 대통령의 집무실 책상 위에 있던 말로, '모든 책임은 여기 대통령인 나에게 있다'는 의미), The buck stops with me.(2009년 발생한 성탄절 테러 기도 사건에 대해 '모든 책임은 내게 있다'는 의미로 오바마 대통령이 한 말)와 같은 유명한 말을 남긴 경우도 있습니다.

Don't pass the buck.

Jacob It was all Larry's fault!
그건 전부 래리 잘못이었어!

April Oh, don't pass the buck. You were also responsible.
아, 책임 떠넘기지 마. 너한테도 책임이 있어.

Theresa You're simply passing the buck on this issue.
이 문제에 대해 그야말로 책임을 전가하시는군요.

Andy No, I'm not. I had nothing to do with it.
아뇨, 그런 게 아닙니다. 전 그 문제와는 전혀 관계가 없다고요.

have nothing to do with ~와 아무 관련이 없다, ~와 전혀 관계가 없다

🎧 42-1.mp3

When do you plan to ~?

언제 ~할 계획이야?

[웬두유플랜투]

plan to V는 '**~할 계획이다**'라는 의미죠. 계획이라고 해서 뭐 상당히 거창하게 느껴질 수도 있지만, 일상생활에서 소소하게 계획하거나 예정하고 있는 일들을 말할 때도 편하게 쓴답니다. 따라서 **When do you plan to ~?** 하면 '**언제 ~할 계획이야?**'라는 뜻이죠. **어떤 일을 언제 행동에 옮길 건지 상대방의 생각이나 스케줄을 묻는 표현**이에요.

---

1 언제 우리 집에 올 계획이야?

When do you plan to **come over**?
[웬두유플랜투 컴오우뻘]

> * 상대방에게 우리 집에 오라고 할 때는 come over(기본 개념은 '이쪽으로 오다')를 쓰면 딱입니다. 이 경우 굳이 my home 같은 말을 갖다 붙일 필요가 없죠.

---

2 그 여자한테는 언제 얘기할 계획이야?

When do you plan to **tell her**?
[웬두유플랜투 텔헐]

---

3 해외 사무실로 언제 떠날 계획이야?

When do you plan to **leave for the overseas office**?
[웬두유플랜투 리입뿔[디 오우붤씨이ㅈ 어퓌ㅅ]

---

4 언제 **졸업**할 계획이야?

When do you plan to **graduate**?
[웬두유플랜투 그뤠애쥬에일]

---

5 언제 **퇴직**할 계획이야?

When do you plan to **retire**?
[웬두유플랜투 뤼타이얼]

---

1 come over 집에 오다   3 leave for ~를 향해 떠나다 | overseas 해외의   4 graduate 졸업하다   5 retire 퇴직하다

1 제발 우리 집에 놀러 와라

A 언제 우리 집에 올 계획이야?

When do you plan to come over?

B 이번 주말에 시간이 나면 좋겠다.

I hope to have some free time this weekend.

> *
> I hope to V는 '~하기를 바란다. ~하면 좋겠다'는 바람을 나타냅니다. 허무맹랑한 바람이라기보다는 상황이나 노력 여하에 따라 실제로 가능한 바람을 나타내는 것이죠.

2 좋은 소식이건 나쁜 소식이건

A 그 애한테는 언제 얘기할 계획이야?

When do you plan to tell her?

B 글쎄, 아마 다음주에.

I'm not sure. Maybe next week.

3 너와 함께할 수 있는 시간이 얼마나 남았을까

A 해외 사무실로 언제 떠날 계획이야?

When do you plan to leave for the overseas office?

B 아무리 늦어도 6월에는 갈 거야.

By June at the latest.

4 졸업하긴 하는 거니?

A 언제 졸업할 계획이야?

When do you plan to graduate?

B 내후년이면 졸업할 거야.

By the year after next.

---

1 **have some free time** 여유 시간이 좀 있다　　3 **at the latest** 아무리 늦어도　　4 **the year after next** 내후년

A   언제 퇴직할 계획이야?

When do you plan to retire?

B   아마도 일이 년 후에.

Probably in a year or two.

5 in a year or two 일이 년 후에

⤢ 영어회화 늘리기

🎧 42-3.mp3

---

1   언제 맨하탄을 방문할 계획이세요?

When do you plan to **visit Manhattan?**

---

2   아내에게 언제 사실을 말할 계획이야?

When do you plan to **tell your wife the truth?**

---

3   네 실수를 언제 과장에게 보고할 계획이야?

When do you plan to **report your mistake to your manager?**

---

4   언제 이사 나갈 계획이야?

When do you plan to **move out?**

---

5   언제 결혼할 계획이야?

When do you plan to **get married?**

---

3 ~에게 자신의 실수를 보고하다 **report one's mistake to ~** | 과장 **manager** (manager는 관리자급의 직책으로 업계나 회사 규모에 따라 '과장', '부장', '팀장' 등에 쓰임) **4** 이사 나가다 **move out** (*cf.* 이사 들어오다 **move in** | ~로 이사가다 **move to + 장소/지역**) **5** 결혼하다 **get married**

You're killing it!
[유어킬링잍]

끝내준다!

결혼을 앞둔 동갑내기 예비부부가 웨딩드레스샵에 갔어요. 예비신부가 웨딩드레스를 입고 짠~ 하며 나타납니다. 신부는 말하죠? What do you think?(어떤 것 같아?) 예비신랑이 말합니다. You're killing it!(끝내줘!) You're killing it!은 바로 이렇게 쓰는 표현이에요. 상대방의 차림새가 아주 아주 멋져 보일 때, 상대방이 무언가를 끝내주게 잘할 때 '죽이는데!' '끝내주는데!'라는 의미로 쓰죠. 상대방이 무언가를 멋들어지게 끝냈을 때는 과거형으로 바꿔 You killed it!(죽여줬어! 끝내줬어!)이라고 하면 되고요.

Ana	What do you think?
	어떤 것 같아?

Chris	You're killing it!
	끝내줘!

Suzy	How was my presentation?
	내 발표 어땠어?

Mike	You killed it!
	끝내줬어!

When was the last time ~?

마지막으로 ~한 게 언제야?

[웬워ㅈ더래슷타임]

앞에서 When did you last ~? 표현 잠깐 익혔던 거 기억나세요? **'마지막으로 ~한 게 언제야?'**라는 의미인데요. When was the last time ~?도 같은 의미랍니다. 단, When did you last 뒤에는 동사 원형을 쓰지만, **When was the last time 뒤에는 과거문장(주어 + 과거동사)을 써야** 한다는 점이 다르죠. 자, 그럼 여기서는 When was the last time ~?을 집중 연습해 보겠습니다.

---

1 오일을 마지막으로 교환한 게 언제죠?

When was the last time you changed your oil?
[웬워ㅈ더래슷타임 유체인쥐 유얼오여얼]

---

2 건강검진를 마지막으로 받은 게 언제죠?

When was the last time you had a physical?
[웬워ㅈ더래슷타임 유해더 퓌지컬]

---

3 우리가 마지막으로 만난 게 언제지?

When was the last time we saw each other?
[웬워ㅈ더래슷타임 위쎄오인취아덜]

---

4 걔가 이 수업을 마지막으로 들은 게 언제지?

When was the last time she attended this class?
[웬워ㅈ더래슷타임 쉬어텐딛 디ㅆ클래애ㅆ]

> *
> '이 수업을 들었다'는 말은 '이 수업에 출석했다'는 의미입니다. 따라서 '참석하다, 출석하다'는 의미의 동사 attend를 써서 attended this class라고 표현하죠.

---

5 마지막으로 그림을 그린 게 언제야?

When was the last time you drew a picture?
[웬워ㅈ더래슷타임 유드루우어픽철]

---

1 change one's oil (자동차) 오일을 교환하다   2 physical 신체검사, 건강검진 | have a physical 건강검진을 받다   3 each other 서로
5 draw a picture 그림을 그리다 (draw - drew - drawn)

1 자동차 오일을 교환하러 가다

A 오일을 마지막으로 교환한 게 언제죠?

When was the last time you changed your oil?

B 1년 전이에요.

A year ago.

2 내 건강검진을 네가 왜 걱정해

A 건강검진을 마지막으로 받은 게 언제죠?

When was the last time you had a physical?

B 지난 달이요. 전 매년 9월에 받아요.

Last month. I go for one every September.

3 친구야, 이게 얼마만이니?

A 우리가 마지막으로 만난 게 언제지?

When was the last time we saw each other?

B 야, 이런! 5년 전이야?

Gosh! Five years ago?

4 그 애는 왜 수업시간에 보이질 않는 걸까? 아, 보고 싶다

A 걔가 이 수업을 마지막으로 들은 게 언제지?

When was the last time she attended this class?

B 걔가 마지막으로 여기에 온 게 2주 전 같아.

I think it's been two weeks since she was last here.

---

2 **go for** ~하러 가다 | **every September** 9월마다, 매년 9월에 (cf. **every Monday** 매주 월요일에 | **every weekend** 매주 주말에 | **every Christmas** 매년 크리스마스에)　4 **It's been + 기간 + since 주어 + 과거동사** ~한 지 (기간이) … 됐다 (It's는 It has의 축약형)

A 마지막으로 그림을 그린 게 언제야?

When was the last time you drew a picture?

B 와, 이런. 내가 6살이나 7살일 거야.

Oh, boy. Possibly when I was six or seven years old.

5 **possibly** 아마

↖↗↙↘ 영어회화 늘리기

🎧 43-3.mp3

1 마지막으로 여자친구와 영화를 본 게 언제야?

When was the last time you saw a movie with your girlfriend?

2 마지막으로 숙면을 취한 게 언제죠?

When was the last time you had a deep sleep?

3 우리가 마지막으로 함께 여행한 게 언제지?

When was the last time we traveled together?

4 걔네들이 마지막으로 대화한 게 언제지?

When was the last time they had a conversation?

5 마지막으로 부모님과 함께 식사한 게 언제야?

When was the last time you had a meal with your parents?

1 영화를 보다 **see a movie**   2 숙면을 취하다 **have a deep sleep**   4 대화를 하다 **have a conversation**
5 ~와 함께 식사하다 **have a meal with**

I don't buy it.
[아이도운ㅌ바이잍]

안 속아. 안 믿어.

I don't buy it.을 직역하면 '안 사요.'인데, 이게 왜 '안 믿어요.'라는 의미가 된 걸까요? 사람들이 보통 무언가를 팔려고 할 때 거짓말을 한다는 믿음 때문에 이런 말이 생겨났다고 해요. 약장수가 약을 팔려고 하면 우리도 흔히 "안 사요."라고 말하는 것과 같은 원리인 거죠. '내가 속을 줄 알고? 안 속아. 안 믿어.'라는 뉘앙스인 거죠. 그야말로 찐구어체 표현이라 문어체로는 잘 사용하지 않는답니다. 일상생활에서 이때다 싶을 때마다 툭툭 내뱉으며 연습해 보세요.

Mia	When you finish your homework, I'll let you play computer games.
	숙제 다 하면 컴퓨터 게임 하게 해줄게.

Jonathan	I don't buy it.
	안 믿어요.

Mia	I mean it.
	진짜야.

Jonathan	Mom, I don't buy it.
	엄마, 안 속아요.

I'll let you V ~하게 해줄게　**play computer games** 컴퓨터 게임을 하다

When would be a good time ~?

~ 언제가 좋을까/괜찮겠어?

[웬우ㄷ비어긋타임]

약속시간을 잡을 때 상대에 대한 배려는 기본 중의 기본이죠. 그래서 보통 "너는 언제가 괜찮겠어?"라고 물어보곤 하는데요. 이럴 때 유용한 패턴이 바로 When would be a good time ~?입니다. 또, 어떤 일을 하는 데 적기가 언제일지 의견을 구할 때도 유용하게 쓸 수 있죠. 이 경우엔 특히 **When would be a good time** 뒤에 ⟨to + 동사원형⟩을 쓰며, '~하려면 언제가 좋을까?'란 의미가 됩니다.

---

1 언제가 괜찮으시겠어요?

When would be a good time for you?

[웬우ㄷ비어긋타임 포얼유]

---

2 호주로 여행 가려면 언제가 좋을 것 같아?

When would be a good time to travel to Australia?

[웬우ㄷ비어긋타임투 츄레블투오스뜨뤨리아]

---

3 집을 사려면 언제가 좋을 것 같아?

When would be a good time to buy a house?

[웬우ㄷ비어긋타임투 바야하우ㅆ]

---

4 너한테 전화하려면 언제가 좋을까? (언제가 전화 받기 괜찮겠어?)

When would be a good time to call you?

[웬우ㄷ비어긋타임투 커올유]

---

5 너하고 이 문제를 의논하려면 언제가 좋을까?

When would be a good time to discuss this matter with you?

[웬우ㄷ비어긋타임투 딛쓰커ㅅ 디ㅆ매럴위듀]

* '문제'라고 하면 problem을 떠올리진 않나요? 이런 상황에서의 문제, 즉 논의할 사항이나 안건으로써의 '문제'는 matter나 issue를 쓰는 게 자연스러워요.

5 discuss A with B A라는 문제를 B와 논의하다 | matter 문제

 **스토리텔링 훈련**

1 너한테 맞출게, 난 좋은 사람이니까!

A 언제가 괜찮으시겠어요?

When would be a good time for you?

B 6시 이후면 언제든지 좋아요.

Any time after six is fine.

> *
> '~시 이후로는 언제든지 좋
> 다'고 답할 때는 〈Any time
> after + 시간 + is fine〉을
> 활용하세요.

2 여행 가기 좋은 날

A 호주로 여행 가려면 언제가 좋을 것 같아?

When would be a good time to travel to Australia?

B 거기는 12월과 1월이 아름다워.

December and January are beautiful there.

3 집 사기 좋은 날

A 집을 사려면 언제가 좋을 것 같아?

When would be a good time to buy a house?

B 내년이 좋아. 집값이 떨어질 것으로 예상되니까.

Next year. Prices are expected to go down.

4 전화해도 될까요?

A 너한테 전화하려면 언제가 좋을까?

When would be a good time to call you?

B 오후 3시쯤에 전화할 수 있어?

Can you call around 3 p.m.?

---

1 **any time after ~** ~ 이후면 언제든지   3 **be expected to V** ~할 것으로 예상되다 | **go down** (가격이) 내리다   4 **around** 대략, ~쯤

A 너하고 이 문제를 의논하려면 언제가 좋을까?

When would be a good time to discuss this matter with you?

B 내일이 제일 좋을 것 같아.

Tomorrow would be best.

✱ '언제로 약속을 잡으면 제일 좋을 것 같다'고 대답하려면 〈원하는 날 + would be best〉를 활용하세요.

🔳🔳 영어회화 늘리기

🎧 44-3.mp3

1 제가 언제 들르면 좋을까요?

When would be a good time **for me to drop by?**

2 베트남으로 여행 가려면 언제가 좋을 것 같아?

When would be a good time **to travel to Vietnam?**

3 주식을 좀 사려면 언제가 좋을 것 같아?

When would be a good time **to buy some stocks?**

4 이야기를 나누려면 언제가 좋을까?

When would be a good time **to talk?**

5 언제 회의를 하면 좋을까요?

When would be a good time **to have a meeting?**

1 제가 언제 ~하면 좋을까요? 제가 ~하려며 언제가 좋을까요? **When would be a good time for me to V ~?**
2 베트남 **Vietnam** [vìːetnɑ́ːm]   3 주식 **stock**   5 회의를 하다 **have a meeting**

I'm a foodie.
[아머푸우리]

전 미식가예요. 전 먹는 걸 좋아해요.

주변을 돌아보면 유독 먹는 걸 좋아하는 사람이 한 명씩은 꼭 있지 않나요? 게 중에도 배불리 먹는다기보다는 세상의 모든 음식에 관심을 가지고 맛을 즐기는 게 생활의 작은 기쁨이자 취미인 사람이 있지요. 그런 사람을 우리는 '식도락가' 또는 '미식가'라고 하는데요. 이를 영어로는 foodie라고 한답니다. 그래서 '난 미식가야.'라고 할 때는 I'm a foodie. '넌 미식가구나. 넌 미식가잖아.'라고 할 때는 You're a foodie. 맛집 추천은 바로 이런 미식가 친구에게 받아야 제 맛이죠.

I'm a foodie.

Delores Why are you so obsessed with this dish?

이 요리에 왜 그렇게 집착해?

Wayne I'm a foodie by nature. I love everything food.

내가 타고난 미식가잖아. 난 음식이라면 다 너무 좋아.

Sydney I'm such a foodie.

난 진짜 미식가야.

Alexa I can tell. You're in love with all the food.

알아. 넌 모든 음식이랑 사랑에 빠져 있잖아.

---

be obsessed with (병적일 정도로) ~에 집착하다   **by nature** 본래, 선천적으로   **I can tell.** 알아. (여기서 tell은 '알아보다, 분간하다'는 의미)   **be in love with** ~와 사랑에 빠지다

🎧 45-1.mp3

Where can I ~?

[웨얼캐나이]

어디서 ~할 수 있어요?

'~해도 돼요? ~할 수 있어요?'라는 말은 Can I ~?로 물어보면 된다고 했던 거, 기억나죠? 오늘은 이 Can I 앞에 의문사 Where를 넣은 Where can I ~? 패턴을 연습해 봅니다. 뭔가를 **어디서 할 수 있는지 해도 되는 장소를 문의할 때** 간편하게 쓸 수 있는 패턴이죠. '**어디서 ~하면 돼요? 어디서 ~할 수 있어요?**'라는 의미로, Where can I **뒤에는 동사원형**을 말해주세요.

---

1   어디서 **계산하면** 돼요?

Where can I pay?

[웨얼캐나이 페이]

---

2   어디서 **지하철을 탈 수** 있어요?

Where can I get on the subway?

[웨얼캐나이 게론더썹웨이]

---

3   그 행사 입장권은 어디서 살 수 있어요?

Where can I buy a ticket to the event?

[웨얼캐나이 바야티킷투디이벤ㅌ]

> *
> '금고 열쇠'는 a key to the safe라고 하고, '행사 입장권'은 a ticket to the event라고 합니다. 이때 전치사 to를 쓴다는 점에 주목해 주세요.

---

4   제 짐들은 어디서 **찾아가면** 돼요?

Where can I pick up my bags?

[웨얼캐나이 피컵마이배액ㅆ]

---

5   제 면세품들은 어디서 찾아가면 돼요? (면세품 찾는 곳이 어디죠?)

Where can I pick up my duty-free items?

[웨얼캐나이 피컵마이 듀디프리 아이름ㅆ]

> *
> pick up은 서비스를 맡긴 제품이나 구입한 제품을 '찾아가다'는 뜻으로도 자주 쓰이는 표현입니다.

---

2 get on (버스, 지하철, 비행기 등에) 타다   **3 a ticket to the event** 그 행사 입장권   **5 duty-free item** 면세품

1 계산하겠습니다

A   어디서 계산하면 돼요?

Where can I pay?

B   저기 앞쪽에 있는 계산대에서요.

Over at the cashier at the front.

> *
> cashier는 '계산대에 있는 계산원'을 말하죠. '계산대에서' 계산하면 된다고 답할 때는 계산대라는 말을 어렵게 찾을 필요 없이 그냥 **at the cashier**라고 하면 됩니다.

2 지하철역을 찾고 있어요

A   어디서 지하철을 탈 수 있어요?

Where can I get on the subway?

B   여기서 남쪽으로 두 블록 가면 탈 수 있어요.

Two blocks south of here.

3 입장권을 구입하고 싶어요

A   그 행사 입장권은 어디서 살 수 있어요?

Where can I buy a ticket to the event?

B   행사 주최측 사이트에서요.

From the website of the event's organizer.

4 짐을 찾아야 합니다

A   제 짐들은 어디서 찾아가면 돼요?

Where can I pick up my bags?

B   가게 입구에서요.

At the entrance to the store.

2 **south** 남쪽으로   3 **organizer** 주최측   4 **entrance** 입구

A 제 면세품들은 어디서 찾아가면 돼요?

Where can I pick up my duty-free items?

B 아, 여기서 직접 가져갈 수 있어요.

Oh, you can take them directly from here yourself.

5 **directly** 직접, 곧바로 | **yourself** 이 말은 생략해도 충분히 의미 전달이 되지만, '네가 직접'이란 의미를 더욱 강조하기 위해 붙인 것

영어회화 늘리기

🎧 45-3.mp3

1 이 의자 어디에 두면 돼요?

Where can I put this chair?

2 어디서 공항버스를 탈 수 있어요?

Where can I get on the airport bus?

3 공항행 표는 어디서 구입할 수 있어요?

Where can I get a ticket to the airport?

4 어디서 우편물을 찾을 수 있죠?

Where can I find my mail?

5 분실물 보관소는 어디서 찾을 수 있어요?

Where can I find the lost and found?

1 두다, 놓다 **put** 2 공항버스 **airport bus** 3 ~로 가는 표를 구입하다 **get a ticket to + 장소/지역** 4 우편물 **mail**
5 분실물 보관소 **lost and found**

Where was I?

[웰워자이]

어디까지 얘기했죠?

직역하면 '내가 어디에 있었지?'가 되지만 실제로 이렇게는 잘 사용하지 않아요. 한창 상대방에게 무슨 이야기를 하고 있는데, 중간에 다른 일로 이야기가 끊겼어요. 급히 다른 일을 보고는 돌아와서 이야기를 계속 이어가려고 합니다. 그럴 때 '내가 어디까지 얘기했더라? 내가 어디까지 얘기했죠?'라며 다시 이야기를 이어나가는 경우 있잖아요. 그때 쓰는 표현이 바로 Where was I?랍니다. '우리 어디까지 얘기했죠?'라며 Where were we?라고 해도 좋아요.

Where was I?

Jack
Hold on, I got another call coming in. I'll be right back.
잠시만요, 다른 전화가 와서요. 금세 받고 올게요.

Selena
No worries. Take your time.
괜찮습니다. 천천히 받으세요.

Jack
I'm sorry to keep you waiting. By the way, where was I?
기다리게 해서 죄송합니다. 그나저나 제가 어디까지 얘기했었죠?

Stella
Sorry about that other call. Where was I?
다른 전화 받느라 미안해. 내가 어디까지 얘기했지?

Andrew
You were talking about your boss.
너희 상사에 대해 이야기하고 있었어.

Hold on. 여기서는 '전화 끊지 말고 잠시만 기다려 달라'는 의미   **Take your time.** 천천히 하세요. (서두르지 말고 충분히 시간을 갖고 하라는 의미에서 하는 말)   **keep someone waiting** ~를 계속 기다리게 하다   **by the way** 그나저나

Where did you ~?

어디서 ~했니?

[웨얼디ㄷ유 → 웨얼디쥬/웨어리쥬]

'언제 ~했니?'는 When did you ~?라고 연습했잖아요. 그럼 **'어디서 ~했니?'**는 When을 Where로만 바꿔주면 되겠네요. 너무 쉽죠? **과거 어디서 있었던 일인지** 혹은 **어디서 했던 일인지**, 그 '곳'을 알고 싶다면 Where did you ~?로 말을 시작하세요. 물론 Where did you **뒤에는 동사원형**으로 구체적인 내용을 이어주면 됩니다.

---

1 지난밤에 어디 갔었니?

Where did you **go last night?**

[웨어리쥬 고우 래슷나잍]

* **Where did you**는 연음되어 [웨얼디쥬] 혹은 [웨어리쥬]로 발음될 때가 많죠.

---

2 재킷 어디서 샀어?

Where did you **get your jacket?**

[웨얼디쥬 겥유얼재킷]

---

3 춤은 어디서 배웠니?

Where did you **learn to dance?**

[웨어리쥬 러언투대앤ㅅ]

---

4 이 정보는 어디서 얻었니?

Where did you **get this information?**

[웨얼디쥬 겥디ㅆ 인풜메이션]

---

5 남자친구는 어디서 처음 만났어?

Where did you **meet your boyfriend?**

[웨어리쥬 밑유얼 보이프뤤ㄷ]

* 만남에는 언제나 처음이 있기 마련. 누군가를 언제, 어디서 처음 만난 거냐고 물어볼 때는 '처음'이란 말을 따로 쓸 필요 없이 그저 meet만 쓰면 됩니다.

---

3 learn to V ~하는 것을 배우다   **5 meet** ~를 처음 만나다

1 지난밤 네가 어디에 있었는지 나는 모른다

A　지난밤에 어디 갔었니?

Where did you go last night?

B　곧장 집에 갔어. 너무 피곤해서.

I went straight home. I was exhausted.

2 이야, 재킷 이쁘네

A　재킷 어디서 샀어?

Where did you get your jacket?

B　인터넷에서 싸게 샀어!

I got it online for a bargain!

3 이야, 춤 잘 추는구나

A　춤은 어디서 배웠니?

Where did you learn to dance?

B　유튜브에 있는 동영상을 봤어.

I watched videos on YouTube.

＊
'동영상' 하면 복잡하게 생각
할 필요 없어요. 그냥 video
라고 하면 됩니다. 유튜브의
동영상을 이것저것 보면서
춤을 배웠을 테니 여기서는
복수형 videos로 썼네요.

4 이런 걸 어떻게 알았대?

A　이 정보는 어디서 얻었니?

Where did you get this information?

B　내가 완전히 믿는 어떤 사람한테서.

From someone I completely trust.

---

1 **go straight** 곧장 가다 | **exhausted** 너무 피곤한, 녹초가 된　2 **online** 인터넷에서, 인터넷으로 | **for a bargain** 싼값에

A 남자친구는 어디서 처음 만났어?

Where did you meet your boyfriend?

B 작년 회사 행사에서.

At a corporate event last year.

5 **corporate** 회사

↖↗ 영어회화 늘리기
↙↘

🎧 46-3.mp3

1 어젯밤에 어디서 잤어?

Where did you **sleep last night?**

2 그 책 어디서 났어?

Where did you **get that book?**

3 일본어는 어디서 배웠니?

Where did you **learn Japanese?**

4 열쇠 어디다 뒀어?

Where did you **put the key?**

5 이 동네로 이사오기 전에는 어디서 살았어?

Where did you **live before moving to this neighborhood?**

2 돈을 지불하고 구입하는 경우, 친구에게서 받은 경우, 또는 다른 경로를 통해 얻는 경우 모두 동사 get을 쓸 수 있음

5 ~로 이사하다 **move to** + 장소/지역

Money talks.
[머니터억ㅅ]

돈이면 다 돼.

살다 보면 주변에서든 한 다리 건너 기사를 통해서든 돈이면 뭐든 다 되는 상황들을 끊임없이 목격하게 됩니다. 자본주의 세상이니까요. 영화나 TV 드라마 중에도 이런 세상을 비판하는 내용을 다루는 경우가 많죠. 이렇게 '돈이면 다 된다.' '돈이 최고다.'라는 말을 영어로는 Money talks. '돈이 이야기한다.'라는 식으로 표현합니다. 막강한 돈의 힘을 단적으로 아주 임팩트 있게 드러내는 표현인 거죠. 재미있는 표현이죠?

Jin
I don't understand how he can date such a pretty girl?
어떻게 걔가 그런 예쁜 여자랑 데이트를 할 수 있는 거지?

Haily
Money talks.
돈이 최고긴 한가 봐.

Amy
I heard that he was found not guilty.
그가 무죄 판결을 받았다고 들었어.

Irene
I can't believe it!
믿을 수가 없어!

Amy
Money talks.
돈이면 다 되잖아. (유전무죄 무전유죄인 거지.)

I don't understand how 주어 + can ~ 어떻게 ~할 수가 있는지 이해가 안 된다　**be found guilty** 유죄 판결을 받다
be found not guilty 무죄 판결을 받다

208

Where is the best place to ~?

~하기 제일 좋은 곳이 어디니?

[웨얼이ㅈ더 베슬플레이쓰투]

the best place to V는 '~하기 제일 좋은 곳'이란 의미이죠. 따라서 **Where is the best place to ~?** 하면 뭔가를 하기 제일 괜찮은 장소를 묻는 표현이 됩니다. '~하기 제일 좋은 곳이 어디니?', '~하려면 어디가 제일 좋니?', '제일 ~할 만한 곳이 어디니?' 등과 같은 우리말에 해당되죠. 맛집이나 관광지 등을 추천받고 싶을 때도 유용하게 쓸 수 있는 패턴입니다.

---

1 제일 가볼 만한 곳이 어디야?

Where is the best place to go?

[웨얼이ㅈ더 베슬플레이쓰투 고우]

---

2 해산물을 먹으려면 어디가 제일 좋니? (해산물 맛집이 어디니?)

Where is the best place to enjoy seafood?

[웨얼이ㅈ더 베슬플레이쓰투 인죄이 씨이푸ㄷ]

> *
> '즐긴다'는 개념의 enjoy는 음식을 '즐기면서 맛있게 먹는다'고 할 때도 애용되는 동사입니다.

---

3 기념품을 사려면 어디가 제일 좋니?

Where is the best place to buy souvenirs?

[웨얼이ㅈ더 베슬플레이쓰투 바이 쑤웁니얼ㅆ]

---

4 이 근처에서 택시 잡기 제일 좋은 곳이 어디야?

Where is the best place to find a taxi around here?

[웨얼이ㅈ더 베슬플레이쓰투 파인더택씨 어라운더히얼]

---

5 시드니에서 제일 살기 좋은 곳은 어디야?

Where is the best place to live in Sydney?

[웨얼이ㅈ더 베슬플레이쓰투 리뷘씬니]

---

3 **souvenir** 기념품   4 **around here** 이 근처에서

 **스토리텔링 훈련**

🎧 47-2.mp3

1 관광지 추천 부탁해

A 제일 가볼 만한 곳이 어디야?

Where is the best place to go?

B 서울에 있는 궁이면 다 좋을 것 같아.

I'd say any of the royal palaces in Seoul.

> ＊
> **I'd say ~**는 '나라면 ~라고 말하겠어'라는 어감을 띠는 표현으로, '내 생각에는 ~인 것 같아'라는 의미로 쓰는 표현입니다.

2 해산물 맛집 추천 부탁해

A 해산물을 먹으려면 어디가 제일 좋니?

Where is the best place to enjoy seafood?

B 샌프란시스코에서? 피셔맨스 와프지!

In San Francisco? Fisherman's Wharf!

3 기념품 가게 추천 부탁해

A 기념품을 사려면 어디가 제일 좋니?

Where is the best place to buy souvenirs?

B 아마 공항일 거야. 거기 가면 종류가 엄청 많으니까.

Probably the airport. They have a huge selection.

4 택시 잡기 좋은 곳 추천 부탁해

A 이 근처에서는 택시 잡기 제일 좋은 곳이 어디야?

Where is the best place to find a taxi around here?

B 안전하게 하려면 콜하는 것이 좋을 거야.

You should call one just to be safe.

> ＊
> **You should ~**는 '~하는 게 좋을 거야'라며 상대에게 뭔가를 부드럽게 제안하거나 권할 때 애용되는 표현입니다. should가 조동사니까 뒤에는 동사원형이 오죠.

3 have a huge selection 종류별로 선택할 수 있는 게 엄청 많다   **4 You should ~** ~하는 게 좋을 거야, ~하렴, ~하세요 | **call** ~을 부르다

A 시드니에서 제일 살기 좋은 곳은 어디야?

Where is the best place to live in Sydney?

B 킹스 크로스 근처면 어디든지 아주 좋아.

Anywhere around Kings Cross is exciting.

* '~ 근처면 어디든 괜찮다'는 식의 말은 Anywhere around ~ is fine.과 같이 씁니다. 대화 속 exciting처럼 형용사 fine은 상황에 따라 알맞은 형용사로 바꿔주면 되죠.

5 **exciting** 신나고 재미있는, 흥미진진한 (여기서는 흥미진진하고 아주 재미있는 동네라서 좋다는 어감으로 한 말)

⤢ 영어회화 늘리기

🎧 47-3.mp3

1 공부하기 제일 좋은 장소가 어디야?

Where is the best place to **study**?

2 현지 음식을 맛 보려면 어디가 제일 좋아요?

Where is the best place to **enjoy some local food**?

3 신선한 빵을 사려면 어디가 제일 좋니?

Where is the best place to **buy fresh bread**?

4 뮤지컬 티켓을 제일 싸게 구할 수 있는 곳이 어디야?

Where is the best place to **get tickets for a musical**?

5 캐나다에서 제일 살기 좋은 곳은 어디야?

Where is the best place to **live in Canada**?

2 현지 음식 **local food**　3 신선한 **fresh**　4 (일반적으로) 뮤지컬 표를 구하다 **get tickets for a musical** (특정 뮤지컬 표를 구하는 게 아니라 보통 일반적으로 뮤지컬 표를 구한다고 할 때 씀)

Let's dig in.
[렛ㅊ디긴]

어서 먹자.

'먹자.' '밥 먹자.' 하면 Let's eat.이 가장 먼저 떠오를 텐데요. 아주 간단한 표현이기도 하고요. 원어민들은 캐주얼하게 Let's dig in.이라는 표현 또한 자주 사용한답니다. dig는 무언가를 '파다'는 의미로, 수북이 쌓인 밥을 수저를 푹 넣어 퍼먹는 모습을 연상하면 dig in이라는 표현의 이미지가 좀 더 쉽게 와 닿을 거예요. 맛있는 음식을 눈앞에 뒀을 때 '자, 어서 먹어보자.'라며 Let's dig in.을 사용해 보세요.

Let's dig in.

Davis Look how much food they delivered!
와, 이 많은 음식 배달된 것 좀 봐!

Andrea Let's dig in!
어서 먹자!

Sally Let's dig in to this delicious food.
맛있겠다. 어서 먹자.

Marcus Hold on. Let me get some cutlery first.
잠깐만. 포크랑 나이프 좀 갖고 올게.

Hold on. 잠깐만 기다려 주세요.　**cutlery** 포크, 나이프, 수저 같은 류의 식기를 가리키는 말

Where is the nearest ~?

제일 가까운 ~이 어디예요?

[웨얼이ㅈ더 니어뤼슷ㅌ]

여행지에서 운전 중에 자동차의 기름이 다 떨어져요. 그러면 얼른 제일 가까운 주유소를 찾아야겠죠? 그럴 때 Where is the nearest 뒤에 gas station(주유소)만 딱 붙여서 물어보세요. 소기의 목적을 달성할 수 있습니다. 이처럼 Where is the nearest ~?는 '**제일 가까운 ~이 어디냐?**'는 뜻으로, **초행길에 급하게 특정 장소를 찾아야 할 때** 유용한 표현이죠. **뒤에는 찾는 장소를 명사로** 말해주세요.

---

1 제일 가까운 **지하철역**이 어디예요?
Where is the nearest subway station?
[웨얼이ㅈ더 니어뤼슷ㅌ 썹웨이스[떼이션]

---

2 제일 가까운 **버스정류장**이 어디예요?
Where is the nearest bus stop?
[웨얼이ㅈ더 니어뤼슷ㅌ 버스땁]

---

3 여기서 제일 가까운 **주차장**이 어디예요?
Where is the nearest parking lot around here?
[웨얼이ㅈ더 니어뤼슷ㅌ 파알킹랏 어롸운ㄷ히얼]

---

4 제일 가까운 **백화점**이 어디예요?
Where is the nearest department store?
[웨얼이ㅈ더 니어뤼슷ㅌ 디파알ㅌ먼스또얼]

---

5 제일 가까운 **화장실**이 어디예요?
Where is the nearest restroom?
[웨얼이ㅈ더 니어뤼슷ㅌ 뤠스ㅌ루움]

---

1 subway station 지하철역 **2 bus stop** 버스 정류장 **3 parking lot** 주차장 **4 department store** 백화점 **5 restroom** 화장실

스토리텔링 훈련

---

1 가까운 지하철역 찾기

A 제일 가까운 지하철역이 어디예요?

Where is the nearest subway station?

B 여기서 죽 가다가 모퉁이에서 오른쪽으로 돌면 바로 나와요.

Keep going straight and turn right at the next corner. You can't miss it.

> **
> 이렇게 저렇게 가라고 길을 알려준 다음에 You can't miss it.을 곧잘 덧붙이는데요. 놓칠 수가 없다는 말은 '쉽게 찾을 수 있다', 즉 '찾는 곳이 바로 눈에 띌 거다'라는 의미이죠.

---

2 가까운 버스정류장 찾기

A 제일 가까운 버스정류장이 어디예요?

Where is the nearest bus stop?

B 8번가와 16번가 사이에 있어요.

At 8th and 16th.

---

3 가까운 주차장 찾기

A 여기서 제일 가까운 주차장이 어디예요?

Where is the nearest parking lot around here?

B 아, 여기서 동쪽으로 두 블록 정도 가면 하나 있는 것 같아요.

Ah, I think there's one a couple of blocks east of here.

---

4 가까운 백화점 찾기

A 제일 가까운 백화점이 어디예요?

Where is the nearest department store?

B 여기서 택시로 30분 정도 가면 있을 걸요.

Probably 30 minutes by cab from here.

---

1 **keep going** 죽 계속 가다 | **straight** 곧장, 똑바로 | **turn right** 오른쪽으로 돌다   3 **a couple of** 두어 개의 | **east** 동쪽으로   4 **cab** 택시

A 제일 가까운 화장실이 어디예요?

Where is the nearest restroom?

B 이 공원 뒤편에 하나 있어요.

There's one at the back of the park.

⤡ 영어회화 늘리기

🎧 48-3.mp3

1 제일 가까운 택시 승강장이 어디예요?

Where is the nearest **taxi stand**?

2 제일 가까운 주유소가 어디예요?

Where is the nearest **gas station**?

3 이 근처에서 제일 가까운 ATM 기계 어디 있어요?

Where is the nearest **ATM around here**?

4 제일 가까운 편의점이 어디예요?

Where is the nearest **convenience store**?

5 제일 가까운 약국이 어디예요?

Where is the nearest **pharmacy**?

1 택시 승강장 **taxi stand**   2 주유소 **gas station**   3 ATM 기계 **ATM** (Automatic Teller Machine의 줄임말로, '현금 자동 입출금기'를 의미)
4 편의점 **convenience store**   5 약국 **pharmacy**

215

You made my day.

덕분에 기분이 좋아졌어요.

[유메이ㄷ 마이데이]

You made my day. '네가 나의 날을 만들어줬어.' 즉 '네 덕분에 오늘 내가 너~무 행복하고 기분이 좋아.'라는 의미입니다. 상대방으로 인해 나의 하루가 특별해졌다는 의미인 거죠. 보통 칭찬을 듣거나 기분 좋은 이야기를 들었을 때, 뜻밖의 선물을 받았을 때 등, 이럴 때 고마움을 나타내며 쓰는 표현이에요. 단순히 Thank you.라고 답하는 것보다 You made my day.를 쓰면 상대방도 덩달아 기분이 좋아져서 자꾸만 더 잘해주고 싶은 마음이 새록새록 들 거예요.

You made my day.

Steven You look so beautiful today!

당신 오늘 정말 아름다워요!

Anna You made my day.

덕분에 기분이 좋아졌어요.

Nick It's the necklace you wanted. Do you like it?

당신이 갖고 싶어 했던 목걸이야. 맘에 들어?

Nichole I love it. You made my day!

너무 마음에 들어. 당신 덕분에 오늘 너무 행복해!

You look so + 상태형용사 너 너무 ~해 보인다   **necklace** 목걸이

What is your ~?

(당신의) ~는 뭐예요/어떻게 돼요?

[왈이ㅈ유얼 → 와리쥬얼]

상대방의 정보를 파악할 때 아주 유용한 패턴입니다. 간단하게 이름이나 전화번호를 묻는 표현부터 취향이나 의견을 묻는 표현까지 다양하게 사용될 수 있죠. What is your **뒤에는 상대방에 대해 알고 싶은 정보를 명사로** 말해주세요. What is를 줄여서 What's your ~?라고 해도 됩니다. 아주 간단하지만 활용도 높은 패턴이니 편하게 쓸 수 있도록 연습해 두세요.

---

1 이름이 뭐예요?

What is your name?

[와리쥬얼네임]

---

2 전화번호가 어떻게 돼요?

What is your phone number?

[와리쥬얼 포운넘벌]

---

3 이번엔 무슨 변명을 하려고?

What is your excuse this time?

[와리쥬얼 익쓰큐우ㅈ 디ㅆ타임]

＊
이런 식으로 상대를 질타하거나 비꼴 때도 사용할 수 있습니다.

---

4 이 사안에 대한 의견이 어떻게 되세요? (이 사안에 대해 어떻게 생각하세요?)

What is your opinion on this issue?

[와리쥬얼 어피니언 언디ㅆ쓔]

---

5 제일 좋아하는 TV 프로그램이 뭐야?

What is your favorite TV show?

[와리쥬얼 풰이붜맅 티이뷔이쇼우]

＊
favorite는 '제일 좋아하는'이란 의미로, 〈What is your favorite + 명사?〉 하면 '제일 좋아하는 ~이 뭐냐?'며 상대의 기호를 묻는 질문이 됩니다.

---

3 **excuse** 변명 | **this time** 이번에는   4 **issue** 사안, 문제

1 너의 이름은

A   이름이 뭐예요?

What is your name?

B   마이클이에요. 그냥 마이크라고 부르세요.

Michael, but you can call me Mike.

> * 처음 만난 사람에게 좀 더 친근하고 편한 이름으로 자신을 불러도 된다고 얘기해 줄 때 You can call me ~ 를 씁니다.

2 전화번호가 필요합니다

A   전화번호가 어떻게 돼요?

What is your phone number?

B   휴대폰 번호요, 아님 집전화요?

My cell phone number or landline?

3 또 어떤 변명이 나올지 기대된다 기대돼

A   이번엔 무슨 변명을 하려고?

What is your excuse this time?

B   자동차 사고를 당했다고!

I got in a car accident!

4 의견이 궁금합니다

A   이 사안에 대한 의견이 어떻게 되세요?

What is your opinion on this issue?

B   솔직히 아직 잘 모르겠습니다.

To be honest, I'm still not sure.

---

2 **landline** 유선전화 (여기서는 '집전화'를 의미)   3 **get in a car accident** 자동차 사고를 당하다   4 **to be honest** 솔직히 말해

A 제일 좋아하는 TV 프로그램이 뭐야?

What is your favorite TV show?

B 콕 집어 말하기 어려운데. 아마도 '프렌즈' 같아.

That's a tough one. Maybe *Friends*.

✳ That's a tough one.(그거 어렵네.)은 대답하기 어려운 질문을 받았을 때 애용되는 답변입니다.

⤡ 영어회화 늘리기

🎧 49-3.mp3

1 계좌번호가 어떻게 되시죠?

What is your account number?

2 묵고 계신 객실 호수가 어떻게 되시죠?

What is your room number?

3 신발 사이즈가 어떻게 되세요?

What is your shoe size?

4 그 여자의 단호한 결정에 대해 의견이 어떠세요?

What is your opinion on her firm decision?

5 제일 좋아하는 커피 브랜드가 뭐야?

What is your favorite coffee brand?

---

1 계좌번호 account number 2 객실 호수 room number 3 신발 사이즈 shoe size 4 단호한 firm | 결정 decision

You name it.
[유네이밑]

뭐든 말만 해. 아무거나 말해보세요.

You name it. 여기서 name은 '이름'이라는 뜻의 명사가 아니라 동사로 쓰였구나 하는 건 금세 알 수 있죠. 네, 그래요. name은 동사로 '이름을 지어주다'라는 의미로도 쓰이고 '지명하다'라는 의미로도 쓰이죠. 따라서 You name it. 하면 '네가 그것을 지명한다.' 즉 '넌 그냥 지명만 해봐, 내가 네가 말하는 대로 다 해줄 테니.'라는 의미가 돼요. 어떤 요청도 다 들어주겠다는 최고의 선물 표현이죠. 또, 어떤 분야에서 '내가 웬만한 건 다 해봐서 아는데 말만 해. 다 알려줄 테니.'라는 느낌으로도 쓴답니다.

You name it.

Sean	Dad, I'm getting a scholarship!
	아빠, 저 장학금을 받는데요!

Richard	Congratulations. I'm so proud of you. Is there anything you want? Just name it.
	축하해. 네가 참 자랑스럽구나. 갖고 싶은 거 있니? 뭐든 말만 해.

Miranda	You look great today. How did you lose so much weight?
	오늘 되게 멋져 보인다. 어떻게 살을 그렇게 많이 뺐어?

Sarah	I've tried almost every diet. You name it. I finally found one that worked.
	다이어트란 다이어트는 거의 다 해봤지. 말만 해. 내가 효과 만점인 다이어트를 드디어 찾아냈으니까.

get a scholarship 장학금을 받다 **Congratulations.** 축하해. (항상 복수형으로 쓴다는 사실에 주의)
be proud of ~를 자랑스럽게 여기다 **lose weight** 살을 빼다 **work** 효과가 있다, 잘 듣다

What do you think of ~?

~에 대해 어떻게 생각해?

[왙두유띵꿉/와루유띵꿉]

시시각각 다양한 일들로 누군가의 의견이나 생각을 들어보고 싶은 경우들이 수시로 생기는데요. 그럴 때 영어로는 What do you think of ~?를 활용하세요. **상대의 생각이나 의견을 묻는 가장 기본적인 표현**입니다. of는 전치사니까 **뒤에는 명사**를 쓰죠. '~하는 것에 대해 어떻게 생각해?'라며 of 뒤에 동사를 쓰고 싶다면 **-ing형(동명사)으로 바꿔서 써야 한다**는 건 잘 알고 있죠?

---

1 그 남자에 대해 어떻게 생각해?

What do you think of him?

[왙두유띵꿉힘]

---

2 내 계획/기획(안) 어떤 것 같아?

What do you think of my plans?

[왙두유띵꿉 마이플랜ㅈ]

---

3 이 아이디어에 대해 어떻게 생각해요?

What do you think of this idea?

[와루유띵꿉 디싸이디어]

---

4 아이 입양하는 거 어떻게 생각해?

What do you think of adopting a baby?

[왙두유띵꿉 어답팅어베이비]

---

5 그 애가 시드니로 이사 가는 거 어떻게 생각해?

What do you think of her moving to Sydney?

[와루유띵꿉헐 무뷘투씬니]

---

*

What do you는 말하는 사람에 따라, 또는 그때그때 입에서 튀어나오는 대로 [왙두유]라고 제대로 발음하기도 하고, [와루유]라고 부드럽게 발음하기도 합니다.

4 **adopt** 입양하다 5 **move to** ~로 이사 가다

---

1 관심 가는 남자가 있다, 괜찮은 사람일까?

A 그 남자에 대해 어떻게 생각해?

What do you think of him?

B 괜찮은 사람인 거 같아.

I think he's a nice guy.

✳
생각을 묻는 질문에는 이처
럼 I think ~로 대답을 하는
경우가 많죠. 뒤에는 생각하
는 내용을 문장으로 말해주
면 됩니다.

---

2 열심히 만들어봤습니다

A 제 기획안 어떤 것 같아요?

What do you think of my plans?

B 아주 잘 짠 것 같아요.

They seem extremely well organized.

---

3 이런 아이디어 어떤지

A 이 아이디어에 대해 어떻게 생각해요?

What do you think of this idea?

B 뭔가 살짝 좀 고쳐야 할 것 같아요.

I think it could use some tweaking.

---

4 우리, 아이 입양할까?

A 아이 입양하는 거 어떻게 생각해?

What do you think of adopting a baby?

B 음… 정말 솔직히 말하는 건데, 잘 모르겠어.

Hmm…I'm not sure to be completely honest.

---

2 **extremely** 대단히 | **organized** 기획된, 짜여진　3 **could use A** A가 필요하다. (필요하니까) A가 있으면 좋겠다 | **tweak** 살짝 수정하다

A 그 애가 시드니로 이사 가는 거 어떻게 생각해?

What do you think of her moving to Sydney?

B 아주 잘한 결정인 것 같아!

I think it's a fabulous decision!

5 **fabulous** 굉장히 좋은, 멋진

↖↗ 영어회화 늘리기
↙↘

🎧 50-3.mp3

1 그 여자의 그림에 대해 어떻게 생각해?

What do you think of her painting?

2 내 새 스타일 어떤 거 같아?

What do you think of my new style?

3 이 마케팅 전략에 대해 어떻게 생각해요?

What do you think of this marketing plan?

4 전공을 언어학에서 심리학으로 바꾸는 거 어떻게 생각해?

What do you think of changing your major from linguistics to psychology?

5 앤디가 미국으로 이민 가는 거 어떻게 생각해?

What do you think of Andy emigrating to the U.S.?

3 마케팅 전략[계획] **marketing plan**   4 전공을 바꾸다 **change one's major** | 언어학 **linguistics** | 심리학 **psychology**
5 ~로 이민 가다 **emigrate to**

Where are my manners? 내 정신 좀 봐.
[웨얼어 마이매널ㅅ]

'내 매너가 어디 갔지?' 어떤 상황인지 얼추 상상이 가지 않나요? 각자 하나씩 음식을 갖고 오는 팟럭파티 (potluck party)에 어디다 정신 줄을 놓고 왔는지 깜빡하고 음식을 안 챙겨왔단 말이죠. 이건 팟럭파티에 대한 예의가 아녜요. 바로 이럴 때 '아, 내 정신 좀 봐.' '아 이런, 내가 예의 없게 이게 뭐람.'이란 의미로 하는 말이랍니다. my를 you로 바꿔 Where are your manners? 라고 하면 무례를 범한 상대에게 '매너 좀 지켜주세요.' '매너를 밥 말아 드셨나요?'라는 의미로 쓸 수 있어요.

Where are my manners?

Jason
This is a potluck party.
이 파티는 팟럭 파티라고

Judy
Oh! Where are my manners?
I'm sorry I came empty-handed.
아! 내 정신 좀 봐. 빈손으로 와서 미안해.

Justine
This seat is for pregnant women.
Where are your manners?
이 좌석은 임산부 전용 좌석입니다. 매너 좀 지켜주세요.

Sam
Oh! I'm sorry. I didn't know that.
아! 죄송합니다. 몰랐습니다.

---

potluck party 각자 하나씩 먹을 것을 갖고 와서 여는 파티   **empty-handed** 빈손인   **pregnant women** 임산부

What if ~?
[와맆]

~하면 어떡하지?

아직 일어나지 않은 상황을 가정하는 표현으로 염려나 걱정을 나타낼 때 주로 사용하는 패턴이에요. '~하면 어떡하지? ~하면 어쩌지?'란 의미이죠. What if 뒤에는 걱정하는 내용을 문장(주어 + 동사)으로 말해주면 됩니다. 우리가 걱정하고 있는 일들의 대부분이 실제로 일어날 확률은 그리 높지 않다고 해요. 걱정을 조금 내려놓고 순간 순간 최선을 다하고 즐겨보는 건 어떨까요?

1
표를 구하지 못하면 어떡하지?
What if I can't get a ticket?
[와리파이 캐앤ㅌ 게러티킽]

2
제시간 안에 못 가면 어떡하지?
What if I don't make it in time?
[와리파이 도운ㅌ 메이킬인타임]

> *
> on time이나 in time은 우리말로 둘 다 '제때(에)'라고 쓸 때가 많은데요. on time은 정해진 시간에 '엄격하게 딱 맞춰'라는 의미이고, in time은 '정해진 시간에 늦지 않게'라는 의미랍니다. 구분하세요.

3
물에 빠지면 어떡해?
What if I fall into the water?
[와리파이 풔올린투더 워럴]

4
그 남자가 나타나지 않으면 어떡해?
What if he doesn't show up?
[와리퓌 더즌ㅌ 쇼우업]

5
오늘 오후에 비가 오면 어떡해?
What if it rains this afternoon?
[와리퓔레인ㅅ [ㅆ엩털눈]

---

2 **make it** (약속장소에 탈없이) 도착하다 | **in time** 제때, 제시간 안에   4 **show up** (약속장소에) 나타나다

5 **this afternoon** 오늘 오후에 (*cf.* **this morning** 오늘 아침에 | **this evening** 오늘 저녁에)

1 이번 명절엔 꼭 가야 하는데

A 표를 구하지 못하면 어떡하지?

What if I can't get a ticket?

B 그러면 인터넷으로 예매 가능한지 한번 봐.

Then see if you can get one online.

---

2 아, 차 왜 이리 밀려

A 제시간 안에 못 가면 어떡해?

What if I don't make it in time?

B 그건 문제가 안 돼. 그냥 여기 최대한 빨리 도착하기만 하면 돼.

That's not a problem. Just get here ASAP.

---

3 물놀이 가기도 전에 걱정이 팔자

A 물에 빠지면 어떡해?

What if I fall into the water?

B 괜찮을 거야. 걱정 마.

You'll be fine. Don't worry.

---

4 계획을 짤 땐 언제나 플랜B까지

A 그 남자가 나타나지 않으면 어떡해?

What if he doesn't show up?

B 그 경우에 대비해 새로운 계획을 세워야겠네.

In that case, we'll have to come up with a new plan.

---

1 **see if 주어 + 동사** ~인지 확인해보다   2 **ASAP** 가능한 한 빨리 (as soon as possible의 약어)   4 **in that case** 그런 경우라면, 그런 경우에 대비해 | **come up with** (아이디어 등을) 생각해내다

5 미리 준비해서 나쁠 거 있나

A 오늘 오후에 비가 오면 어떡해?

What if it rains this afternoon?

B 그러니까 우산을 가져가야지.

That's why you have to carry an umbrella.

5 **That's why 주어 + 동사** 그래서[그러니까] ~하는 거야 | **That's why you have to V** 그래서 ~해야 하는 거야, 그러니까 ~해야지

⤢ 영어회화 늘리기

🎧 51-3.mp3

1 대출을 못 받으면 어떡하지?

What if I can't get a loan?

2 열쇠를 못 찾으면 어떡하지?

What if I can't find the key?

3 시험에 떨어지면 어떡해?

What if I fail the test?

4 우리 부모님이 알게 되면 어떡해?

What if my parents know that?

5 오늘밤에 눈이 오면 어떡해?

What if it snows tonight?

1 대출을 받다 **get a loan**   4 대화 당사자간에 무엇을 두고 하는 말인지 아는 경우, 우리말은 보통 목적어 없이 말하지만, 영어에서는 그 무엇을 that이나 it으로 받아 목적어를 언급해주는 게 보통임

227

It takes two to tango.

손뼉도 마주쳐야 소리가 나는 법. 둘 다 똑같아.

[잍테잌스투두탱고우]

It takes two to tango. '탱고를 추려면 두 사람이 필요하다'는 건데요. 이 말은 '어떤 일이든 일방적인 경우는 없다. 책임은 두 사람 모두에게 있다.' '둘 다 똑같다.'라는 의미랍니다. 탱고는 혼자서 출 수 있는 춤이 아니라 반드시 파트너가 필요한 춤이니까요. 우리 속담에 '손뼉도 마주쳐야 소리가 난다.'는 말이 있는데요. 바로 여기에 똑 떨어지는 영어 표현이죠.

It takes two to tango.

Doug You were supposed to pick up the gift.

네가 선물을 찾아오기로 했잖아.

Ashley And you were supposed to pick me up earlier.
It takes two to tango, you know.

그리고 넌 날 더 일찍 데리러 오기로 했지. 손뼉도 마주쳐야 소리가 나는 법이야, 안 그래?

Mike I've been really nice to her and she's always annoying me. I can't understand her.

걔한테 정말 잘해주는데 왜 항상 나한테 짜증만 내는지 모르겠어.

Emily You really think she's mad at you for no reason?
It takes two to tango.

정말 걔가 아무 이유 없이 너한테 화내는 거라고 생각하는 거야? 내가 봤을 땐 두 사람 다 똑같아.

---

be supposed to V ~하기로 되어 있다   **pick up** (뒤에 사물이 오면) ~를 찾아오다, (뒤에 사람이 오면) ~를 차로 데려오다
be nice to ~에게 잘해주다   **annoy** ~에게 짜증을 내다   **be mad at** ~에게 화내다   **for no reason** 아무 이유 없이

What makes you ~?

[왙메익슈]

왜 ~하니?

What makes you ~?를 글자 그대로 옮기면 '무엇이 너를 ~하게 만드니?'인데요. 이 말은 곧 **'무엇 때문에 ~하는 거니? 왜 ~하니?'**라는 의미입니다. 상대에게 어떤 행동을 하는 이유나 계기가 뭔지를 묻는 것으로, 그야말로 영어식 사고가 그대로 배어 있는 표현이죠. 뒤에는 동사원형을 이어주세요. **과 거의 행동에 대한 이유나 계기를 묻고 싶다면 What made you 뒤에 동사원형을 이어주면 되고요.**

1
왜 그렇게 말하는 거야?
What makes you **say that?**
[왙메익슈 쎄이댙]

2
왜 그렇게 느끼니?
What makes you **feel that way?**
[왙메익슈 퓌이얼 댙웨이]

3
왜 직장을 옮기고 싶은 거야?
What makes you **want to change jobs?**
[왙메익슈 워너췌인쥐 좌압ㅅ]

4
왜 내가 그 남자를 좋아하지 않는다고 생각하니?
What makes you **think I don't like him?**
[왙메익슈 띵ㅋ 아이돈라이킴]

*
〈What makes you think + 문장?〉은 '왜 ~라고 생각 해?'라는 뜻으로, 사실은 네 가 생각한 것과는 다르다는 의미를 내포하고 있죠.

5
왜 마음을 바꿨어?
What made you **change your mind?**
[왙메이쥬 췌인쥬얼마인ㄷ]

---

2 that way 그런 식으로   **3 change jobs** 직장을 옮기다 (이 경우 복수형 jobs로 쓰는 것에 유의)   **5 change one's mind** 마음을 바꾸다

1 내가 뭐 어쨌다고

A   왜 그렇게 말하는 거야?

What makes you say that?

B   네 몸짓이 그러니까.

It's your body language.

2 네 촉을 믿어도 될까?

A   왜 그렇게 느끼니?

What makes you feel that way?

B   그냥 느낌이 그래.

I just have a feeling.

3 이직하고 싶은 이유

A   왜 직장을 옮기고 싶어?

What makes you want to change jobs?

B   지금 회사는 급여가 많지 않아.

The money's not good enough at my present job.

4 나 그 애 싫지 않아

A   왜 내가 그 애를 좋아하지 않는다고 생각하니?

What makes you think I don't like him?

B   글쎄, 내가 보기에 넌 항상 그 애한테 차갑게 굴길래.

Well, it seems that you're always cold with him.

---

3 **good enough** 충분히 많은 | **at my present job** 현재 다니는 직장에서는   4 **It seems that 주어 + 동사** ~인 것 같다, ~처럼 보인다 |
be cold with someone ~에게 차갑게 굴다[대하다]

5 마음을 바꿨구나

A   그 사람들 제안을 수락하기로 했어.

I've decided to accept their offer.

B   왜 마음을 바꿨어?

What made you change your mind?

5 **accept someone's offer** ～의 제안을 수락하다

⤢ 영어회화 늘리기

🎧 52-3.mp3

1   왜 그렇게 생각하는 거야?

What makes you **think so?**

2   왜 그걸 원해?

What makes you **want it?**

3   왜 내가 관심이 없을 거라고 생각해?

What makes you **think I'm not interested in it?**

4   왜 전공을 바꿨어?

What made you **change your major?**

5   이 책을 쓰게 된 계기가 무엇이죠? (왜 이 책을 쓰셨나요?)

What made you **write this book?**

3 ～에 관심이 있다 **be interested in**   4 전공을 바꾸다 **change one's major**

Easy come, easy go. 쉽게 얻은 건 쉽게 잃게 되어 있어.
[이-지컴 이-지고우]

'쉽게 들어온 건 쉽게 나간다'는 말이 있죠. '쉽게 얻은 건 쉽게 사라지기 마련'이란 뜻인데요. 영어로도 똑같이 표현해요. Easy come, easy go.라고 말이죠. 이 표현은 가수들이 앨범 타이틀이나 노래 제목으로도 많이 애용하는데요. 전설적인 그룹 퀸(Queen)의 '보헤미안 랩소디(Bohemian Rhapsody)' 가사 속에도 등장한답니다. 그나저나 세상만사가 정말 다 Easy come, easy go.일까요? 어떤 사람들에겐 그렇지 않은 거 같아 세상이 참 불공평하다는 생각이 들 때도 사실 있긴 하죠.

Easy come, easy go.

Rachel	He won the lottery, and soon after, he spent all his money gambling.
	그 사람 복권에 당첨됐었는데 얼마 지나지 않아 도박으로 다 탕진했어.

Luna	Easy come, easy go.
	쉽게 얻은 건 쉽게 사라지는 법이지.

Jay	I was happy when I lost some weight, but I gained it all back shortly thereafter.
	살이 빠졌을 땐 정말 좋았는데 금세 요요가 왔어.

Emma	You know what they say about managing your weight: Easy come, easy go.
	체중 관리에 대해서 사람들이 하는 말이 있잖아. 쉽게 빼면 쉽게 찐다고.

win the lottery 복권에 당첨되다 **spend + 돈 + -ing** ~하는 데 돈을 쓰다 **gamble** 도박하다
lose weight 살을 빼다 (↔ gain weight) **shortly** 금세 **thereafter** 그 후

How much does it cost to ~?

~하는 데 (비용이) 얼마나 들어요?

[하우머취 더질커오숫투]

cost는 '비용이 들다'는 의미의 동사예요. 따라서 **How much does it cost to V ~?** 하면 '**~하는 데 비용이 얼마나 들어요?**'라고 묻는 말입니다. **해당 업소의 전문가에게 직접 비용을 물을 때도** 쓰고, 이런저런 걸 '하는 데 보통 얼마 들어?'라는 식으로 **친구에게 비용 정보를 알아볼 때도** 쓸 수 있죠. 서로 간에 to 이하의 내용을 이미 공유하고 있는 경우엔 그냥 How much does it cost?(얼마예요?)라고 하면 됩니다.

1

스페인행 비행기표는 얼마나 해요?

How much does it cost to **fly to Spain?**

[하우머취 더질커오숫투 플라이두 스뻬인]

> *
> cost의 -o- 역시 [ɔː] 발음 입니다. 입모양은 우리말의 [어]로 한 채 소리는 [오]로 내야 하죠.

2

헬스장 등록비는 얼마나 해요?

How much does it cost to **join a gym?**

[하우머취 더질커오숫투 쥐이너짐]

3

차 렌트하는 데 얼마나 들어요?

How much does it cost to **rent a car?**

[하우머취 더질커오숫투 뤤터카알]

4

여기 주차비 얼마예요?

How much does it cost to **park here?**

[하우머취 더질커오숫투 파알키얼]

5

여기서 공항까지 택시 타고 가면 얼마 나와요?

How much does it cost to **take a taxi to the airport from here?**

[하우머취 더질커오숫투 테이커 택씨 투디에어폴ㅌ 프뤔히얼]

> *
> 하나만 구분해 둘게요. 우리 말로는 다 '택시를 타다'여 도 take a taxi는 이용하는 상태를 의미하고, get in a taxi는 택시 안에 타는 동작 을 의미합니다.

---

1 fly to + 지역 ~로 비행기를 타고 가다   **2 join a gym** 헬스장에 등록하다
5 take a taxi 택시를 타다 (take + 교통수단: 교통수단을 이용하다)

233

1 가고 싶어도 비행기 값이 있어야

A　스페인행 비행기표는 얼마나 해요?
How much does it cost to fly to Spain?

B　대략 1500유로로 해요.
Roughly 1,500 euros.

2 이젠 정말 운동 좀 해야 하는데

A　헬스장 등록비는 얼마나 해?
How much does it cost to join a gym?

B　1년 등록하면 대부분 할인을 해주지.
Most gyms offer a discount if you sign up for one year.

3 자동차 여행 한번 해볼까?

A　차 렌트하는 데 얼마 들어?
How much does it cost to rent a car?

B　보통 하루에 50달러 들지.
Usually $50 a day.

* 비용이 '하루에' 얼마 든다, '한 시간에' 얼마 든다는 식의 표현은 〈드는 돈 + a day〉, 〈드는 돈 + an hour〉입니다.

4 주차 좀 합시다

A　여기 주차비 얼마예요?
How much does it cost to park here?

B　한 시간에 4달러입니다.
It's $4 an hour.

---

1 **roughly** 대략, 어림잡아　2 **offer a discount** 할인해주다 | **sign up** 등록하다

⑤ 시간이 급할 땐 돈이 얼마가 들든

A   여기서 공항까지 택시 타고 가면 얼마 나와요?

How much does it cost to take a taxi to the airport from here?

B   정액요금으로 75달러 나옵니다.

The flat rate is $75.

5 **flat rate** 정액제 요금

⤢ 영어회화 늘리기

🎧 53-3.mp3

1   하와이행 비행기표는 얼마나 해요?

How much does it cost to **fly to Hawaii?**

2   이 호텔에 일주일 묵는 데 얼마나 들어요?

How much does it cost to **stay at this hotel for a week?**

3   이 차 3일 동안 렌트하는 데 얼마나 들어요?

How much does it cost to **rent this car for three days?**

4   시애틀행 고속버스를 타면 얼마예요?

How much does it cost to **take an express bus to Seattle?**

5   시내까지 택시 타고 가면 얼마 나와요?

How much does it cost to **take a taxi to the downtown area?**

2 호텔에 묵다 **stay at a hotel**   4 고속버스 **express bus**   5 시내 **downtown area**

at any cost
[앹에니커오숫ㅌ]

무슨 일이 있어도, 기필코

cost는 '비용', '대가' 등을 뜻하는 명사로도 쓰입니다. 그래서 at any cost를 직역하면 '어떤 비용으로도, 어떤 대가로도'가 되는데요. 이 말은 곧, 어떤 비용이나 대가를 치르더라도 '반드시, 기필코'라는 의미입니다. '무슨 일이 있어도 꼭' 해야 하는 일이 있다면 at any cost를 활용해 그 절박함을 표현해 보세요. 또, '기필코' 하겠다고 마음먹은 일이 있다면 역시 at any cost를 활용해 자신의 강한 의지를 드러내 보세요. 자, 그럼 이제 무슨 일이 있어도(at any cost) 다음의 대화문들까지 꼭 익히고 넘어가시길~!

Annie You need to do this at any cost.
무슨 일이 있어도 이거 꼭 해야 해.

Frank I'm only doing this for you.
오로지 너를 위해서 하고 있어.

Larry Why can't you finish this?
왜 이걸 못 끝내?

Zoe I will. I'll finish it at any cost.
끝낼 거야. 기필코 끝낼 거라고.

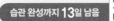

🎧 54-1.mp3

How long does it take to ~?

~하는 데 (시간이) 얼마나 걸려요?

[하우러옹더질테익투]

동사 take는 시간이 '걸리다'라는 의미로도 잘 쓰입니다. 따라서 **How long does it take to V ~?** 하면 **'~하는 데 시간이 얼마나 걸려요?'라는 의미이죠. 어떤 일을 하는 데 드는 소요시간을 알아볼 때 유용한 패턴입니다.** 목적지로 가는 데 시간이 얼마나 걸리는지, 맡긴 일을 끝내는 데 시간이 얼마나 걸리는지 등을 묻고 싶다면 How long does it take to ~?가 입 밖으로 바로 튀어나와야 해요.

---

1 거기까지 가는 데 얼마나 걸려?

How long does it take to get there?
[하우러옹더질테익투 겟데얼]

---

2 거기까지 차로 얼마나 걸려?

How long does it take to get there by car?
[하우러옹더질테익투 겟데얼바이카알]

> *
> by car처럼 특정 '교통수단으로'라고 할 때는 전치사 by를 쓰는데요. 단, '걸어서'라고 할 때는 on foot이라고 합니다.

---

3 공항에서 호텔까지 얼마나 걸리죠?

How long does it take to get to the hotel from the airport?
[하우러옹더질테익투 겟투더호테얼 프뤔디에어폴ㅌ]

---

4 끝내는 데 얼마나 걸려요?

How long does it take to finish it?
[하우러옹더질테익투 퓌닏쉬잇]

---

5 회복하는 데 얼마나 걸려요?

How long does it take to recover?
[하우러옹더질테익투 뤼커뭘]

---

1 **get there** 거기에 가다[도착하다]   2 **by car** 자동차로   3 **get to** + 장소명사 ~에 가다[도착하다]   5 **recover** 회복하다

1 평균 소요 시간을 알려줘

A 거기까지 가는 데 얼마나 걸려?

How long does it take to get there?

B 두 시간 정도 걸릴 걸.

I'd say about two hours.

2 자동차로 가면 시간 좀 절약되나

A 거기까지 차로 얼마나 걸려?

How long does it take to get there by car?

B 30분 채 안 걸려.

Less than 30 minutes.

3 숙소에 빨리 가고 싶은데

A 공항에서 호텔까지 얼마나 걸리죠?

How long does it take to get to the hotel from the airport?

B 교통 상황에 따라 다른데, 대략 한 시간이요.

Depending on traffic, about an hour.

> ＊
> '상황에 따라 다르긴 한데'
> 라는 단서를 붙인 다음에 정
> 보를 제공하고자 할 때는
> **Depending on ~**을 쓰면
> 됩니다.

4 빨리 끝내고 퇴근하자

A 끝내는 데 얼마나 걸려요?

How long does it take to finish it?

B 3시간은 넘지 않아요.

No more than three hours.

---

2 **less than** + 소요시간 ~가 채 안 걸리는　　3 **depending on** ~ ~ 상황에 따라 다른

A 회복하는 데 얼마나 걸려?

How long does it take to recover?

B 대부분의 전문가들 말로는 1년 걸린대.

Most experts say a year.

⤢ 영어회화 늘리기

🎧 54-3.mp3

1 출퇴근하는 데 시간이 얼마나 걸려?

How long does it take to **commute**?

2 지하철로 등교하는 데 얼마나 걸려?

How long does it take to **get to school by subway**?

3 호텔에서 시내까지 지하철로는 얼마나 걸리죠?

How long does it take to **get downtown from the hotel by subway**?

4 과제 끝내는 데 얼마나 걸려?

How long does it take to **finish the assignment**?

5 그 애가 수술에서 회복하는 데 얼마나 걸려요?

How long does it take **for her** to recover from her surgery?

---

1 출퇴근하다 **commute**　2 등교하다 **get to school** (*cf.* 출근하다 **get to work**) | 지하철로 **by subway**
3 시내에 가다 **get downtown** (downtown은 부사, 형용사, 명사로 모두 쓰임)　4 과제 **assignment**
5 A가 ~하는 데 (시간이) 얼마나 걸려요? **How long does it take for A to V ~?** | ~에서 회복하다 **recover from** | 수술 **surgery**

drink like a fish

술을 엄청 많이 마시다

[쥬륀ㅋ 라이커퓌쉬]

우리도 그렇고 서양에서도 그렇고 먹고 마시는 행위를 동물에 비유해서 하는 표현들이 심심찮게 많아요. drink like a fish도 바로 그런 류 중에 하나죠. '물고기처럼 술을 마시다' 즉 물고기가 물을 흡입하듯 '술을 물처럼 엄청 마신다'는 의미예요. 우리는 보통 '술고래'라고 고래에 빗대어 말하죠. 또, '아주 많이 먹는다'는 말(horse)에 빗대어 eat like a horse라고 하고요. 우린 '소처럼 먹는다'고 하는데 말이죠. '아주 조금 먹는다'는 '새모이만큼 먹는다'는 우리말과 마찬가지로 영어도 eat like a bird라고 해요.

drink like a fish

Scotty You have to stop drinking like a fish.

너 술 너무 많이 마시는 거 그만해야 해.

Kyla I know. It's just really difficult for me right now.

아는데, 당장은 그러기가 너무 힘드네.

Pauline Why do you always eat like a horse?

넌 늘 왜 그리 많이 먹어?

Francisco There's no end to my appetite! I have a bottomless stomach.

식욕이 끝이 없더라고! 배에 거지가 들었나 봐.

---

stop -ing ~하기를 그만두다, 그만 ~하다　**appetite** 식욕　**I have a bottomless stomach.** '밑 빠진 위장을 갖고 있다.' 즉 우리말의 '배속에 거지가 들었다.'에 해당되는 표현

How often do you ~?

얼마나 자주 ~해?

[하우어픈두유]

어떤 일을 얼마나 자주 하냐고 묻는 표현입니다. 운동은 얼마나 자주 하는지, 외식은 얼마나 자주 하는지, 자동차 오일은 얼마나 자주 교체하는지 등, 은근히 다른 사람은 이런저런 일들을 얼마나 자주 하는지 궁금할 때가 많은데요. 그럴 때 자신 있게 써보세요. How often do you **뒤에는 동사원형**을 이어줍니다. often은 [어픈]으로도 발음할 수 있고 [엎튼]으로도 발음할 수 있죠.

---

1 운동 얼마나 자주 해?

How often do you **work out**?

[하우어픈두유 월까울]

> *
> exercise와 work out 모두 '운동하다'는 의미인데요. exercise는 폭넓은 의미의 운동을 의미하고, work out은 우리가 흔히 헬스장 등에서 관리 목적으로 하는 운동을 의미해요.

---

2 테니스 얼마나 자주 쳐?

How often do you **play tennis**?

[하우어픈두유 플레이테닡ㅆ]

---

3 그 여자애를 얼마나 자주 생각해?

How often do you **think of her**?

[하우어픈두유 띵꼽헐]

---

4 비밀번호 얼마나 자주 변경해?

How often do you **change your passwords**?

[하우어픈두유 췌인쥬얼 패애쓰월ㅈ]

---

5 밤에 꿈을 얼마나 자주 꿔?

How often do you **dream at night**?

[하우어픈두유 쥬륌앹나잍]

---

1 work out 운동하다 **2 play tennis** 테니스를 치다 (tennis, golf, baseball 등과 같은 스포츠를 한다는 의미로 play를 쓸 때 스포츠 종목 앞에 관사를 붙이지 않는다는 점에 주의) **4 change one's password** 비밀번호를 변경하다 **5 at night** 밤에

스토리텔링 훈련

1 현대인들에게 운동은 필수라죠

A 운동 얼마나 자주 해?
How often do you work out?

B 일주일에 두세 번 해.
Two to three times a week.

'하루에 ~번'은 ~ times a day, '일주일에 ~번'은 ~ times a week, '한 달에 ~번'은 ~ times a month 와 같이 말하면 됩니다.

2 테니스 치세요?

A 테니스 얼마나 자주 치세요?
How often do you play tennis?

B 그다지 자주 치진 않아요.
Not very often.

3 좋니?

A 그 여자애를 얼마나 자주 생각해?
How often do you think of her?

B 매일 매 순간 생각해.
Every minute of every day.

4 비밀번호는 주기적으로 바꿔주세요

A 비밀번호 얼마나 자주 변경해?
How often do you change your passwords?

B 6개월마다 바꾸려고 애써.
I try and change them every six months.

4 I try and V ~ ~하려고 애써

5 꿈 자주 꾸니?

A 밤에 꿈을 얼마나 자주 꿔?

How often do you dream at night?

B 난 한 번도 꿈을 꾼 적이 없어. 이상하지, 그치?

I never dream. Weird, right?

✳
지금 하는 말에 대해 상대의
동의를 구하고 싶은 맘이 있
을 때 뒤에 **right?** 하고 붙
여 말하곤 합니다. '그렇지?'
라는 의미이죠.

5 **weird** 기이한, 이상한

⤡ 영어회화 늘리기

🎧 55-3.mp3

1 외식 얼마나 자주 해?

How often do you **eat out**?

2 피아노 얼마나 자주 쳐?

How often do you **play the piano**?

3 얼마나 자주 샤워해?

How often do you **take a shower**?

4 얼마나 자주 엔진오일을 교체하나요?

How often do you **change your engine oil**?

5 일주일에 얼마나 자주 택시를 타는 편인가요?

How often do you **take a taxi every week**?

1 외식하다 **eat out**   2 피아노를 치다 **play the piano** (piano, guitar, drum 등과 같은 악기를 연주한다고 할 때는 play 뒤에 ⟨the + 악기명⟩을
씀)   3 샤워하다 **take a shower**   4 엔진오일을 교체하다 **change one's engine oil**   5 일주일에, 매주 **every week**

243

You got ripped off.
[유같 륍뛰옾]

바가지 썼네.

rip off는 '뜯어내다, 속이다, 빼앗다'의 의미를 가지고 있는 동사입니다. 바가지를 원해서 당하는 사람은 없을 테니 '바가지를 쓰다'는 의미는 보통 수동태인 be/get ripped off로 표현하죠. 친구가 새로 산 물건을 자랑하는데 가만 보니 이거 바가지 쓴 거 같단 말이죠. 그럴 때 바로 이 표현을 써서 You got ripped off.라고 해보세요. 내가 바가지를 쓴 것 같을 때는 I got ripped off.(나 바가지 썼어.)라며 억울함을 호소해 보고요. 참고로, 명사로 '바가지'는 rip-off라고 씁니다.

You got ripped off.

Amy I bought this new dress.
이봐라, 나 새 드레스 샀다!

Rogan How much did you pay for that dress?
그 드레스 얼마에 산 거야?

Amy I spent about 500 dollars on this dress.
500달러 정도 주고 샀어.

Rogan I think you got ripped off.
너 바가지 쓴 것 같은데.

---

pay for ~의 값을 지불하다 **spend + 돈 + on + 물건** ~에 (돈을) … 쓰다 **about + 수치** 약 ~, ~ 정도

How long have you been ~?

~한 지 얼마나 됐어요?

[하우러옹해뷰빈]

상대방에 대해 알아갈 때 꼭 거치는 질문들이 있죠. "여기 산 지는 얼마나 됐어요?" "영어공부는 얼마나 하신 거예요?" 등등 같이 말예요. 이처럼 **어떤 일을 한 지, 어떤 상태에 있은 지 얼마나 됐냐**고 물어볼 때 꼭 필요한 패턴이 바로 How long have you been ~?이랍니다. 뒤에는 **현재분사꼴인 -ing**를 써서 현재까지도 지속되고 있는 일이나 상황에 대해 쓰면 됩니다.

---

1 애틀랜타에 사신 지는 얼마나 되셨어요?

How long have you been living in Atlanta?
[하우러옹해뷰빈 리빙인앨을랜타]

---

2 영어 공부한 지 얼마나 됐어요?

How long have you been studying English?
[하우러옹해뷰빈 스[떠]디잉잉글리쉬]

---

3 그 사람과 사귄 지는 얼마나 됐어요?

How long have you been going out with him?
[하우러옹해뷰빈 고우잉아울 윌힘]

---

4 여기서 일한 지 얼마나 됐어요?

How long have you been working here?
[하우러옹해뷰빈 월낀히얼]

*
-ing의 정식 발음은 [잉]이지만, 문장 속에서 자연스러운 속도와 리듬으로 말하다 보면 [인]에 가깝게 발음되는 경우도 많답니다.

---

5 얼마나 기다린 거야? (기다린 지 얼마나 됐어?)

How long have you been waiting?
[하우러옹해뷰빈 웨이린]

---

3 **go out with** ~와 사귀다

1 당신의 거주 역사가 궁금합니다

A 애틀랜타에 사신 지는 얼마나 되셨어요?

How long have you been living in Atlanta?

B 지금 거의 1년 됐어요.

Almost a year now.

2 나도 영어 공부 제법 했는데, 당신은요?

A 영어 공부한 지 얼마나 됐어요?

How long have you been studying English?

B 학교 들어가서면부터요.

Ever since I started school.

3 당신의 연애사가 궁금합니다

A 그 사람과 사귄 지는 얼마나 됐어요?

How long have you been going out with him?

B 저희는 이제 두 달째 사귀고 있어요.

We've been together now for two months.

> *
> be together는 '함께 하다'는 뜻인데요. 연인관계에서 이 표현을 쓸 때는 '사귀다' 또는 '동거하다'는 의미랍니다.

4 당신의 근무 역사가 궁금합니다

A 여기서 일한 지 얼마나 됐어요?

How long have you been working here?

B 2018년부터요. 첫 출근이 엊그제 같은데 말이죠.

Since 2018. It feels like yesterday when I started.

---

3 **We have p.p. ~ for A**(기간) 우리는 ~한 지 A됐어요, 우리는 A째 ~해요　4 **feel like + 명사** ~인 것 같이 느껴지다

A 얼마나 기다린 거야?

How long have you been waiting?

B 몇 분밖에 안 됐어.

Just a few minutes.

⤢ 영어회화 늘리기

🎧 56-3.mp3

1 LA에 산 지는 얼마나 되셨어요?

How long have you been living in LA?

2 프랑스어를 독학으로 공부한 지 얼마나 됐어요?

How long have you been **studying French by yourself**?

3 솔로로 지낸 지 얼마나 됐어?

How long have you been **single**?

4 인사팀에서 근무한 지 얼마나 되셨죠?

How long have you been **working in HR**?

5 여기서 걔를 얼마나 기다린 거야?

How long have you been **waiting for her here**?

2 ~을 독학으로 공부하다 **study ~ by oneself** (by oneself는 '혼자서, 혼자 힘으로'라는 의미) 3 솔로인 **single** (이 경우 How long have you been 뒤에 형용사를 바로 쓰면 됨) 4 인사팀 **HR** (Human Resources의 약자) 5 ~를 기다리다 **wait for**

It's on the house.

이건 서비스입니다.

[잇ㅊ 언더하웃ㅅ]

식당이나 술집에서 이따금 "이건 서비스입니다."라며 공짜로 음식이나 술을 대접받을 때가 있죠. 이건 다시 말해 '그 가게에서 그 음식을 쏜다'는 얘기인데요. 우리 저 앞에서 '내가 낼게. 내가 쏠게.'할 때는 It's on me.라고 하고, '네가 쏘는 거지?'라고 부담을 줄 때는 It's on you, right?이라고 한다고 이미 배웠잖아요. 이번에는 내가 쏘는 것도 네가 쏘는 것도 아닌, 가게에서 쏘는 거니까 It's on 뒤에 the house를 붙여 It's on the house.라고 합니다. '우리 가게에서 쏘는 겁니다.' 즉 '이건 서비스입니다.'라는 얘기인 거죠.

It's on the house.

Sue
Excuse me, this is not what I ordered.
실례지만 이건 제가 주문한 게 아닌데요.

Brian
It's on the house.
서비스로 드리는 거예요.

Gwen
I'm sorry for the confusion with your order.
It's on the house.
주문에 혼선이 생겨서 죄송합니다. 이건 서비스예요.

Larry
I appreciate that. Thank you.
정말 고맙습니다. 감사해요.

This is not what I ordered. 이거 제가 주문한 게 아닌데요. 저 이거 주문 안 했는데요. (식당에서 음식이 잘못 나왔을 때 하는 말)
confusion 혼선, 혼동

Have you (ever) p.p. ~?

~해 본 적 있어요/해 봤어요?

[해뷰(에뷜)]

서로의 경험을 나누는 것만큼 대화의 좋은 소재도 없을 거예요. 그러다 보니 가까운 사이든 처음 만난 사이든 경험을 묻고 답하는 일들이 자주 생기는데요. Have you p.p. ~?가 바로 그런 **상대의 경험을 물어보는 표현**이랍니다. **Have you** 뒤에 **과거분사형(p.p.)**를 써야 한다는 게 중요하죠. '한 번이라도' 해 본 적이 있냐고 강조해서 물어보고 싶다면 ever를 살짝 끼워 넣으세요.

---

1 그 영화 봤어?

Have you seen that movie?

[해뷰 씨인댇무뷔]

---

2 'Z세대'라는 용어 들어봤어?

Have you heard about the term Generation Z?

[해뷰 헐더바울더텀 줴너레이션 지이]

---

3 유학한 적 있어요?

Have you ever studied abroad?

[해뷰에뷜 스떠딛 어브뤄우ㄷ]

---

4 유명인 만나본 적 있어?

Have you ever met a celebrity?

[해뷰에뷜 멭어 썰레브뤼디]

---

5 영어 실력 키우려고 노력이라도 해 본 적 있어?

Have you ever tried to improve your English?

[해뷰에뷜 츄라이투 임푸릅유얼잉글리쉬]

> *
> '영어 실력을 키우다'는 improve one's English 라고 합니다. 우리말에 '실력'이 있다고 해서 굳이 skills를 붙일 필요 없죠. improve 자체가 '실력을 향상시킨다'는 의미니까요.

---

3 **study abroad** 유학하다   4 **celebrity** 유명인

5 **try to V** ~하려고 애쓰다[노력하다] | **improve** 실력을 키우다[향상시키다]

스토리텔링 훈련

🎧 57-2.mp3

1 영화 본 이야기를 나눠볼까?

A 그 영화 봤어?
Have you seen that movie?

B 응. 정말 재미있더라!
Yeah. It was awesome!

2 신조어를 접했을 때

A 'Z세대'라는 용어 들어봤어?
Have you heard about the term Generation Z?

B 아니. 정확히 무슨 뜻인데?
No. What exactly does it mean?

＊
상대가 하는 말이나 쓰는 용어가 무슨 말인지 모르겠을 때 What does it/that mean?(그게 무슨 말이야? 의미가 뭐야?) 하나만 알아두면 대화를 이어가기가 참 편해집니다.

3 유학 경험에 대하여

A 유학한 적 있어요?
Have you ever studied abroad?

B 없지만, 영국에서 공부하고 싶긴 해요.
No. I'd love to study in the U.K., though.

4 셀럽에 대한 관심은 식을 틈이 없고

A 유명인 만나본 적 있어?
Have you ever met a celebrity?

B 직접 본 적은 없지만, 연예 뉴스에서 늘 봐.
Not in person, but I watch celebrity news all the time.

---

1 **awesome** 끝내주는, 정말 좋은   2 **exactly** 정확히   3 **I'd love to V** ~하고 싶어 (I'd like to V보다 하고 싶은 감정이 조금 더 강한 어감)
4 **in person** 직접 | **all the time** 늘, 항상

A 영어 실력 키우려고 노력이라도 해 본 적 있어?

Have you ever tried to improve your English?

B 매일 하지! 그런데 숙제가 너무 많아서 힘들어.

Every day! However, it's hard because I have so much homework.

↖↗↙↘ 영어회화 늘리기

🎧 57-3.mp3

1 그 영화 예고편 봤어?

Have you seen the trailer for that movie?

2 최근에 제이크한테서 소식 들은 거 있어?

Have you heard from Jake lately?

3 고양이 키워본 적 있어?

Have you ever had a cat?

4 온라인으로 사람을 만나본 적 있어?

Have you ever met anyone online?

5 그 남자와 잘 지내보려고 노력이라도 해봤어?

Have you ever tried to get along with him?

1 (특정 영화나 드라마)에 대한 예고편 **the trailer for ~**   2 ~한테서 소식을 듣다 **hear from someone** | 최근에 **lately**
3 고양이를 키우다 **have a cat**   4 누구, (불특정) 사람 **anyone** (보통 의문문이나 부정문에서는 anyone을, 긍정문에서는 someone을 씀)
5 ~와 잘 지내다 **get along with**

pain in the neck

[페이닌더넥]

골칫거리, 아주 성가신 사람/것

신경에 거슬리거나 사람을 정말 짜증나게 만드는 '목에 가시 같은 사람' 있죠? 또, 상당히 골치 아픈 상황, 뭔가 사람을 불편하게 만드는 것이 있을 땐 '목에 가시 같다'는 식의 말도 하고요. 영어권에서는 이럴 때 '목에 통증'이라는 식의 표현인 pain in the neck을 씁니다. 아주 짜증나고 성가시고 골치 아픈 사람이나 사물, 상황에 모두 쓸 수 있어요. 우리말의 '애물단지'와도 맥을 같이 하는 표현이기도 하죠. 자, 그럼 대화 속에서 pain in the neck의 어감을 한번 느껴볼까요?

pain in the neck

Aaron
I can't stand it when our boss raises his voice.

우리 부장 목소리 높일 때 정말 못 참겠어.

Ron
I know. He's a real pain in the neck.

그러게 말야. 부장 정말 짜증나.

Emma
What is with this new software on our computers?

우리 컴퓨터들에 이 새 소프트웨어 왜 이러는 거야?

Veronica
All I can say is that it's a real pain in the neck.

그거 진짜 애물단지라는 말밖에는 할 말이 없다.

---

raise one's voice 목소리를 높이다　**What is with A?** A 이거 무슨 일이야? 왜 이러는 거야? (A라는 사물이나 사람이 예상 외의 상태에 있거나 예상 외의 동작을 할 때 그 이유를 묻는 표현)　**All I can say is that 주어 + 동사 ~** 내가 할 수 있는 말은 ~라는 것밖에 없다, ~라는 말밖에는 할 말이 없다

🎧 58-1.mp3

Have you been to ~? ~에 가 본 적 있어/가 봤어?
[해뷰빈투]

오늘은 경험 중에서도 **특정 지역이나 장소 등에 가 본 경험**을 콕 집어 물어보는 연습을 해보겠습니다. 〈be to + 지역/장소〉 하면 '~에 가다, ~에 가 있는 상태이다'라는 의미인데요. 이것을 앞서 배운 Have you p.p. ~? 패턴에 결합하면 바로 해결되죠. be동사를 과거분사형인 been으로 바꿔 **Have you been to ~?** 하면 '~에 가 봤어? 가 본 적 있어?'라는 의미가 됩니다.

---

1 뉴욕에 가 본 적 있어요?
Have you been to New York?
[해뷰빈투 뉴욜ㅋ]

---

2 중동에 가 본 적 있어요?
Have you been to the Middle East?
[해뷰빈투더 미를이-슷ㅌ]

---

3 미국에 가 본 적 있어요?
Have you been to the States?
[해뷰빈투더 스테잇ㅊ]

> *
> '미국'을 가리키는 용어는 많은데요. America는 일반적으로 쓰는 말이고, the States는 해외에 있는 미국인들이 자국을 가리킬 때 쓰는 말이랍니다. 신문 등에서는 약자로 the U.S.를 자주 쓰죠.

---

4 주유소 옆에 있는 카페 가 봤어?
Have you been to the café next to the gas station?
[해뷰빈투더 카페이 넥숫투더 개애스테이션]

---

5 이제껏 몇 나라나 가 봤어?
How many countries have you been to in your life?
[하우메니컨츄뤼ㅈ 해뷰빈투 인율라잎]

---

3 the States 미국   4 next to ~ 옆에 | gas station 주유소   5 How many countries 얼마나 많은 나라, 몇 개국 | in your life 네 인생에서, 이제까지 살면서

1 뉴욕 가 봤니?

A   뉴욕에 가 본 적 있어요?

Have you been to New York?

B   안 가봤는데, 뉴욕 시에 진짜 한번 가보고 싶긴 해요.

No, but I really want to visit New York City.

2 중동 가 봤니?

A   중동에 가 본 적 있어요?

Have you been to the Middle East?

B   실은 가 본 적 있어요. 아버지가 사우디 아라비아에서 일하고 계셨거든요.

Actually, I have. My father was working in Saudi Arabia.

3 미국 가 봤니?

A   미국에 가 본 적 있어요?

Have you ever been to the States?

B   세 번 가 봤어요. 콜로라도가 제일 맘에 들더라고요.

Three times. My favorite place was Colorado.

> *
> 자신의 기호를 말하는 방법
> 으로 〈My favorite + 명사
> + is/was ~〉 표현을 이용해
> 보세요. '내가 제일 좋아하는
> 명사는 ~이다/였다'라는 의
> 미랍니다.

4 그 카페 괜찮나 몰라

A   주유소 옆에 있는 카페 가 봤어?

Have you been to the café next to the gas station?

B   음… 잘 모르겠네. 내가 기억력이 안 좋아서.

Umm…I'm not sure. I have a bad memory.

4 **have a bad memory** 기억력이 안 좋다

A   이제껏 몇 나라나 가 봤어?

How many countries have you been to in your life?

B   중국, 캐나다, 프랑스, 스페인까지 4개국 가 봤어.

Four: China, Canada, France and Spain.

⤡ 영어회화 늘리기

🎧 58-3.mp3

1   인도에 가 본 적 있어요?

Have you been to India?

2   필리핀 가 본 적 있어요?

Have you been to **the Philippines**?

3   가족이랑 미국에 가 본 적 있어요?

Have you been to America with your family?

4   백화점 뒤에 있는 카페 가 봤어?

Have you been to **the café behind the department store**?

5   시청역 근처에 있는 그 펍에 가 봤어?

Have you been to **the pub near City Hall station**?

---

1 인도 **India** 2 필리핀 **the Philippines** 4 ~ 뒤에 **behind** | 백화점 **department store**
5 ~ 근처에 **near** | 시청역 **City Hall station** (상황에 따라 City Hall만 말해도 '시청역'임을 아는 경우에는 굳이 station을 쓸 필요 없음)

No offense.

기분 나빠 하진 마. 악의는 없어.

[노오우 어펜ㅆ]

뭔가 상대방이 들어서 감정이 상할 수도 있겠다 싶은 말을 꺼내야만 할 때 다짜고짜 그런 말을 하기보다는 '나쁜 뜻으로 하는 말은 아닌데요', '기분 나빠 하진 마시고요'라면서 조심스럽게 운을 떼면 좋을 텐데요. No offense.는 바로 이럴 때 쓰는 표현입니다. '기분 나빠 하진 마세요.' (오해하지 마세요.) 악의는 없어요.'라는 뜻이죠. 또, 상대방이 내가 한 말을 오해해서 따지고 들 때도 '악의는 없었어요.' '기분을 상하게 하려던 건 아니었어요.'라는 의미로 No offense.를 쓰면 좋습니다.

No offense.

Tim
No offense, Tom. I don't think she'll ever come back to you.
오해하지 말고 들어, 톰. 그 애는 다신 돌아오지 않을 것 같아.

Tom
I don't understand why she left me.
그 애가 왜 날 떠났는지 모르겠어.

Jessie
Are you saying that I'm an idiot?
지금 나더러 멍청이라고 하는 건가요?

Rachel
No offense, Jessie. I just said you missed the point.
악의는 없었어요, 제시. 저는 그냥 당신이 핵심을 놓쳤다고 말한 것뿐이에요.

I don't understand why 주어 + 동사 왜 ~하는지 모르겠어[이해가 안 돼]   **miss the point** 핵심을 놓치다

I've been -ing
[아입빈]

(얼마째/언제부터) 계속 ~하고 있어요

"10년째 이 집에서 살고 있어." "이 일 한 지 3년 됐어." 등과 같이 **이전부터 지금 현재까지 계속 해오고 있는 일**을 말할 때 I've been -ing 패턴을 씁니다. 이전부터 '**계속 ~하고 있다**'는 의미이죠. 특히 〈for + 기간〉과 함께 쓰면 '…째 ~하고 있다, ~한 지 …째이다'라는 의미가 되고, 〈since + 특정시점〉과 함께 쓰면 '…때부터 ~하고 있다'는 의미가 됩니다.

1

난 15년째 영어 공부하고 있어.

I've been studying English for 15 years.
[아입빈 스떠디잉잉글리쉬 포얼퓌프티인이얼ㅅ]

2

너 1시간째 기다리고 있다고!

I've been waiting for you for an hour!
[아입빈 웨이링포얼유 포런아월]

3

복학할까 계속 생각 중이야.

I've been thinking about going back to school.
[아입빈 띵낑어바웉 고우잉배액투스꾸얼]

4

2018년부터 한국에 살고 있어요.

I've been living in Korea since 2018.
[아입빈 리빙인코뤼아 씬ㅆ투[따우즌에이티인]

*
since 뒤의 특정시점은 '명사'로도 쓸 수 있고, 5번 문장에서처럼 '과거문장'으로도 쓸 수 있습니다.

5

졸업한 후부터 이 일을 계속 해오고 있어요.

I've been doing this work since I graduated.
[아입빈 두인디쓰월ㅋ 씬싸이그뤠애쥬에이릳]

---

2 wait for someone 누구를 기다리다   **3** go back to school 복학하다   **5** graduate 졸업하다

❶ 영어 잘하는 비결을 알려줄까?

A 영어 정말 잘하시네요!
Your English is incredible!

B 15년째 영어 공부하고 있는 걸요.
I've been studying English for 15 years.

❷ 진짜 이러기야!

A 너 한 시간째 기다리고 있다고!
I've been waiting for you for an hour!

B 진짜 미안해. 제발 용서해줘.
I'm so sorry. Please forgive me.

❸ 아무래도 복학해야겠지?

A 내년에 무슨 계획 있어?
Do you have any plans for next year?

B 응, 복학할까 계속 생각 중이야.
Yeah, I've been thinking about going back to school.

> ＊
> 〈Do you have any plans for 언제?〉는 '언제 무슨 계획/약속 있어?'라는 뜻으로, 맘에 드는 이성과의 약속을 만들고 싶을 때도 유용한 표현입니다.

❹ 외국인 친구의 한국생활은?

A 2018년부터 한국에 살고 있어요.
I've been living in Korea since 2018.

B 지금까지 살아보니까 어땠어요?
How has it been so far?

> ＊
> 2018은 two thousand eighteen이라고 읽어도 되고, 여기서처럼 두 자리씩 끊어서 twenty eighteen이라고 읽어도 됩니다.

---

1 **incredible** 놀라울 정도로 대단한, 정말 잘하는   2 **forgive** 용서하다   4 **so far** 지금까지는

5 유능해서일까? 달리 할 일이 없어서일까?

A 졸업한 후부터 이 일을 계속 해오고 있어요.

I've been doing this work since I graduated.

B 일을 상당히 잘하시나 봐요.

You seem to be very good at your job.

✳
You seem to V는 '당신 ~한 것 같아요, ~하시나 봐요'란 의미입니다. 상대에 대해 어때 보인다고 이야기할 때 쓰면 됩니다.

5 be good at ~을 잘하다

↖↗↙↘ 영어회화 늘리기 🎧 59-3.mp3

1 4년째 한국에 살고 있어요.

I've been living in Korea for 4 years.

2 2시간째 그애 전화를 기다리고 있어.

I've been waiting for her call for 2 hours.

3 중퇴하고 창업할까 계속 생각 중이야.
I've been thinking about dropping out of school to start my own business.

4 2010년부터 중국어를 공부하고 있어.

I've been studying Chinese since 2010.

5 이 회사로 온 뒤부터 3년째 관리자로 일하고 있어.
I've been working as a manager for 3 years since I came to this company.

2 ~의 전화를 기다리다 **wait for someone's call**　**3** 중퇴하다 **drop out of school** | 자기 사업을 시작하다, 창업하다 **start one's own business** ('중퇴하고 창업할까'를 '창업하기 위해 중퇴하는 것'으로 해서 영어로 옮겨볼 것)

The world is your oyster.

세상에 이루지 못할 것이 없어. 넌 뭐든 할 수 있어.

[더워얼ㄹ디쥬얼오이스떨]

oyster는 '굴'입니다. 따라서 The world is your oyster.는 '이 세상은 너의 굴이다.'가 되는데요. 이게 무슨 말일까요? 이 말의 뿌리를 찾아보면, 셰익스피어의 희극 *The Merry Wives of Windsor*(윈저의 즐거운 아낙네들)로 거슬러 올라갑니다. 이 희극에는 '세상은 내가 칼로 열어야 할 굴이다'라는 대사가 나오는데요. 여기에서 칼을 살짝 넣어주기만 하면 껍질이 쉽게 열려서 굴을 먹을 수 있는 것처럼 마음만 먹으면 '세상에서 네가 이루지 못할 건 없다.' '넌 뭐든지 할 수 있다.'는 의미로, 오늘날 The world is your oyster.라는 표현이 쓰이게 된 것이죠.

Brian	I don't think I'll pass the exam.
	시험에 떨어질 것 같아.

Mary	Don't worry too much. The world is your oyster.
	너무 걱정하지 마. 네가 이루지 못할 것은 없어.

Mack	I really think I can do this!
	나 이거 진짜 해낼 수 있을 것 같아!

Alana	Of course you can. The world is your oyster.
	물론 넌 할 수 있지. 넌 뭐든지 할 수 있어.

I don't think 주어 + 동사 ~하지 못할 것 같아   **pass the exam** 시험에 합격하다

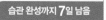

I've decided to ~

[아입디싸이린투]

~하기로 결정[결심]했어

decide to V는 '~하기로 결정하다'는 의미입니다. 내가 결정한 일에 대해 알려줄 때는 과거형을 써서 I decided to V라고 해도 될 텐데요. 이 말은 그렇게 결정을 내렸다는 점만 나타내죠. 그런데 결정을 내리는 데는 보통 오랜 시간의 고민을 거치게 되잖아요. **'고민 끝에 이렇게 결정을 내렸다'는 어감을 전달**하고 싶다면 현재완료형을 써서 I've decided to V라고 하는 것이 좋습니다.

1
일을 관두기로 결정했어.

I've decided to quit my job.
[아입디싸이린투 크윌마이좌압]

2
그 애랑 헤어지기로 결심했어.

I've decided to break up with him.
[아입디싸이린투 브레이껍윋힘]

3
당신을 만나고 나서부터 달라져야겠다고 다짐했어요.

I've decided to change after meeting you.
[아입디싸이린투 췌인쥐 엩털미딩유]

4
더 이상 그 애를 믿지 않기로 (결심)했어.

I've decided not to believe him anymore.
[아입디싸이린낱투 빌립힘 에니머올]

✽
'~하지 않기로 결정했다'고 할 때는 to 앞에 not을 붙여 I've decided not to V라고 하면 됩니다.

5
6시 이후로는 안 먹기로 (결심)했어.

I've decided not to eat after 6 p.m.
[아입디싸이린낱투 이일 엩털 씩ㅆ피이엠]

---

2 **break up with** (연인 사이에서) ~와 헤어지다, 결별하다   4 **not ~ anymore** 더 이상[이제는] ~않다

1 퇴사하기로 맘먹으니 되레 맘이 편안해져

A   왜 그렇게 편안해 보이지?

Why do you look so relieved?

B   일을 관두기로 결정했거든.

I've decided to quit my job.

2 많이 고민했지만 도저히 안 되겠다

A   그 애랑 헤어지기로 결심했어.

I've decided to break up with him.

B   아무래도 그게 최선인 거 같다.

That's probably for the best.

3 너를 만나서 내가 바뀌었어

A   당신을 만나고 나서부터 달라져야겠다고 다짐했어요.

I've decided to change after meeting you.

B   이제까지 받아본 칭찬 중에 제일 좋은 칭찬이네요.

That's the nicest compliment I've ever received.

4 신뢰가 무너졌어

A   더 이상 그 애를 믿지 않기로 했어.

I've decided not to believe him anymore.

B   왜? 무슨 일이 있었던 건데?

Why? What happened?

---

1 relieved (근심걱정 없이 몸과 마음이) 편안한   3 compliment 칭찬

A 왜 저녁 안 먹어?

Why aren't you having dinner?

B 6시 이후로는 안 먹기로 결심했거든.

I've decided not to eat after 6 p.m.

*
Why aren't you -ing ~?
는 하는 줄 알았는데 안 하
고 있는 상대에게 '왜 ~ 안
해/안 하고 있어?'라고 묻는
표현입니다.

📈 영어회화 늘리기

🎧 60-3.mp3

1 마케팅팀에 지원하기로 결정했어.

I've decided to apply for a position in the marketing team.

2 그 애와 결혼해야겠다는 결심이 막 섰어.

I've just decided to marry her.

3 직장동료들과 좀 더 잘 지내보기로 마음먹었어.

I've decided to get along better with my colleagues.

4 최근에, 새로운 일을 시도해보기로 (결심)했어.

Recently, I've decided to try something new.

5 저녁식사 후에 최소한 30분은 운동하기로 (결심)했어.

I've decided to work out at least 30 minutes after dinner.

1 ~에 지원하다 **apply for** | 마케팅팀에 있는 자리[직] **position in the marketing team**   2 ~해야겠다는 결심이 막 섰어, ~하기로 막 결
정했어 **I've just decided to V** | ~와 결혼하다 **marry**   3 ~와 좀 더 잘 지내다 **get along better with** | 직장동료 **colleague**   4 최근에
recently | (뭔가) 새로운 일, 새로운 것 **something new**   5 최소한 **at least** | 저녁식사 후에 **after dinner**

from scratch

맨 처음부터 다시, 맨땅에서

[프룀 슷크뤳취]

from scratch에서 scratch는 뾰족한 걸로 바닥을 긁어서 표시하는 달리기의 '출발선'을 의미합니다. 따라서 from scratch는 '출발선에서', 즉 '아무것도 준비되지 않은 상태에서 처음부터'라는 의미가 되죠. 보통 동사 start와 함께 써서 start from scratch로 많이 쓰는데요. start from scratch 하면 그동안 해왔던 것을 엎고 '다시 처음부터 시작하다'는 의미로도 사용되고, 가진 것 없이 '맨땅에서[맨주먹으로] 시작하다'는 의미로도 사용되죠.

Henry　**What are we going to do about this?**

우리 이거 어떻게 해야 하지?

Bethany　**We're going to have to start from scratch.**

처음부터 다시 시작해야 할 것 같은데.

Kylie　**They started from scratch and still couldn't find an answer.**

그 사람들 처음부터 다시 시작했는데 아직도 해결책을 못 찾았어.

Jack　**I know. We'll have to do it ourselves.**

그러게 말야. 아무래도 우리가 직접 해결해야 할 거 같다.

If you don't mind, I'd like to ~

괜찮으시면 ~하고 싶은데요

[이퓨돈마인ㄷ 아인라잌투]

상대에게 뭔가를 부탁하거나 요청할 때, 또는 상대의 의향 등을 물어볼 때 쓰는 표현입니다. 이런 경우에 쓰는 표현은 여러 가지가 있지만, **좀 더 조심스러운 자리나 좀 더 조심스러운 사람에게, 혹은 좀 더 조심스러운 부탁을 해야 할 때 쓰기 좋은 표현**이죠. 왜냐하면 상당히 정중한 표현이니까요. If you don't mind, I'd like to **뒤에는 동사원형**을 이어줍니다.

---

1 괜찮으시면 제가 **이거 한번 살펴보고** 싶은데요.

If you don't mind, I'd like to **take a look at it.**
[이퓨돈마인ㄷ 아인라잌투테이커루깨릳]

> *
> 동사 mind는 '꺼리다, 언짢게 여기다'는 의미입니다. 따라서 If you don't mind는 '당신이 꺼리지 않는다면'이니까 결국 '괜찮으시다면'이라고 상대를 상당히 배려하며 정중하게 물을 때 붙이기 좋은 표현이 되는 거죠.

2 괜찮다면 **수요일에 뜨는 비행편**을 원합니다.

If you don't mind, I'd like to **take off on Wednesday.**
[이퓨돈마인ㄷ 아인라잌투테이커웊 언웬즈데이]

3 괜찮으면 **너희 집에 잠깐 들르고** 싶은데.

If you don't mind, I'd like to **come by your house.**
[이퓨돈마인ㄷ 아인라잌투컴바이 유얼하우ㅅ]

4 괜찮으시면 **파티에 초대하고** 싶은데요.

If you don't mind, I'd like to **invite you to my party.**
[이퓨돈마인ㄷ 아인라잌투인봐이ㅌ 유투마이파아뤼]

5 괜찮으시면 **회의를 1시로 연기하고** 싶습니다.

If you don't mind, I'd like to **postpone our meeting until 1 p.m.**
[이퓨돈마인ㄷ 아인라잌투포우슬포운아월미링 언틸원피이엠]

---

1 take a look at ~을 한번 살펴보다   **2** take off (비행기가) 이륙하다   **3** come by 잠깐 들르다   **4** invite A to B A를 B에 초대하다
5 postpone 연기하다

1 제가 좀 봐도 되겠습니까?

A   괜찮으시면 제가 이거 한번 살펴보고 싶은데요.

If you don't mind, I'd like to take a look at it.

B   물론입니다. 천천히 보세요.

Of course. Take your time.

2 원하는 날 원하는 표

A   괜찮다면 수요일에 뜨는 비행편을 원합니다.

If you don't mind, I'd like to take off on Wednesday.

B   죄송합니다. 수요일에는 예매할 수 있는 빈 좌석이 없네요.

I'm sorry. We don't have any openings for reservations on Wednesday.

3 갑자기?

A   안녕! 하는 일은 잘 되어가?

Hey! How's it going?

B   괜찮으면 너희 집에 잠깐 들르고 싶은데 말야.

If you don't mind, I'd like to come by your house.

4 파티에 오세요

A   괜찮으시면 파티에 초대하고 싶은데요.

If you don't mind, I'd like to invite you to my party.

B   갈게요! 고마워요!

I'd love to go! Thank you!

---

1 **Take your time.** '충분히 시간을 가지고 차분히 하라'고 할 때 쓰는 표현   2 **not have any openings for reservations** 예약할 수 있는 빈 방/빈 좌석/표가 하나도 없다

A 괜찮으시면 회의를 1시로 연기하고 싶습니다.

If you don't mind, I'd like to postpone our meeting until 1 p.m.

B 제 일정 좀 확인해보고 다시 연락 드릴게요.

Let me check my schedule and I'll get back to you.

5 **I'll get back to you.** 다시 전화 드릴게요. 다시 연락 드릴게요.

⤢ 영어회화 늘리기

🎧 61-3.mp3

1 괜찮으시면 제가 당신 사진 한 장 찍고 싶은데요.

If you don't mind, I'd like to **take a picture of you.**

2 괜찮다면 예약을 취소하고 싶습니다.

If you don't mind, I'd like to **cancel my reservation.**

3 괜찮으면 내가 공항까지 태워주고 싶은데.

If you don't mind, I'd like to **give you a ride to the airport.**

4 괜찮으시면 저희 집들이에 초대하고 싶은데요.

If you don't mind, I'd like to **invite you to my housewarming party.**

5 괜찮다면 제 친구 타냐를 소개하고 싶은데요.

If you don't mind, I'd like to **introduce my friend Tanya to you.**

1 ~의 사진을 찍다 **take a picture of**　2 예약을 취소하다 **cancel one's reservation**
3 누구를 ~까지 태워주다 **give someone a ride to + 장소명사**　5 네게 누구를 소개하다 **introduce someone to you**

I get cold feet.

[아이겔 코울ㄷ 퓌이ㅌ]

(갑자기) 너무 긴장돼. 너무 떨려.

취업면접이라든가, 프레젠테이션, 또는 결혼식 등과 같이 중요한 일을 앞두고 있으면 '갑자기 너무 긴장되고 초조해지고 떨리기 시작'합니다. I get cold feet.는 바로 이런 상태를 나타내는 표현이에요. '갑자기 너무 긴장돼.' '너무 떨려.' '초조해 죽겠어.' 등의 우리말에 해당되죠. 정말로 발이 차가워졌을 때는 동사 have를 써서 have cold feet라고 하고, 중요한 일을 앞두고 심리적으로 긴장됐을 때는 동사 get을 써서 get cold feet라고 한다는 점에 유의하세요.

I get cold feet.

Lisa I'm getting cold feet because the wedding is just around the corner.

결혼식이 코앞으로 다가오니까 갑자기 너무 긴장돼.

Jack You're going to be fine. Don't worry too much.

괜찮아질 거야. 너무 걱정하지 마.

Jenny I usually get cold feet when I make a presentation.

평소 발표를 할 때면 너무 긴장되고 떨려.

Kevin So do I!

나도 그래!

---

just around the corner 코앞으로 다가온, 임박한   **make a presentation** 발표를 하다

If you want me to ~

제가 ~하길 원하시면

[이퓨원미투/두]

If you want me to V ~를 직역하면 '제가 ~하기를 당신이 원한다면'입니다. 이런 경우 우리말로는 보통 '제가 ~하길 원하시면'이라고 얘기를 하죠. 상대에게 '내가 이렇게 하길 원하면' 너는 요렇게 해라, 너는 요렇게 해야지라는 식으로 말할 때 쓰는 패턴입니다. 따라서 **If you want me to V** 표현 뒤에는 상대의 행동을 요구하는 명령문이나 **You have to V ~**(당신은 ~하셔야 해요) 문장이 함께 오는 경우가 많죠.

1 내가 너에게 전화해주길 바란다면 편하게 얘기해.

If you want me to call you, just let me know.
[이퓨원미두커율유 저슬렡미노우]

2 내가 데리러 가길 원하면 문자해.

If you want me to pick you up, just text me.
[이퓨원미두픽뀨업 저슬텍스ㅌ미]

3 내가 진실을 말하기를 바란다면 너부터 먼저 진실을 말해.

If you want me to tell the truth, you have to tell me the truth first.
[이퓨원미두텔더튜룻ㅆ 유햅투텔미-더튜룻ㅆ 풜숫ㅌ]

4 추가 업무를 요청하실 경우 추가 수당을 더 주셔야 합니다.

If you want me to do extra work, you have to pay me extra.
[이퓨원미투두 엑스츄롸웧ㅋ 유햅투페이미 엑스츄롸]

＊
extra는 형용사와 명사로 모두 쓰입니다. extra work 에서는 '추가의'란 의미로 쓰였고, pay me extra에서는 '추가비용'이란 의미로 쓰였어요.

5 수정을 원하신다면 최소 하루 전에 미리 말씀해 주셔야 해요.

If you want me to modify it, you have to tell me at least a day in advance.
[이퓨원미두모러퐈이일 유햅투텔미 앨리숫터데이 이너드붼ㅆ]

2 **pick up** ~를 차로 데리러 가다 | **text** ~에게 문자하다　4 **do extra work** 추가 업무[작업]를 하다
5 **modify** 수정하다 | **at least** 최소한, 적어도 | **in advance** 미리

1 혼자 불안에 떠는 친구에게 할 수 있는 일이란

A   내가 너에게 전화해주길 바란다면 편하게 얘기해.

If you want me to call you, just let me know.

B   고마워. 정말 고맙다.

Thanks. That means a lot.

> *
> That means a lot.은 '정말 고맙다. 큰 힘이 된다.'는 의미로 쓰이는 표현입니다. 보통 뒤에 to me를 붙여 That means a lot to me.로도 많이 쓰죠.

2 약속에 늦을 것 같다는 친구의 전화를 받으며

A   늦겠어. 어떡하면 좋지?

I'm running late. What am I going to do?

B   내가 데리러 가길 원하면 문자해.

If you want me to pick you up, just text me.

3 내게 원하는 게 있다면 너부터 그렇게 해

A   내가 진실을 말하기를 바란다면 너부터 먼저 진실을 말해야지.

If you want me to tell the truth, you have to tell me the truth first.

B   네 말이 맞아. 전적으로 이해해.

You're right. I totally understand.

4 노동의 대가는 제대로 지불해주실 거죠?

A   오늘밤 늦게까지 있어 주셔야겠는데요.

I need you to stay late tonight.

B   추가 업무를 요청하실 경우 추가 수당을 주셔야 하는데요.

If you want me to do extra work, you have to pay me extra.

---

4 **I need you to V** ~해주셔야겠어요

A 수정을 원하신다면 최소 하루 전에 미리 말씀해 주셔야 해요.

If you want me to modify it, you have to tell me at least a day in advance.

B 하지만 이틀 전에 말씀 드렸잖아요!

But I told you two days ago!

⤢ 영어회화 늘리기

🎧 62-3.mp3

---

1 내가 아침 6시에 전화해서 깨워주길 바란다면 편하게 얘기해.

If you want me to call you to wake you up at 6 a.m., just let me know.

---

2 내가 널 데리러 가길 원하면 학교 끝나고 문자해.

If you want me to pick you up, just text me after school.

---

3 내가 그 비밀을 말하길 바란다면 포기하는 게 좋을 거야(포기해).

If you want me to tell you the secret, you'd better give up.

---

4 주말에 업무를 요청하실 경우 추가 수당을 주실 필요가 있어요.

If you want me to work over the weekend, you need to pay me extra.

---

5 디자인 수정을 원하신다면 최소 사흘 전에는 미리 말씀해주실 필요가 있어요.

If you want me to modify the design, you need to tell me at least 3 days in advance.

---

1 전화해서 너를 깨워주다, 너를 깨워주려고 전화하다 **call you to wake you up**   2 학교 끝나고, 방과 후에 **after school**   3 ~하는 게 좋을 거야, ~해 **you'd better V** | 포기하다 **give up**   4 주말에 걸쳐 **over the weekend** | (당신은) ~할 필요가 있어요, ~하셔야 해요 **you need to V**

It slipped my mind.

껌빡했어요.

[잍 슬립ㅌ 마이마인ㄷ]

동사 slip에는 '~에서 미끄러져 나가다', 즉 '~에서 빠져나가다'는 의미가 있어요. 그래서 〈무엇 + slip my mind〉는 '~이 내 생각에서 미끄러져 나가다', '~이 내 생각에서 스윽 빠져나가다'니까 결국 '~을 잊어버리다, 껌빡하다'는 의미가 되는 거랍니다. 따라서 It slipped my mind. 하면 해야 할 일이 있었는데 '그걸 껌빡했다'는 의미가 되죠. 해야 할 일, 하기로 되어 있던 일을 대명사 It으로 받아서 표현한 것입니다.

It slipped my mind.

Emma Sorry. I didn't give you a ring yesterday. It slipped my mind.

죄송해요. 어제 전화를 못 드렸네요. 껌빡했어요.

Anna No worries!

괜찮아요!

Kate Did you turn off the TV?

TV 껐니?

Kevin It slipped my mind.

껌빡했어.

---

give someone a ring ~에게 전화하다

If I were you, I would ~   나라면 ~하겠어
[이프아이월유 아이윤]

어떤 일로 고민하거나 뭔가 난감한 상황에 처한 친구에게 '나라면 이렇게 하겠다', '나라면 저렇게 하겠다'는 식의 **조언**을 하기도 하는데요. 이때 유용한 패턴이 If I were you, I would ~입니다. 직역하면 '내가 너라면 **~하겠다**'이죠. 또, '**나라면 ~하지 않겠어**'라고 조언하려면 would의 부정형을 써서 **If I were you, I would not** ~이라고 하면 됩니다. would는 조동사니까, **뒤에는 동사원형**을 이어주세요.

---

1 나라면 한번 해보겠어.

If I were you, I would try.
[이프아이월유 아이윤츄라이]

---

2 나라면 그것에 대해 조금 더 생각해 보겠어.

If I were you, I would think about it a little bit more.
[이프아이월유 아이윤띵꺼바우릴 어리를빝머얼]

---

3 나라면 그 여자에게 한 번 더 기회를 주겠어.

If I were you, I'd give her another chance.
[이프아이월유 아ㄷ 기벌 어너덜첸ㅆ]

> * If I were you, I would ~에서 I would는 줄여서 I'd로 많이 말합니다.

---

4 나라면 이 문제 참지 않겠어.

If I were you, I would not put up with this.
[이프아이월유 아윤낱 푸럽윋디ㅆ]

---

5 나라면 그런 식으로 포기하진 않겠어.

If I were you, I wouldn't give up like that.
[이프아이월유 아우른기법 라잌댙]

> * If I were you, I would not ~에서 I would not은 줄여서 I wouldn't라고 많이 말합니다.

---

1 try 한번 해보다, 시도해보다   **2 a little (bit) more** 조금 더   **3 give someone a chance** ~에게 기회를 주다
4 put up with ~을 참다, 견디다   **5 give up** 포기하다 | **like that** 그처럼, 그런 식으로

1 도저히 못하겠다고 뒷걸음질치는 친구에게

A 난 수영은 절대 못하겠어.

I'll never be able to swim.

B 나라면 한번 해보겠어.

If I were you, I would try.

2 조금만 더 생각해봐, 친구야

A 나라면 그것에 대해 조금 더 생각해 보겠어.

If I were you, I would think about it a little more.

B 좋은 조언이야.

That's good advice.

3 사람 안 바뀐다지만

A 나라면 그 여자에게 한 번 더 기회를 주겠어.

If I were you, I'd give her another chance.

B 그래 봐야 무슨 소용 있어? 그 여자는 안 바뀌어.

What's the point? She won't change.

> *
> What's the point?는 상대 방의 제안에 대해 '그래 봤자 무슨 의미가 있냐? 무슨 소용이 있냐?'고 받아칠 때 쓰는 표현입니다.

4 따질 건 따져야지

A 질 때문에 진짜 너무 화나!

Jill is so infuriating!

B 나라면 이 문제 참지 않겠어.

If I were you, I wouldn't put up with this.

---

1 **be able to V** ~할 수 있다   4 **infuriating** 격분하게 하는

5 지레 겁먹고 포기하지 말라고

A 난 정말 못해!

I simply can't do it!

B 나라면 그렇게 포기하진 않겠어.

If I were you, I wouldn't give up like that.

⤢ 영어회화 늘리기

🎧 63-3.mp3

1 나라면 일초의 망설임도 없이 도전하겠어.

If I were you, I would challenge without a second's hesitation.

2 나라면 그것에 대해 더 신중하게 생각해 보겠어.

If I were you, I would think about it more carefully.

3 나라면 그 여자는 좋은 사람이니까 한 번 더 기회를 주겠어.

If I were you, I would give her another chance because she's a good person.

4 나라면 망설이지 않겠어.

If I were you, I wouldn't hesitate.

5 나라면 그런 식으로 그 애를 용서하진 않겠어.

If I were you, I wouldn't forgive her like that.

1 일초의 망설임도 없이 **without a second's hesitation**   2 더 신중하게 **more carefully**   3 좋은 사람 **good person**
4 망설이다, 주저하다 **hesitate** (명사형은 hesitation)   5 용서하다 **forgive**

If I were in your shoes

나라면, 내가 네 입장이라면

[이퐈이윌 인유얼슈으ㅈ]

영어에는 shoes를 이용한 다양한 표현이 존재해요. 그 중 다른 사람의 상황이나 입장에 서서 생각해보는 것을 If I were in your shoes라고 표현한답니다. 앞에서 열심히 연습한 If I were you와 같은 의미죠. 따라서 '나라면 어떻게 하겠다'고 조언할 때는 If I were in your shoes, I would ~를 활용하고, 이미 지나간 일에 대해서 '나라면 어떻게 했을 거다'라고 친구 속을 벅벅 긁으려면 If I were in your shoes, I would have p.p. ~를 활용하세요.

Deborah I don't know what to do.
어떻게 해야 할지 모르겠어.

Pete If I were in your shoes, I'd break up with your boyfriend.
내가 네 입장이라면 남자친구랑 헤어지겠어.

Kevin If I were in your shoes, I would have acted differently.
나라면 다르게 처신했을 거야.

Rachel Hindsight is always 20/20.
항상 지나고 나야 보이는 법이야.

---

hindsight (일이 다 벌어진 뒤에) 뒤늦게 보이는 것, 뒤늦게 알게 되는 것   **20/20** 좌우시력이 20, 20이란 의미 (우리말의 좌우 시력 2.0에 해당)   **Hindsight is (always) 20/20.** (항상) 지나고 나면 보이는 법이다. (항상) 지나고 나면 선명해지는 법이다.

I wish I could ~

~할 수 있다면 좋을 텐데

[아이윗쉬 아이쿧]

우리는 하늘을 날 수 없죠. 하지만 '하늘을 날 수 있으면 좋을 텐데.'라는 생각 한 번쯤 하게 되잖아요. 이렇게 **현실적으로는 불가능하거나 이루어지기 힘든 바람 혹은 소망을 나타낼 때** I wish I could ~ 패턴을 활용하세요. hope가 현실적으로 가능하다고 생각되는 바람을 이야기한다면 wish는 현실적으로 가능성이 거의 없는 바람을 이야기합니다. 물론 **뒤에는 동사원형**을 이어주세요.

1 일을 그만둘 수 있다면 좋을 텐데.

I wish I could quit my job.
[아이윗쉬 아이쿧 크윌마이좝]

*
현실과는 다른 일을 가정해 이야기하는 경우에는 조동사의 시제를 한 시제 뒤처진 과거형으로 씁니다. 따라서 **I wish I can** ~이 아니라 **I wish I could** ~라고 하죠.

2 좀 더 자신감이 생기면 좋을 텐데.

I wish I could be more confident.
[아이윗쉬 아이쿧 비머올컨퓌던ㅌ]

3 무를 수 있다면 좋을 텐데.

I wish I could take it back.
[아이윗쉬 아이쿧 테이킬배액]

4 널 도울 수 있다면 좋을 텐데.

I wish I could help you.
[아이윗쉬 아이쿧 헤얼뿌우]

5 이게 우리 집이라고 말할 수 있다면 좋을 텐데 말야.

I wish I could say this is my house.
[아이윗쉬 아이쿧쎄이 디씨ㅈ 마이하우스]

1 **quit one's job** 일을 그만두다   2 **confident** 자신감이 있는   3 **take back** 무르다, 철회하다

1 가슴속에 사표를 품고

A 일을 그만둘 수 있다면 좋을 텐데.

I wish I could quit my job.

B 나도 가끔 그런 생각해.

I think the same thing sometimes.

2 자신감이 필요해

A 좀 더 자신감이 생기면 좋을 텐데.

I wish I could be more confident.

B 하지만 넌 충분히 강한 사람이잖아!

But you're such a strong person!

3 되돌릴 수만 있다면

A 네가 한 말에 나 정말 상처받았어.

I was really hurt by what you said.

B 무를 수 있다면 좋을 텐데, 미안해.

I wish I could take it back, I'm sorry.

> *
> hurt는 '상처를 입히다'란 뜻
> 이기 때문에 '~에[로] 상처
> 를 받다'라고 말하고 싶다면
> 수동태인 be hurt by ~로
> 말합니다.

4 도움이 못 돼 미안

A 널 도울 수 있다면 좋을 텐데.

I wish I could help you.

B 괜찮아. 난 괜찮을 거야.

It's okay. I'll be fine.

3 **what you said** 네가 한 말

5 제발 부동산 대책 좀 잘~!

A 정치꾼들한테 신물이 나.

I am fed up with politicians.

B 이게 우리 집이라고 말할 수 있다면 좋을 텐데 말야.

I wish I could say this is my house.

5 **be fed up with** ~에 신물이 나다

⤢ 영어회화 늘리기

64-3.mp3

1 취업을 할 수 있다면 좋을 텐데.

I wish I could **get a job.**

2 좀 더 끈기가 있음 좋을 텐데.

I wish I could **be more persistent.**

3 시간을 되돌릴 수 있다면 좋을 텐데.

I wish I could **turn back time.**

4 태워다 줄 수 있으면 좋을 텐데.

I wish I could **give you a ride.**

5 이게 내 차라고 말할 수 있으면 좋을 텐데. 아빠 차야.

I wish I could **say this is my car. It's my daddy's car.**

1 취업하다 **get a job**　2 끈기 있는 **persistent**　3 시간을 되돌리다 **turn back time** (*cf.* 20대로 시간을 되돌리다 **turn back time to 20s**)
4 누구를 (차로) 태워다주다 **give someone a ride**

🎧 64-4.mp3

It's not a big deal.

별일 아니야.

[잇ㅊ나러 빅디이얼]

미드를 꾸준히 보다 보면 It's not a big deal. 또는 It's no big deal.이라는 표현 정말 많이 들을 수 있을 텐데요. 여기서 big deal은 '중요한 일', '큰 문제'를 의미합니다. 따라서 It's not a big deal.이라고 하면 '그건 큰 문제 아냐.' 즉 '별일 아냐.'라는 뜻이죠. It's no big deal.도 같은 말이고요. 별것도 아닌데 호들갑을 떠는 친구에게 차분하게 '그게 뭐 대수라고? 별일 아냐.'라고 말해줄 때도, 뭔가 대수롭지 않은 일로 걱정하거나 나한테 미안해하는 친구를 안심시킬 때도 자주자주 써보세요.

It's not a big deal.

Peter
Oh, I forgot to bring the book I borrowed from you.
아, 너한테 빌린 책 가져온다는 걸 깜빡했네.

Daniel
Don't worry about it. It's not a big deal. You can bring it next time.
걱정 마. 별거 아니야. 다음번에 갖다 줘도 돼.

Alison
I'm so sorry. I forgot your coat.
미안해. 네 코트 깜빡했어.

Wayne
It's no big deal. Just bring it next time.
별일 아냐. 그냥 다음번에 갖다 줘.

borrow ~을 빌리다   **next time** 다음번에

I should have p.p. ~ ~했어야 했는데 (그러지 못했다)
[아이슈ㄷ햅]

크든 작든 **후회나 아쉬움**이 1도 없는 인생은 없습니다. 살다 보면 "아, 이렇게 했어야 했는데." 정도의 작은 아쉬움 한 마디 내뱉을 일은 종종 생기는 법이죠. 그럴 때 영어로는 I should have ~를 내뱉으세요. 뒤에는 **동사의 과거분사형(p.p.)**을 이어주고요. **'~했어야 했는데'** 그러지 못했다는 의미랍니다.

1 그 남자한테 먼저 물어봤어야 했는데.
I should have asked him first.
[아이슈ㄷ햅 애슼떰 풜숫ㅌ]

2 운동을 했어야 했는데.
I should have worked out.
[아이슈ㄷ햅 웤[따울]

3 돈을 모아놨어야 했는데.
I should have saved money.
[아이슈ㄷ햅 쎄입ㄷ머니]

4 의사가 될 걸 그랬어.
I should have been a doctor.
[아이슈ㄷ햅비너 닥털]

5 조지 가에서 내렸어야 했는데.
I should have gotten off at George Street.
[아이슈ㄷ햅 같은어오팻 죨쥐스츄륄]

5 **get off** (버스, 지하철 등에서) 내리다 (↔ get on)

＊
should have[슈ㄷ햅]를 원어민처럼 빨리 발음해 보세요. 자연스럽게 [슈릅]에 가까운 소리가 납니다. **should have**는 약하게 발음하고 뒤따라오는 과거분사에 좀 더 힘을 실어주세요.

＊
버스나 기차, 비행기 등에 '탄다'고 할 때는 get on을 쓴다고 했죠. 반대로 '내린다'고 할 때는 get off를 씁니다. 몸을 숙이지 않고 타는 교통수단에 사용되죠.

1 아, 자신 없는데 이대로 괜찮을까?

A 그 남자한테 먼저 물어봤어야 했는데.

I should have asked him first.

B (물어보고 말고 할 것이) 그냥 해버려.

You've got to be more direct.

> * You've got to V는 You have to V의 구어체 표현입니다. 상대에게 '~해야 해, ~해'라고 조언하거나 지시할 때 쓰면 되죠.

2 아, 찔려

A 왜 그렇게 죄책감을 느끼고 그래?

Why do you feel so guilty?

B 운동을 했어야 했는데 안 했더니 (찔리네).

I should have worked out.

3 돈이 없어서

A 왜 이번 주말에 어디 안 갔어?

How come you're not going away this weekend?

B 돈을 모아놨어야 했는데 말야. (돈이 없어서 못 갔지 뭐야.)

I should have saved money.

> * How come ~?은 '왜 ~?'로 이유를 묻는 표현입니다. How come 뒤에는 문장(주어 + 동사)이 온다는 점에 주목하세요.

4 좀 더 훌륭한 사람이 됐으면

A 의사가 될 걸 그랬어.

I should have been a doctor.

B 간호사가 되는 것도 훌륭한 일이야.

Being a nurse is also honorable.

---

2 **feel guilty** 죄책감을 느끼다, 맘에 찔려 하다   3 **go away** (휴가나 쉬는 날에) 어디 멀리 떠나다   4 **honorable** 훌륭한, 명예로운

A 왜 이렇게 늦었어!

You're so late!

B 조지 가에서 내렸어야 했는데. (더 갔지 뭐야.)

I should have gotten off at George Street.

↖↗↙↘ 영어회화 늘리기

🎧 65-3.mp3

1 결정을 내리기 전에 그 남자한테 물어봤어야 했는데.

I should have **asked him before I made a decision.**

2 건강했을 때 매일 운동을 했어야 했는데.

I should have **worked out every day when I was healthy.**

3 집을 사려면 돈을 더 모았어야 했는데.

I should have **saved more money to buy a house.**

4 학교 다닐 때 공부를 더 열심히 했어야 했는데.

I should have **studied harder when I was in school.**

5 조지 가에서 버스를 탔어야 했는데.

I should have **taken the bus on George Street.**

1 결정을 내리다 **make a decision** 2 건강한 **healthy** 3 돈을 더 모으다 **save more money** | ~하기 위해, ~하려면 **to V**
4 공부를 더 열심히 하다 **study harder** | 학교에 다녔을 때 **when I was in school** 5 버스를 타다[이용하다] **take the bus**

Believe it or not

믿거나 말거나, 믿기 힘들겠지만

[빌리이륍오얼낱]

Believe it or not은 글자 그대로 '그것을 믿거나 말거나'라는 뜻인데요. 뭔가 상대방이 상상치도 못했을 만한 놀라운 사실을 이야기해 줄 때 Believe it or not으로 운을 뗄 수 있습니다. '믿거나 말거나, 믿기 힘들겠지만' 내가 지금 하는 이야기는 사실이라는 의미죠. 이때 it은 바로 뒤에 내가 이야기하는 내용을 가리키는 것이고요. 뒤에 이어지는 내용이 믿기 힘든 내용인 만큼 Believe it or not 뒤에는 but을 붙이고 문장을 이어주는 경우도 많아요. 물론 but 없이 말하는 경우도 많고요.

Lorrie Believe it or not, but Donna has a Ph.D. from Harvard?

믿기 힘들겠지만, 도나는 하버드에서 박사를 땄어.

Ralph Seriously? I can't believe it.

정말? 믿기지가 않는 걸.

Carl How is Tony still working for this company?

토니가 어떻게 아직도 이 회사에서 일하고 있는 거지?

Marg Believe it or not, but he's the son of the president.

믿기 힘들겠지만, 그 사람 사장 아들이거든.

Ph.D. 박사   **work for + 회사** ~에서 일하다

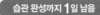 습관 완성까지 **1**일 남음

🎧 66-1.mp3

You'd better ~

~해, ~하는 게 좋을 거야 (안 그럼 재미없어)

[윤베럴]

You should ~ 하면 '~하렴, ~하세요'와 같이 부드럽게 권하는 표현이에요. 저 앞에서 한 번 나왔죠? 하지만 좀 더 강하게 어떻게 하라고 해야 할 경우들이 있습니다. 그럴 때 You'd better ~를 쓰세요. 우리말로 '**~하는 게 좋을 거야**'라고 해서 절대 부드러운 표현이 아녜요. **그렇게 안 하면 너한테 불이익이 생길 거니까 꼭 하라고 제법 강하게 권하는 표현**이거든요. **뒤에는 동사원형이** 옵니다.

---

1 내 충고 듣는 게 좋을 거야.
You'd better **take my advice.**
[윤베럴 테일마이어르봐이ᄊ]

---

2 병원 가봐.
You'd better **see a doctor.**
[윤베럴 씨이어닥떨]

> *
> go to the hospital이라고 하면 종합병원 등과 같이 큰 병원에 간다는 의미입니다. 일상적으로 '병원에 간다, 진료 받으러 간다'고 할 때는 (go) see a doctor을 쓰죠.

---

3 부모님 댁에 가봐.
You'd better **visit your parents.**
[윤베럴 뷔질 유어페어뤈ᄎ]

---

4 그 애한테 말하지 마.
You'd better not **tell her.**
[윤베럴날 텔훨]

> *
> '~하지 않는 게 좋을 거야, ~하지 마'라고 할 때는 You'd better not V ~를 씁니다.

---

5 담배 피우지 않는 게 좋을 거야.
You'd better not **smoke.**
[윤베럴날 스모우ㅋ]

---

1 **take someone's advice** ~의 충고를 듣다   2 **see a doctor** 병원에 가다
3 **visit** ~네 집에 가다 (뒤에 '집'이란 말을 따로 언급해 줄 필요 없음)

1 내 말 들어, 꼭!

A　내 충고 듣는 게 좋을 거야.
You'd better take my advice.

B　그럴게. 약속해.
I will. I promise.

2 아픈데 참는 건 미련한 일

A　일주일째 위가 계속 아프네.
I've had stomach pains for a week.

B　병원 가봐.
You'd better see a doctor.

3 함께할 수 있는 날은 우리 생각보다 짧아

A　부모님 댁에 가봐.
You'd better visit your parents.

B　다음주에 갈 계획이야.
I plan to next week.

4 가만있어, 긁어 부스럼 만들지 말고

A　전 여친이 전화했어. 앨리스가 화 많이 내겠지.
My ex-girlfriend called me. Alice will be furious.

B　그 애한테는 말하지 마.
You'd better not tell her.

---

2 **have stomach pains** 위통이 있다　4 **ex-girlfriend** 전 여자친구 | **furious** 분노하는, 몹시 화를 내는

5 담배 피우지 마, 진짜!

A   기침이 멈추질 않아.

I can't stop coughing.

B   담배 피우지 않는 게 좋을 거야.

You'd better not smoke.

5 **I can't stop -ing** ~하는 것을 멈출 수가 없어, ~이 멈추질 않아

↖↗↙↘ 영어회화 늘리기

🎧 66-3.mp3

1   조금의 오해라도 막으려면 그의 충고를 듣는 게 좋을 거야.

You'd better take his advice to prevent
any misunderstandings.

2   치과에 가봐.

You'd better go to the dentist.

3   부모님을 좀 더 자주 찾아뵙는 게 좋을 거야.

You'd better visit your parents more often.

4   그 애한테는 진실을 말하지 않는 게 좋을 거야.

You'd better not tell her the truth.

5   길거리에서는 담배 피우지 마.

You'd better not smoke on the street.

1 조금의 오해라도 막다 **prevent any misunderstandings**   2 치과에 가다 **go to the dentist** ((go) see a dentist라고 해도 됨)
3 좀 더 자주 **mor often**   4 ~에게 진실을 말하다 **tell someone the truth**   5 거리에서 **on the street**

out of the blue
[아우롭더블루우]

갑자기, 뜬금없이

세상사가 모두 나의 계획과 나의 예상 속에서 돌아가지는 않죠. 살다 보면 '난데없이' 예상치도 못한 일을 마주할 때가 비일비재합니다. 오늘은 그런 난데없는 상황을 나타낼 때 쓰기 좋은 관용표현을 마지막으로 살펴보겠습니다. out of the blue는 원래 '마른 하늘에 날벼락'이란 뜻의 a bolt out of the blue (sky)에서 온 말이래요. 마른 하늘에 날벼락이라 정말 '갑작스럽고 난데없는' 상황인데요. 여기서 앞의 a bolt를 생략하고 out of the blue만 써서 '갑자기, 난데없이, 뜬금없이'라는 의미의 부사 표현으로 활용하게 되었대요.

Jen Believe it or not, he called me last night out of the blue.

믿기 어렵겠지만 그 애가 어젯밤 내게 갑자기 전화를 했어.

Peter Why did he call you out of the blue?

걘 뜬금없이 왜 너한테 전화를 한 거야?

Jen He asked me out on a date.

데이트 신청을 하더라고.

Peter Are you kidding me? He's going out with Stella.

농담하는 거지? 걔 스텔라랑 사귀고 있잖아.

---

ask someone out on a date ~에게 데이트 신청하다　**go out with** ~와 사귀다

영어 삽질 23년
갱미몬을 동시통역사로 만든 비밀,
습관이 완성되는 66일의 영어회화 과외로 체득한다!

갱미몬샘과의 영어회화 수업을 통해 원어민 트라우마를 극복하고
이제는 제가 남들에게 영어를 가르치고 있어요! — Sally

외국계 기업에 이직하려고 선생님과 영어회화 공부를 시작했는데,
최근 회사 프로젝트 홍보모델에 발탁돼 영어 인터뷰도 촬영했습니다! — JY

영어회화 입문용 강력 추천! 기초부터 점검하며 채워나갈 수 있다.
꾸준히 하다 보면 어느 순간 놀랄 만큼 실력이 확 늘어 있다! — Oscar

영어를 놓은 지 20년. 다시 시작할 용기가 안 났는데 영어가 즐겁다.
왕초보, 영알못도 귀 트이고 말 트이게 해주는 갱미몬 리스펙트! — Rachel

단순히 표현만 배우는 게 아니라 영어의 전반적인 맥락이 잡힙니다.
영어가 습관이 됨은 물론 삶의 기쁨이 되고 있습니다! — Luna

2단계
구성

소리로 영어의 귀를 열고
회화패턴으로 기초 체력을 키우고
관용표현으로 영어 감각을 완성한다!

공부법소개

{ 누적 193만 뷰 랜선 영어쌤 갱미몬의 일대일 영어회화 과외 }

현직 동시통역사에게 직접 배우는

66일
영어회화
비밀과외
혼공노트

정경미(경미쌤) 지음

길벗
이지:톡

현직 동시통역사에게 직접 배우는

66일
영어회화
비밀과외

혼공노트

장경미(갱미몬) 지음

특별부록

 66일 영어 습관을 완성하는 혼공노트

오늘 배운 문장은 까먹기 전에 확실하게 복습한다!

| 나와의 굳은 약속 |
66일 혼공노트로 숙제하기

매일 수업이 끝나면 그날 배운 문장을 혼공노트에 정리하세요.
이 노트는 여러분이 방치한다면 재활용 분리수거용 종이쓰레
기가 될 수 있지만, 매일 꾸준히 기록하여 활용한다면 여러분의
평생 영어 습관을 완성해줄 최고의 파트너가 될 것입니다.

MP3파일 활용법

1 QR코드 스캔하기

휴대폰의 QR코드 리더기로 스캔하면 MP3파일을 들을
수 있는 페이지가 나옵니다.

2 길벗 홈페이지

홈페이지에서 도서명을 검색하면 MP3파일 다운로드
와 바로 듣기가 가능합니다.

🎧 Re01.mp3

이 말 영어로 한번 해 볼까요?

☑ 문장 말하기 성공 ☑ 조금 헷갈림 ☒ 모르겠음

💬 **패턴으로 말하기**

☐ 비가 올 것 같은데 어떡하죠.
🎤

☐ 어떡하지, 제시간에 도착 못 할 것 같은데.
🎤

☐ 그들이 우리 제안을 받아들일 것 같지 않은데 어쩌죠.
🎤

☐ 고객님 어떡하죠, 비행기가 결항되었습니다.
🎤

☐ 유감스럽게도 저는 이 자리에 맞는 사람이 아닌 것 같습니다.
🎤

☐ 내일 눈이 올 것 같은데 어떡하죠.
🎤

☐ 차가 막혀서 제시간에 도착 못 할 거 같은데 어쩌지.
🎤

☐ 나 백수라고 그 애가 프로포즈 안 받아주면 어쩌지.
🎤

☐ 고객님 어떡하죠, 폭우로 인해 비행기가 결항되었습니다.
🎤

☐ 미안하지만 자네는 배경 때문에 내 딸에게 맞는 사람이 아닌 것 같네.
🎤

⚡ **네이티브 감각 충전하기**

☐ 조금만 견뎌봐.
🎤

🎧 Re02.mp3

이 말 영어로 한번 해 볼까요?

☑ 문장 말하기 성공 ☑ 조금 헷갈림 ☒ 모르겠음

💬 패턴으로 말하기

☐ 뵙게 돼서 기쁩니다.
🎙

☐ 굉장히 기쁜 소식이다.
🎙

☐ 기회가 생겨서 기뻐요.
🎙

☐ 당신과 결혼하게 되어 행복합니다.
🎙

☐ 함께 하게 되어 너무 좋아요.
🎙

☐ 이 자리에 오게 되어 기쁩니다.
🎙

☐ 네 소식 들으니 정말 좋다.
🎙

☐ 친구랑 함께 당신을 도울 수 있어서 기뻐요.
🎙

☐ 그 사람과 결혼하지 않게 되어 기뻐.
🎙

☐ 이 팀에 합류하게 되어 기쁩니다.
🎙

🔋 네이티브 감각 충전하기

☐ 듣던 중 반가운 소리네요!
🎙

🎧 Re03.mp3

이 말 영어로 한번 해 볼까요?

☑ 문장 말하기 성공　☑ 조금 헷갈림　☒ 모르겠음

💬 패턴으로 말하기

☐ 잠깐 일을 쉬고 있는 중이야.
🎤

☐ 난 지금 큰일났어.
🎤

☐ 그 남자와 사랑에 빠졌어.
🎤

☐ 난 쇼핑 각이야.
🎤

☐ 난 지금 급해/바빠.
🎤

☐ 우리 아들은 잠깐 일을 쉬고 있는 중이야.
🎤

☐ 전 지금 위험한 상황이에요.
🎤

☐ BTS와 사랑에 빠졌어. 특히 RM하고 말야.
🎤

☐ 오늘은 낚시가 당기는데.
🎤

☐ 나 지금 그렇게 급하진 않아.
🎤

⚡ 네이티브 감각 충전하기

☐ 지금 하고 있어요. (좀 기다려봐요.)
🎤

🎧 Re04.mp3

이 말 영어로 한번 해 볼까요?

☑ 문장 말하기 성공   ☑ 조금 헷갈림   ☒ 모르겠음

💬 패턴으로 말하기

☐ 지금 (한창) 회의 중이야.
🎤

☐ 지금 (한창) 저녁식사 중이야.
🎤

☐ 지금 (한창) TV 보는 중이야.
🎤

☐ 지금 (한창) 일하는 중이야.
🎤

☐ 지금 (한창) 차 고치는 중이야.
🎤

☐ 그 분은 지금 (한창) 발표 중입니다.
🎤

☐ 지금 고객들과 (한창) 점심식사 중입니다.
🎤

☐ 여자친구랑 지금 (한창) 영화 보는 중이야.
🎤

☐ 지금 (한창) 숙제하는 중이야.
🎤

☐ 지금 (한창) 자전거 수리 맡기는 중이야.
🎤

🔋 네이티브 감각 충전하기

☐ 진짜야. 진심이야. 정말이야.
🎤

🎧 Re05.mp3

이 말 영어로 한번 해 볼까요?

☑ 문장 말하기 성공　☑ 조금 헷갈림　☒ 모르겠음

💬 패턴으로 말하기

☐ 김선생님과 통화하고 싶은데요.
🎤

☐ 예약하려고 전화했는데요.
🎤

☐ 김선생님과 진료 예약을 하려고 전화했는데요.
🎤

☐ 부탁 좀 드리려고 전화했습니다.
🎤

☐ 내일 선생님의 예약을 확인하려고 전화했습니다.
🎤

☐ 사장님과 통화하고 싶은데요.
🎤

☐ 내일 자로 예약하려고 전화했는데요.
🎤

☐ 오늘 오후 두 시에 진료 예약을 하려고 전화했는데요.
🎤

☐ 뭐 좀 물어보려고 전화했어.
🎤

☐ 내일모레 예약 취소하려고 전화했는데요.
🎤

⚡ 네이티브 감각 충전하기

☐ 식은 죽 먹기야.
🎤

이 말 영어로 한번 해 볼까요?

🎧 **Re06.mp3**

☑ 문장 말하기 성공　☑ 조금 헷갈림　☒ 모르겠음

💬 **패턴으로 말하기**

☐ 난 결정을 내리려고 해.
　🎤

☐ 난 그걸 요약하려고 해.
　🎤

☐ 난 고객들과 저녁식사를 하려고 해.
　🎤

☐ 내일 그 날 하루 휴가를 내려고 해.
　🎤

☐ 여자친구랑 남산 가고 있어. / 여자친구랑 남산에 가려고 해.
　🎤

☐ 가능하면 최대한 빨리 결정을 내리려고 해.
　🎤

☐ 발표를 마무리하겠습니다.
　🎤

☐ 사장님과 점심식사를 할 거예요.
　🎤

☐ 내일모레 일차를 쓰지 않으려고 해.
　🎤

☐ 여자친구와 용산에 있는 영화관에 가고 있어. / 여자친구와 용산에 있는 영화관에 가려고 해.
　🎤

⚡ **네이티브 감각 충전하기**

☐ 고생 끝에 낙이 온다. / 쥐구멍에도 별들 날 있다.
　🎤

008

🎧 Re07.mp3

이 말 영어로 한번 해 볼까요?

☑ 문장 말하기 성공   ☑ 조금 헷갈림   ☒ 모르겠음

💬 패턴으로 말하기

☐ 식사 다 하셨습니까?
🎙

☐ 회의 끝났어?
🎙

☐ 그 관계 끝낸 거니? (너 그 사람이랑 헤어진 거야?)
🎙

☐ 설거지 다 했니?
🎙

☐ 네 프로젝트는 다 끝냈어?
🎙

☐ 점심 다 드셨어요?
🎙

☐ 프레젠테이션 다 끝났어?
🎙

☐ 너 그 애랑 정말 끝난 거야?
🎙

☐ 영어숙제 다 했니?
🎙

☐ 아르바이트 다 끝났어?
🎙

⚡ 네이티브 감각 충전하기

☐ 우린 이제 한배를 탔어. 우린 이제 같은 처지야.
🎙

DATE.　　　.　　　.

번째 숙제

🎧 Re08.mp3

이 말 영어로 한번 해 볼까요?

☑ 문장 말하기 성공　☑ 조금 헷갈림　☒ 모르겠음

💬 패턴으로 말하기

- [ ] 지금 내가 스파이라는 거니?
    🎤

- [ ] 이 협상이 끝났다는 겁니까?
    🎤

- [ ] 내가 바보천치라는 거니?
    🎤

- [ ] 기억이 안 난다는 거니?
    🎤

- [ ] 비행편이 취소됐다는 겁니까?
    🎤

- [ ] 지금 제가 이중 스파이라는 건가요?
    🎤

- [ ] 콘서트가 끝났다는 거야?
    🎤

- [ ] 지금 나더러 야비하다는 거야?
    🎤

- [ ] 내 생일파티에 못 온다는 거니?
    🎤

- [ ] 비행편이 지연됐다는 겁니까?
    🎤

🔋 네이티브 감각 충전하기

- [ ] 꾹 참고 밤새 공부해야 했어.
    🎤

09번째 숙제

🎧 Re09.mp3

이 말 영어로 한번 해 볼까요?

☑ 문장 말하기 성공　☑ 조금 헷갈림　☒ 모르겠음

💬 패턴으로 말하기

☐ 항상 희망은 있는 법이야.
🎤

☐ 언제나 길은 있기 마련이야.
🎤

☐ 언제나 내일은 오는 법이야.
🎤

☐ 모든 일에는 항상 이유가 있기 마련이야.
🎤

☐ 그 공장 주변에는 항상 소음이 많아.
🎤

☐ 항상 희망이 있는 건 아니야.
🎤

☐ 언제나 출구가 있기 마련이야.
🎤

☐ 언제나 가능성은 있기 마련이야.
🎤

☐ 모든 일에는 항상 비난이 따르기 마련이야.
🎤

☐ 그 공장 주변에는 항상 악취가 나.
🎤

⚡ 네이티브 감각 충전하기

☐ 회계 일이 직장에서 제 밥줄이에요.
🎤

10번째
숙제

🎧 Re10.mp3

이 말 영어로 한번 해 볼까요?

☑ 문장 말하기 성공　☑ 조금 헷갈림　☒ 모르겠음

💬 패턴으로 말하기

☐ 먹을 게 (하나도) 없어.
🎤

☐ 두려워할 거 (하나) 없어.
🎤

☐ (전혀) 걱정할 거 없어.
🎤

☐ 이제 더 잃을 게 없어.
🎤

☐ 희망을 가지는 수밖에는 도리가 없어.
🎤

☐ 냉장고에 마실 게 (하나도) 없어.
🎤

☐ 너랑 나 사이에는 숨길 게 (하나도) 없어.
🎤

☐ 의미 없는 일로 속상해할 거 (하나도) 없어.
🎤

☐ 그 남자와 다투어봤자 얻을 게 (전혀) 없어.
🎤

☐ 시골에선 다섯 시만 넘으면 할 게 (전혀) 없어.
🎤

🔋 네이티브 감각 충전하기

☐ 할 일이 너무 많아!
🎤

11 번째

숙제

🎧 Re11.mp3

이 말 영어로 한번 해 볼까요?

☑ 문장 말하기 성공   ☑ 조금 헷갈림   ☒ 모르겠음

💬 **패턴으로 말하기**

☐ 걱정할 필요 없어.
🎙

☐ 속상해 할 필요가 없어.
🎙

☐ 이 일에 대해서는 얘기할 필요 없어.
🎙

☐ 체중 때문에 스트레스 받을 필요 없어.
🎙

☐ 이제는 그 여자를 만날 필요가 없어.
🎙

☐ 그렇게 서두를 필요 없어.
🎙

☐ 실망할 필요 없어.
🎙

☐ 더 이상 문제 삼을 필요 없어.
🎙

☐ 살 뺄 필요 없어. (살 안 빼도 돼.)
🎙

☐ 이제는 그 남자를 기다릴 필요가 없어.
🎙

⚡ **네이티브 감각 충전하기**

☐ 지금 당장은 정해진 게 없어(미정이야).
🎙

12 번째

숙제

이 말 영어로 한번 해 볼까요?

🎧 Re12.mp3

☑ 문장 말하기 성공 ☑ 조금 헷갈림 ☒ 모르겠음

💬 패턴으로 말하기

☐ 선택사항이 너무 많아.
🎤

☐ 요즘은 어두운 소식이 너무 많아.
🎤

☐ 서울에는 극장이 너무 많아.
🎤

☐ 당신네 조직에는 문제가 너무 많아요.
🎤

☐ 인터넷에는 재미있는 게 너무 많아.
🎤

☐ 메뉴가 너무나 많아.
🎤

☐ 그에 대한 안 좋은 소문들이 너무 많아.
🎤

☐ 부산에는 시장이 정말 많아.
🎤

☐ 당신 팀 내에는 문제가 너무 많아요.
🎤

☐ 주말에는 할 일이 너무 많아.
🎤

🔋 네이티브 감각 충전하기

☐ 약속할게.
🎤

DATE.　　　.　　　.

이 말 영어로 한번 해 볼까요?

☑문장 말하기 성공 ☑조금 헷갈림 ☒모르겠음

💬 패턴으로 말하기

☐ 여기 앉아도 돼요?
　🎤

☐ 주목 좀 해주시겠어요?
　🎤

☐ 전화번호 좀 알려주시겠어요?
　🎤

☐ 생각할 시간 좀 주시겠어요?
　🎤

☐ 한 입 먹어봐도 돼?
　🎤

☐ 따뜻한 차 좀 주시겠어요?
　🎤

☐ 계산서 좀 주시겠어요?
　🎤

☐ 명함 한 장 주시겠어요?
　🎤

☐ 이메일 주소 좀 알려주시겠어요?
　🎤

☐ 한 모금 마셔봐도 돼?
　🎤

⚡ 네이티브 감각 충전하기

☐ 가능한 빨리 걔랑 감정 풀어야 하는데.
　🎤

🎧 Re14.mp3

이 말 영어로 한번 해 볼까요?

☑ 문장 말하기 성공   ☑ 조금 헷갈림   ☒ 모르겠음

💬 패턴으로 말하기

☐ 사진을 찍어도 될까요?
🎙

☐ 잠깐 시간을 내주실 수 있을까요?
🎙

☐ 다음 기회에 해도 될까요?
🎙

☐ 하루 휴가를 낼 수 있을까요?
🎙

☐ 제가 (밖에서) 모셔도[대접해도] 되겠습니까?
🎙

☐ 당신의 사진을 찍어도 될까요?
🎙

☐ 메시지를 남기시겠어요? (당신 메시지를 받아둬도 될까요?)
🎙

☐ 제가 한 번 봐도 될까요?
🎙

☐ 이틀 휴가를 낼 수 있을까요?
🎙

☐ 오늘 저녁 밖에서 대접해도 될까요?
🎙

🔌 네이티브 감각 충전하기

☐ 네가 어젯밤에 한 짓을 다 까발릴 거야.
🎙

이 말 영어로 한번 해 볼까요?

☑ 문장 말하기 성공　☑ 조금 헷갈림　☒ 모르겠음

💬 패턴으로 말하기

- [ ] 뭘 좀 물어봐도 될까요?
  🎤

- [ ] 부탁 하나 해도 될까요?
  🎤

- [ ] 소리 좀 낮춰 주실 수 있어요?
  🎤

- [ ] 제가 여는 파티에 와 주시겠어요?
  🎤

- [ ] 돌아와 주시겠어요?
  🎤

- [ ] 그 남자에 대해서 뭐 좀 물어봐도 돼?
  🎤

- [ ] 개인적인 질문 하나 해도 될까요?
  🎤

- [ ] 좀 더 자세히 설명해주실 수 있어요?
  🎤

- [ ] 제 집들이에 와 주시겠어요?
  🎤

- [ ] 환불해 주시겠어요?
  🎤

⚡ 네이티브 감각 충전하기

- [ ] 댄이 말하는 내용은 전부 흐리멍덩해.
  🎤

🎧 **Re16.mp3**

이 말 영어로 한번 해 볼까요?

☑ 문장 말하기 성공   ☑ 조금 헷갈림   ☒ 모르겠음

💬 **패턴으로 말하기**

☐ 한 잔 (사)드릴까요?
🎙

☐ 다른 파스타로 (사)드릴까요?
🎙

☐ 과자를 (사)드릴까요?
🎙

☐ 뭐 좀 가져다/사다 드릴까요?
🎙

☐ 먹을 것 좀 가져다/사다 드릴까요?
🎙

☐ 물 좀 (가져다) 드릴까요?
🎙

☐ 좀 더 큰 사이즈로 드릴까요?
🎙

☐ 스낵과 와인 한 잔 (가져다) 드릴까요?
🎙

☐ 뭐 좀 더 (가져다) 드릴까요? (주문할/필요한 거 더 있으세요?)
🎙

☐ 기다리시는 동안 마실 것 좀 (가져다) 드릴까요?
🎙

🔋 **네이티브 감각 충전하기**

☐ 이 맥주가 나한테는 해장술이야.
🎙

DATE. .   .

이 말 영어로 한번 해 볼까요?

☑ 문장 말하기 성공 ☑ 조금 헷갈림 ☒ 모르겠음

💬 패턴으로 말하기

☐ 무슨 일이 있었는지 말해줄래요?
🎙

☐ 버스 정류장이 어디 있는지 알려 주실래요?
🎙

☐ 우체국이 어디 있는지 알려 주실래요?
🎙

☐ 거기에는 어떻게 가면 되는지 알려 주실래요?
🎙

☐ 그걸 좀 더 자세히 말해줄래요?
🎙

☐ 지난밤 메리에게 무슨 일이 있었는지 말해줄 수 있어?
🎙

☐ 슈퍼마켓이 어디 있는지 알려 주실래요?
🎙

☐ 가장 가까운 경찰서가 어디 있는지 알려 주실래요?
🎙

☐ 이 문제를 어떻게 해결하면 되는지 알려 주실래요?
🎙

☐ 당신이 쓴 보고서에 대해서 말해줄래요?
🎙

🔋 네이티브 감각 충전하기

☐ 그저 조그마한 소동일 뿐이야.
🎙

019

🎧 Re18.mp3

이 말 영어로 한번 해 볼까요?

☑ 문장 말하기 성공　☑ 조금 헷갈림　☒ 모르겠음

💬 패턴으로 말하기

☐ 여권 좀 보여 주시겠어요?
🎙

☐ 여자친구 사진 좀 보여 줄래?
🎙

☐ 출구 좀 알려 주시겠어요?
🎙

☐ 거기에 어떻게 가면 되는지 알려 주시겠어요?
🎙

☐ 쿠키를 굽는 법 좀 알려줄래요?
🎙

☐ 멤버쉽 카드를 보여 주시겠어요?
🎙

☐ 네 숙제 좀 보여줄래?
🎙

☐ 6번 게이트가 어디인지 좀 알려 주시겠어요?
🎙

☐ 박물관에 어떻게 가면 되는지 알려 주시겠어요?
🎙

☐ 이 복사기 사용하는 법 좀 알려줄래요?
🎙

⏎ 네이티브 감각 충전하기

☐ 어색한 분위기를 깰 방법을 찾아봐!
🎙

19 번째 숙제

🎧 Re19.mp3

이 말 영어로 한번 해 볼까요?

☑ 문장 말하기 성공　☑ 조금 헷갈림　☒ 모르겠음

💬 패턴으로 말하기

☐ 이거 좀 도와줄래요?
🎤

☐ 제 가방 드는 것 좀 도와주시겠어요?
🎤

☐ 휴대폰 찾는 거 좀 도와줄래?
🎤

☐ 이거 끝내는 것 좀 도와주시겠어요?
🎤

☐ 이거 만드는 것 좀 도와줄래?
🎤

☐ 내 연설 좀 도와줄래?
🎤

☐ 이 캐리어 옮기는 것 좀 도와주시겠어요?
🎤

☐ 신청서 작성하는 것 좀 도와주시겠어요?
🎤

☐ 이거 설치하는 것 좀 도와줄래?
🎤

☐ 회의 준비하는 것 좀 도와줄래요?
🎤

⚡ 네이티브 감각 충전하기

☐ 그냥 장난 좀 친 거야!
🎤

🎧 Re20.mp3

이 말 영어로 한번 해 볼까요?

☑ 문장 말하기 성공　☑ 조금 헷갈림　☒ 모르겠음

💬 **패턴으로 말하기**

☐ 왜 제가 틀린 건지 설명 좀 해주시겠어요?
🎤

☐ 왜 그렇게 말씀하신 건지 설명 좀 해주시겠어요?
🎤

☐ 그 남자가 왜 좋은지 설명해줄 수 있어?
🎤

☐ 왜 이걸 추천하는지 설명해줄 수 있어요?
🎤

☐ 왜 작동이 안 되는지 설명 좀 해주시겠어요?
🎤

☐ 왜 제가 이 시험에 떨어진 건지 설명 좀 해주시겠어요?
🎤

☐ 제인이 나에 대해서 왜 그렇게 말한 건지 설명해줄 수 있어?
🎤

☐ 헨리가 왜 그렇게 좋은지 설명해줄 수 있어?
🎤

☐ 왜 이 프로젝트에 김박사님을 추천하시는지 설명해주실 수 있어요?
🎤

☐ 왜 이 노트북이 작동이 안 되는지 설명 좀 해줄래?
🎤

↩ **네이티브 감각 충전하기**

☐ 그야 (네가) 쥐꼬리만한 월급을 받으니 그렇지.
🎤

21^번째
숙제

🎧 Re21.mp3

이 말 영어로 한번 해 볼까요?

☑문장 말하기 성공 ☑조금 헷갈림 ☒모르겠음

💬 패턴으로 말하기

☐ 네가 왜 늦었는지 이해가 안 돼.
🎤

☐ 난 걔가 왜 그런 짓을 했는지 이해가 안 돼.
🎤

☐ 왜 이렇게 피곤한지 모르겠어.
🎤

☐ 걔가 왜 날 좋아하지 않는지 이해할 수가 없어.
🎤

☐ 그게 왜 그렇게 비싼지 이해가 안 돼.
🎤

☐ 션이 이 회의에 왜 늦었는지 이해가 안 돼.
🎤

☐ 그 남자가 왜 나타나지 않았는지 이해가 안 돼.
🎤

☐ 네가 왜 그렇게 속상해하는지 이해가 안 돼.
🎤

☐ 왜 엄마가 그 사람을 좋아하지 않는지 이해가 안 돼.
🎤

☐ 왜 뉴욕에서는 모든 게 다 비싼 건지 이해할 수가 없어.
🎤

⚡ 네이티브 감각 충전하기

☐ 설상가상, 엎친 데 덮친 격
🎤

이 말 영어로 한번 해 볼까요?

☑ 문장 말하기 성공 ☑ 조금 헷갈림 ☒ 모르겠음

💬 패턴으로 말하기

☐ 그대에 대한 사랑을 멈출 수가 없어요.
🎙

☐ 웃음이 멈추질 않아.
🎙

☐ 네 생각을 멈출 수가 없어. (네가 계속 생각나.)
🎙

☐ 울음을 멈출 수가 없어.
🎙

☐ 멈출 수가 없어.
🎙

☐ 당신을 계속 쳐다보게 돼요.
🎙

☐ 미소가 자꾸 지어지네.
🎙

☐ 그 영화 생각이 자꾸 나. (그 영화 생각이 멈추질 않아.)
🎙

☐ 재채기가 멈추질 않아.
🎙

☐ 이 책을 손에서 놓을 수가 없어.
🎙

⚡ 네이티브 감각 충전하기

☐ 늦게라도 하는 게 아예 안 하는 것보다 낫지.
🎙

이 말 영어로 한번 해 볼까요?

☑ 문장 말하기 성공 ☑ 조금 헷갈림 ☒ 모르겠음

💬 **패턴으로 말하기**

☐ 이걸 어떻게 사용하는지 모르겠는걸.
🎤

☐ 그 문제를 풀 수가 없어.
🎤

☐ 아무리 봐도 방향을 모르겠어.
🎤

☐ 네가 뭘 물어보는 건지 모르겠어.
🎤

☐ 걔가 뭘 하고 싶은 건지 알 수가 없어.
🎤

☐ 이걸 어떻게 설치하는지 모르겠는걸.
🎤

☐ 요점이 먼지 모르겠어.
🎤

☐ 그 분 강의의 핵심이 먼지 모르겠어요.
🎤

☐ 그 분이 설명한 게 먼지 아무리 봐도 모르겠어.
🎤

☐ 전화가 왜 불통인지 모르겠어.
🎤

🔁 **네이티브 감각 충전하기**

☐ 그럴 줄 알았어.
🎤

🎧 Re24.mp3

이 말 영어로 한번 해 볼까요?

☑ 문장 말하기 성공 ☑ 조금 헷갈림 ☒ 모르겠음

💬 패턴으로 말하기

☐ 그 애가 그런 짓을 했다니 믿어지지가 않아.
🎤

☐ 내가 시험에 붙었다니 믿기지 않아.
🎤

☐ 그 애가 취직을 했다니 믿기지 않아.
🎤

☐ 그 여자분이 돌아가셨다는 게 믿기지 않아.
🎤

☐ 우리가 해냈다는 게 믿기지 않아.
🎤

☐ 스티브가 이걸 만들었다니 믿을 수가 없는 걸.
🎤

☐ 내가 시험에 불합격했다니 믿을 수가 없어.
🎤

☐ 내가 잘리다니 믿기지가 않아.
🎤

☐ 그 여자가 살해당했다니 믿기지가 않아.
🎤

☐ 우리가 복권에 당첨되다니 믿기지가 않아.
🎤

⚡ 네이티브 감각 충전하기

☐ 급할수록 돌아가라.
🎤

🎧 Re25.mp3

이 말 영어로 한번 해 볼까요?

☑ 문장 말하기 성공　☑ 조금 헷갈림　☒ 모르겠음

💬 **패턴으로 말하기**

☐ 콜레스테롤이 건강에 나쁘다는 게 사실이야?
　🎙

☐ 그 남자가 가수라는 게 사실이야?
　🎙

☐ 내가 시험에 붙었다는 게 사실이야?
　🎙

☐ 줄리아가 임신했다는 게 사실이야?
　🎙

☐ 걔가 그 남자를 용서했다는 게 사실이야?
　🎙

☐ 아몬드가 건강에 좋다는 게 사실이에요?
　🎙

☐ 그 여자가 왕년에 배우였다는 게 사실이야?
　🎙

☐ 제가 정말 시험에 불합격한 건가요?
　🎙

☐ 줄리아가 유부녀라는 게 사실이야?
　🎙

☐ 알렉스가 토니를 배신했다는 게 사실이야?
　🎙

🔌 **네이티브 감각 충전하기**

☐ 몸이 좀 안 좋네.
　🎙

26^{번째} 숙제

🎧 **Re26.mp3**

이 말 영어로 한번 해 볼까요?

☑ 문장 말하기 성공   ☑ 조금 헷갈림   ☒ 모르겠음

💬 **패턴으로 말하기**

☐ 일정을 다시 잡는 게 가능해?
🎤

☐ 나중에 협의하는 게 가능합니까?
🎤

☐ 직불카드나 신용카드로 결제 가능한가요?
🎤

☐ 이 프로젝트를 중단하는 게 가능합니까?
🎤

☐ 첫눈에 사랑에 빠진다는 게 가능하니?
🎤

☐ 약속시간을 오후 3시로 조정하는 게 가능해요?
🎤

☐ 회의 끝나고 그 문제에 대해 논의하는 게 가능합니까?
🎤

☐ 현금 결제 가능한가요?
🎤

☐ 마감시한을 다음주까지 연장하는 게 가능해요?
🎤

☐ 그 여자에게 첫눈에 반하지 않는다는 게 가능해?
🎤

🔋 **네이티브 감각 충전하기**

☐ 진짜 마지막까지 능청 부리는 데는 선수라니까.
🎤

DATE. . .

숙제

🎧 Re27.mp3

이 말 영어로 한번 해 볼까요?

☑ 문장 말하기 성공 ☑ 조금 헷갈림 ☒ 모르겠음

💬 **패턴으로 말하기**

☐ 저 환승해야 하나요?
  🎤

☐ 넥타이를 매야 하나요?
  🎤

☐ 이 책을 반납해야 하나요?
  🎤

☐ 저 입원해야 하나요?
  🎤

☐ 제가 이걸 다 갚아야 하나요?
  🎤

☐ 시청역에 가려면 환승해야 하나요?
  🎤

☐ 신발을 벗어야 하나요?
  🎤

☐ 이 책을 일주일 안에 반납해야 하나요?
  🎤

☐ 제가 얼마나 입원해야 하나요?
  🎤

☐ 언제까지 이 빚을 갚아야 하죠?
  🎤

⚡ **네이티브 감각 충전하기**

☐ 금세 예전처럼 컨디션 회복될 거야.
  🎤

🎧 **Re28.mp3**

이 말 영어로 한번 해 볼까요?

☑ 문장 말하기 성공 ☑ 조금 헷갈림 ☒ 모르겠음

💬 **패턴으로 말하기**

- [ ] 잊지 말고 나한테 전화해.
  🎤

- [ ] 잊지 말고 문 잠궈.
  🎤

- [ ] 잊지 말고 기억해 놓으세요.
  🎤

- [ ] 잊지 말고 나 깨워.
  🎤

- [ ] 잊지 말고 안전벨트를 매.
  🎤

- [ ] 잊지 말고 토니한테 문자 보내.
  🎤

- [ ] 우리 요리할 때 창문 여는 거 잊지 마.
  🎤

- [ ] 여기 들르는 거 잊지 마.
  🎤

- [ ] 새벽 5시에 잊지 말고 제니 깨워.
  🎤

- [ ] 잊지 말고 시드니 오페라 하우스 꼭 가봐.
  🎤

🔌 **네이티브 감각 충전하기**

- [ ] 그냥 분위기[흐름]에 따라.
  🎤

🎧 Re29.mp3

이 말 영어로 한번 해 볼까요?

☑ 문장 말하기 성공   ☑ 조금 헷갈림   ☒ 모르겠음

💬 **패턴으로 말하기**

☐ 설마 내 생일을 잊어버렸다는 건 아니겠지.
🎤

☐ 설마 몰랐다는 건 아니겠지.
🎤

☐ 설마 그게 없어졌다는 건 아니겠지.
🎤

☐ 설마 남자친구랑 또 헤어졌다는 건 아니겠지.
🎤

☐ 설마 또 돈을 빌리고 싶다는 건 아니겠지.
🎤

☐ 설마 우리 결혼기념일 잊어버렸다는 건 아니겠지.
🎤

☐ 설마 결함을 몰랐다는 건 아니겠지.
🎤

☐ 설마 지갑을 잃어버렸다는 건 아니겠지.
🎤

☐ 설마 너 다른 사람을 만나고 있는 건 아니겠지.
🎤

☐ 설마 일을 그만두는 건 아니겠지.
🎤

⚡ **네이티브 감각 충전하기**

☐ 정식으로 사귀자.
🎤

🎧 Re30.mp3

이 말 영어로 한번 해 볼까요?

☑문장 말하기 성공　☑조금 헷갈림　☒모르겠음

💬 패턴으로 말하기

☐ 그렇게 너무 부정적으로 생각하지 마.
🎤

☐ 자신에게 너무 가혹하게 굴지 마.
🎤

☐ 너무 그렇게 슬퍼하지 마.
🎤

☐ 너무 그렇게 인색하게 굴지 마.
🎤

☐ 어리석은 소리 그만 해라. / 바보처럼 굴지 좀 마.
🎤

☐ 그렇게 너무 낙관적으로 생각하진 마.
🎤

☐ 너무 충격 먹진 마.
🎤

☐ 작은 일에 너무 실망하지 마.
🎤

☐ 야비하게 굴지 좀 마.
🎤

☐ 시험결과에 대해 너무 염려하지는 마.
🎤

⚡ 네이티브 감각 충전하기

☐ 나 오늘 우울해.
🎤

🎧 Re31.mp3

이 말 영어로 한번 해 볼까요?

☑문장 말하기 성공 ☑조금 헷갈림 ☒모르겠음

💬 **패턴으로 말하기**

☐ 그런 짓은 할 생각도 마.
🎙

☐ 여기다 주차할 생각도 하지 마.
🎙

☐ 나한테 거짓말할 생각도 하지 마.
🎙

☐ 초콜릿을 먹을 생각도 하지 마.
🎙

☐ (나 몰래) 바람 필 생각도 하지 마.
🎙

☐ 이거 살 생각도 하지 마.
🎙

☐ 술 마실 생각도 하지 마.
🎙

☐ 나랑 이야기할 생각도 하지 마.
🎙

☐ 저녁 늦게 치킨 먹을 생각도 하지 마.
🎙

☐ 나한테 기댈 생각도 하지 마.
🎙

⚡ **네이티브 감각 충전하기**

☐ 네가 상관할 바 아냐!
🎙

숙제

이 말 영어로 한번 해 볼까요?

🎧 Re32.mp3

☑ 문장 말하기 성공　　☑ 조금 헷갈림　　☒ 모르겠음

💬 패턴으로 말하기

☐ 이메일 주소 좀 알려주세요.
🎙

☐ 축제 장소 좀 알려주세요.
🎙

☐ 거기에 가는 가장 빠른 방법을 알려주세요.
🎙

☐ 할 거면 알려줘.
🎙

☐ 할인해 줄 수 있으면 알려주세요.
🎙

☐ 전화번호랑 이메일 주소 좀 알려주세요.
🎙

☐ 시청 위치 좀 알려주세요.
🎙

☐ 공항에 가는 가장 빠른 길 좀 알려주세요.
🎙

☐ 관심 있으면 알려주세요.
🎙

☐ 향후에 조금이라도 문제가 생기면 제게 알려주세요.
🎙

➡ 네이티브 감각 충전하기

☐ 기분 최고야! 기분 째진다!
🎙

33 번째

숙제

🎧 Re33.mp3

이 말 영어로 한번 해 볼까요?

☑ 문장 말하기 성공 ☑ 조금 헷갈림 ☒ 모르겠음

💬 **패턴으로 말하기**

- [ ] 내가 도와줄 수 있는지 한번 볼게.
  🎤

- [ ] 내가 정확하게 이해하고 있는지 확인해볼게.
  🎤

- [ ] 아직도 비가 내리고 있는지 한번 볼게.
  🎤

- [ ] 그 여자 전화번호가 있는지 한번 볼게.
  🎤

- [ ] 방이 있는지 한번 볼게요.
  🎤

- [ ] 제가 예약을 변경해 드릴 수 있는지 한번 보겠습니다.
  🎤

- [ ] 그 여자 말의 핵심을 내가 정확히 이해했는지 한번 볼게.
  🎤

- [ ] 아빠가 아직도 화 나셨는지 한번 볼게.
  🎤

- [ ] 나한테 민호 인스타 아이디 있는지 한번 볼게.
  🎤

- [ ] 빈 회의실이 있는지 한번 볼게요.
  🎤

⚡ **네이티브 감각 충전하기**

- [ ] (허락을 구하는 상대에게) 얼마든지요. 그러세요.
  🎤

이 말 영어로 한번 해 볼까요?

🎧 Re34.mp3

☑ 문장 말하기 성공　☑ 조금 헷갈림　☒ 모르겠음

💬 패턴으로 말하기

- [ ] 내 일정을 확인해볼게.
  🎙

- [ ] 성함을 확인해 보겠습니다.
  🎙

- [ ] 선생님의 예약을 확인해 보겠습니다.
  🎙

- [ ] 관리자한테 확인해 보겠습니다.
  🎙

- [ ] 아침식사가 포함되어 있는지 확인해 보겠습니다.
  🎙

- [ ] 그 분 일정을 한번 확인해 보겠습니다.
  🎙

- [ ] 시스템 상에서 고객님의 ID를 확인해 보겠습니다.
  🎙

- [ ] 계좌를/계정을 확인해 드리겠습니다.
  🎙

- [ ] 이에 대해 관리자한테 확인해 보겠습니다.
  🎙

- [ ] 가이드 비용이 포함되어 있는지 확인해 보겠습니다.
  🎙

↩ 네이티브 감각 충전하기

- [ ] 나가는 김에 쓰레기 좀 버려줘.
  🎙

🎧 Re35.mp3

이 말 영어로 한번 해 볼까요?

☑ 문장 말하기 성공 ☑ 조금 헷갈림 ☒ 모르겠음

💬 패턴으로 말하기

☐ (내가 뭐 좀) 들려줄 얘기가 있는데 말야.
🎤

☐ 내가 무슨 일을 겪었는지 들려줄게.
🎤

☐ 내가 여름에 어떻게 지냈는지 들려줄게.
🎤

☐ 지난 토요일에 무슨 일이 있었는지 들려줄게.
🎤

☐ 제 소개를 하겠습니다.
🎤

☐ 그 여자에 대해서 들려줄 얘기가 있는데 말야.
🎤

☐ 내 어린 시절 얘기 들려줄게.
🎤

☐ 내 이상형에 대해 얘기해줄게.
🎤

☐ 저희 회사의 연혁에 대해 말씀드리겠습니다.
🎤

☐ 진실을 얘기해줄게.
🎤

⚡ 네이티브 감각 충전하기

☐ 내가 낼게.
🎤

DATE.   .   .

🎧 **Re36.mp3**

이 말 영어로 한번 해 볼까요?

☑ 문장 말하기 성공　☑ 조금 헷갈림　☒ 모르겠음

💬 패턴으로 말하기

☐ 커피 한 잔 드시겠어요?
🎤

☐ 맥주 좀 드릴까요?
🎤

☐ 아이스크림 좀 드릴까요?
🎤

☐ 치즈를 더 드릴까요?
🎤

☐ 다른 거 뭐 좀 더 드릴까요? (더 필요한 거 있으세요?)
🎤

☐ 케이크 한 조각 드릴까요?
🎤

☐ 오렌지주스 좀 드릴까요?
🎤

☐ 간식 좀 드릴까요?
🎤

☐ 얼음 좀 더 드릴까요?
🎤

☐ 다른 사이즈로 (갖다) 드릴까요?
🎤

⬅ 네이티브 감각 충전하기

☐ 분위기 파악 좀 해!
🎤

이 말 영어로 한번 해 볼까요?

🎧 Re37.mp3

☑ 문장 말하기 성공 ☑ 조금 헷갈림 ☒ 모르겠음

💬 패턴으로 말하기

☐ 내가 여는 파티에 오실래요?
🎤

☐ 그 공연 같이 볼래요?
🎤

☐ 저하고 저녁식사 같이 하실래요?
🎤

☐ 어디 다른 데 가실래요?
🎤

☐ 우리 가족 한번 만나볼래요?
🎤

☐ 이번 주 토요일에 우리집 집들이에 오실래요?
🎤

☐ 영화 같이 볼래요?
🎤

☐ 우리 부모님이랑 다음주 일요일에 점심식사 같이 할래요?
🎤

☐ 경복궁 한번 가볼래요?
🎤

☐ 내 친구랑 소개팅 한번 해볼래?
🎤

⚡ 네이티브 감각 충전하기

☐ 내 취향 아니야.
🎤

🎧 Re38.mp3

이 말 영어로 한번 해 볼까요?

☑ 문장 말하기 성공   ☑ 조금 헷갈림   ☒ 모르겠음

💬 패턴으로 말하기

☐ 어떻게 불러드릴까요?
🎙

☐ 뭘 배우고 싶으세요?
🎙

☐ 뭘 사고 싶으세요?
🎙

☐ 선물로 뭘 받고 싶어요?
🎙

☐ 커피 대신 뭘 드시고 싶어요?
🎙

☐ 자신의 어떤 점을 바꾸고 싶어요?
🎙

☐ 회의에서 뭘 논의하고 싶으세요?
🎙

☐ 방학 동안 뭘 하고 싶어?
🎙

☐ 올해 크리스마스 선물로 뭘 받고 싶어?
🎙

☐ 점심식사로 뭘 드시고 싶으세요?
🎙

🔋 네이티브 감각 충전하기

☐ 과찬이세요.
🎙

🎧 **Re39.mp3**

이 말 영어로 한번 해 볼까요?

☑ 문장 말하기 성공   ☑ 조금 헷갈림   ☒ 모르겠음

💬 **패턴으로 말하기**

- [ ] 어디로 가고 싶어요?
  🎤

- [ ] 어디에 앉고 싶어요?
  🎤

- [ ] 어디에서 일하고 싶어요?
  🎤

- [ ] 5년 후에는 어떤 자리에[어느 위치에] 있고 싶어요?
  🎤

- [ ] 휴가 때 어디로 가고 싶어요?
  🎤

- [ ] 어디로 여행하고 싶어요?
  🎤

- [ ] 어디서 내리실래요?
  🎤

- [ ] 어디서 저녁 먹고 싶어?
  🎤

- [ ] 은퇴 후 어디서 살고 싶으세요?
  🎤

- [ ] 새해 첫날 어디 가고 싶어요?
  🎤

⚡ **네이티브 감각 충전하기**

- [ ] (그 애가) 또 우리를 바람맞히다니!
  🎤

40 번째 숙제

🎧 Re40.mp3

이 말 영어로 한번 해 볼까요?

☑ 문장 말하기 성공 　☑ 조금 헷갈림 　☒ 모르겠음

💬 패턴으로 말하기

- [ ] 커피를 어떻게 타드릴까요?
  🎤

- [ ] 스테이크를 어떻게 해드릴까요?
  🎤

- [ ] 달걀은 어떻게 해드릴까요?
  🎤

- [ ] 머리를 어떻게 잘라드릴까요?
  🎤

- [ ] 결제는 어떻게 하시겠어요?
  🎤

- [ ] 닭고기를 어떻게 요리해 드릴까요?
  🎤

- [ ] 생선을 어떻게 요리해 드릴까요?
  🎤

- [ ] 디저트는 어떻게 해드릴까요?
  🎤

- [ ] 복어를 어떻게 준비해 드릴까요?
  🎤

- [ ] 결제는 어떻게 하시겠어요? 현금인가요, 카드인가요?
  🎤

⚡ 네이티브 감각 충전하기

- [ ] 마이클은 관종이야.
  🎤

41 번째

숙제

🎧 Re41.mp3

이 말 영어로 한번 해 볼까요?

☑ 문장 말하기 성공　☑ 조금 헷갈림　☒ 모르겠음

💬 **패턴으로 말하기**

☐ 언제 결혼했어요?
　🎤

☐ 이건 언제 들었어?
　🎤

☐ 언제 뉴욕에서 돌아왔어?
　🎤

☐ 애플에서는 언제부터 일하기 시작했어?
　🎤

☐ 제이크한테 마지막으로 연락을 받은 게 언제야?
　🎤

☐ 언제 약혼한 거야?
　🎤

☐ 언제 예약하셨죠?
　🎤

☐ 언제 대학을 졸업했어요?
　🎤

☐ 영어를 언제부터 배우기 시작했어요?
　🎤

☐ 마지막으로 치과에 간 게 언제야?
　🎤

⏩ **네이티브 감각 충전하기**

☐ 책임 떠넘기지[전가하지] 마.
　🎤

DATE. . .

이 말 영어로 한번 해 볼까요?

☐ 문장 말하기 성공 ☑ 조금 헷갈림 ☒ 모르겠음

💬 패턴으로 말하기

☐ 언제 우리 집에 올 계획이야?
🎙

☐ 그 여자한테는 언제 얘기할 계획이야?
🎙

☐ 해외 사무실로 언제 떠날 계획이야?
🎙

☐ 언제 졸업할 계획이야?
🎙

☐ 언제 퇴직할 계획이야?
🎙

☐ 언제 맨하탄을 방문할 계획이세요?
🎙

☐ 아내에게 언제 사실을 말할 계획이야?
🎙

☐ 네 실수를 언제 과장에게 보고할 계획이야?
🎙

☐ 언제 이사 나갈 계획이야?
🎙

☐ 언제 결혼할 계획이야?
🎙

🔋 네이티브 감각 충전하기

☐ 끝내준다!
🎙

43^{번째}

숙제

🎧 Re43.mp3

이 말 영어로 한번 해 볼까요?

☑ 문장 말하기 성공 ☑ 조금 헷갈림 ☒ 모르겠음

💬 패턴으로 말하기

☐ 오일을 마지막으로 교환한 게 언제죠?
🎙

☐ 건강검진를 마지막으로 받은 게 언제죠?
🎙

☐ 우리가 마지막으로 만난 게 언제지?
🎙

☐ 걔가 이 수업을 마지막으로 들은 게 언제지?
🎙

☐ 마지막으로 그림을 그린 게 언제야?
🎙

☐ 마지막으로 여자친구와 영화를 본 게 언제야?
🎙

☐ 마지막으로 숙면을 취한 게 언제죠?
🎙

☐ 우리가 마지막으로 함께 여행한 게 언제지?
🎙

☐ 걔네들이 마지막으로 대화한 게 언제지?
🎙

☐ 마지막으로 부모님과 함께 식사한 게 언제야?
🎙

↩ 네이티브 감각 충전하기

☐ 안 속아. 안 믿어.
🎙

이 말 영어로 한번 해 볼까요?

🎧 **Re44.mp3**

☑문장 말하기 성공 ☑조금 헷갈림 ☒모르겠음

💬 **패턴으로 말하기**

☐ 언제가 괜찮으시겠어요?
🎤

☐ 호주로 여행 가려면 언제가 좋을 것 같아?
🎤

☐ 집을 사려면 언제가 좋을 것 같아?
🎤

☐ 너한테 전화하려면 언제가 좋을까? (언제가 전화 받기 괜찮겠어?)
🎤

☐ 너하고 이 문제를 의논하려면 언제가 좋을까?
🎤

☐ 제가 언제 들르면 좋을까요?
🎤

☐ 베트남으로 여행 가려면 언제가 좋을 것 같아?
🎤

☐ 주식을 좀 사려면 언제가 좋을 것 같아?
🎤

☐ 이야기를 나누려면 언제가 좋을까?
🎤

☐ 언제 회의를 하면 좋을까요?
🎤

🔋 **네이티브 감각 충전하기**

☐ 전 미식가예요. 전 먹는 걸 좋아해요.
🎤

🎧 Re45.mp3

이 말 영어로 한번 해 볼까요?

☑ 문장 말하기 성공 ☑ 조금 헷갈림 ☒ 모르겠음

💬 패턴으로 말하기

☐ 어디서 계산하면 돼요?
🎤

☐ 어디서 지하철을 탈 수 있어요?
🎤

☐ 그 행사 입장권은 어디서 살 수 있어요?
🎤

☐ 제 짐들은 어디서 찾아가면 돼요?
🎤

☐ 제 면세품들은 어디서 찾아가면 돼요? (면세품 찾는 곳이 어디죠?)
🎤

☐ 이 의자 어디에 두면 돼요?
🎤

☐ 어디서 공항버스를 탈 수 있어요?
🎤

☐ 공항행 표는 어디서 구입할 수 있어요?
🎤

☐ 어디서 우편물을 찾을 수 있죠?
🎤

☐ 분실물 보관소는 어디서 찾을 수 있어요?
🎤

⚡ 네이티브 감각 충전하기

☐ (제가) 어디까지 얘기했죠?
🎤

46 번째

숙제

🎧 Re46.mp3

☑ 문장 말하기 성공 ☑ 조금 헷갈림 ☒ 모르겠음

이 말 영어로 한번 해 볼까요?

💬 패턴으로 말하기

☐ 지난밤에 어디 갔었니?
🎤

☐ 재킷 어디서 샀어?
🎤

☐ 춤은 어디서 배웠니?
🎤

☐ 이 정보는 어디서 얻었니?
🎤

☐ 남자친구는 어디서 처음 만났어?
🎤

☐ 어젯밤에 어디서 잤어?
🎤

☐ 그 책 어디서 났어?
🎤

☐ 일본어는 어디서 배웠니?
🎤

☐ 열쇠 어디다 뒀어?
🎤

☐ 이 동네로 이사오기 전에는 어디서 살았어?
🎤

🔋 네이티브 감각 충전하기

☐ 돈이면 다 돼.
🎤

DATE. . .

 🎧 Re47.mp3

이 말 영어로 한번 해 볼까요?

☑문장 말하기 성공 　☑조금 헷갈림 　☒모르겠음

💬 패턴으로 말하기

☐ 제일 가볼 만한 곳이 어디야?
　🎙

☐ 해산물을 먹으려면 어디가 제일 좋니? (해산물 맛집이 어디니?)
　🎙

☐ 기념품을 사려면 어디가 제일 좋니?
　🎙

☐ 이 근처에서 택시 잡기 제일 좋은 곳이 어디야?
　🎙

☐ 시드니에서 제일 살기 좋은 곳은 어디야?
　🎙

☐ 공부하기 제일 좋은 장소가 어디야?
　🎙

☐ 현지 음식을 맛 보려면 어디가 제일 좋아요?
　🎙

☐ 신선한 빵을 사려면 어디가 제일 좋니?
　🎙

☐ 뮤지컬 티켓을 제일 싸게 구할 수 있는 곳이 어디야?
　🎙

☐ 캐나다에서 제일 살기 좋은 곳은 어디야?
　🎙

⚡ 네이티브 감각 충전하기

☐ 어서 먹자.
　🎙

049

🎧 Re48.mp3

이 말 영어로 한번 해 볼까요?

☑ 문장 말하기 성공   ☑ 조금 헷갈림   ☒ 모르겠음

💬 패턴으로 말하기

- ☐ 제일 가까운 지하철역이 어디예요?
  🎤

- ☐ 제일 가까운 버스정류장이 어디예요?
  🎤

- ☐ 여기서 제일 가까운 주차장이 어디예요?
  🎤

- ☐ 제일 가까운 백화점이 어디예요?
  🎤

- ☐ 제일 가까운 화장실이 어디예요?
  🎤

- ☐ 제일 가까운 택시 승강장이 어디예요?
  🎤

- ☐ 제일 가까운 주유소가 어디예요?
  🎤

- ☐ 이 근처에서 제일 가까운 ATM 기계 어디 있어요?
  🎤

- ☐ 제일 가까운 편의점이 어디예요?
  🎤

- ☐ 제일 가까운 약국이 어디예요?
  🎤

⚡ 네이티브 감각 충전하기

- ☐ 덕분에 기분이 좋아졌어요.
  🎤

🎧 Re49.mp3

이 말 영어로 한번 해 볼까요?

☑ 문장 말하기 성공　☑ 조금 헷갈림　☒ 모르겠음

💬 패턴으로 말하기

☐ 이름이 뭐예요?
🎤

☐ 전화번호가 어떻게 돼요?
🎤

☐ 이번엔 무슨 변명을 하려고?
🎤

☐ 이 사안에 대한 의견이 어떻게 되세요? (이 사안에 대해 어떻게 생각하세요?)
🎤

☐ 제일 좋아하는 TV 프로그램이 뭐야?
🎤

☐ 계좌번호가 어떻게 되시죠?
🎤

☐ 묵고 계신 객실 호수가 어떻게 되시죠?
🎤

☐ 신발 사이즈가 어떻게 되세요?
🎤

☐ 그 여자의 단호한 결정에 대해 의견이 어떠세요?
🎤

☐ 제일 좋아하는 커피 브랜드가 뭐야?
🎤

⚡ 네이티브 감각 충전하기

☐ 뭐든 말만 해. 아무거나 말해보세요.
🎤

🎧 Re50.mp3

이 말 영어로 한번 해 볼까요?

☑ 문장 말하기 성공 ☑ 조금 헷갈림 ☒ 모르겠음

💬 패턴으로 말하기

☐ 그 남자에 대해 어떻게 생각해?
🎤

☐ 내 계획/기획(안) 어떤 것 같아?
🎤

☐ 이 아이디어에 대해 어떻게 생각해요?
🎤

☐ 아이 입양하는 거 어떻게 생각해?
🎤

☐ 그 애가 시드니로 이사 가는 거 어떻게 생각해?
🎤

☐ 그 여자의 그림에 대해 어떻게 생각해?
🎤

☐ 내 새 스타일 어떤 거 같아?
🎤

☐ 이 마케팅 전략에 대해 어떻게 생각해요?
🎤

☐ 전공을 언어학에서 심리학으로 바꾸는 거 어떻게 생각해?
🎤

☐ 앤디가 미국으로 이민 가는 거 어떻게 생각해?
🎤

🔁 네이티브 감각 충전하기

☐ 내 정신 좀 봐.
🎤

51 번째

숙제

 Re51.mp3

이 말 영어로 한번 해 볼까요?

☑ 문장 말하기 성공   ☑ 조금 헷갈림   ☒ 모르겠음

💬 패턴으로 말하기

☐ 표를 구하지 못하면 어떡하지?
🎙

☐ 제시간 안에 못 가면 어떡하지?
🎙

☐ 물에 빠지면 어떡해?
🎙

☐ 그 남자가 나타나지 않으면 어떡해?
🎙

☐ 오늘 오후에 비가 오면 어떡해?
🎙

☐ 대출을 못 받으면 어떡하지?
🎙

☐ 열쇠를 못 찾으면 어떡하지?
🎙

☐ 시험에 떨어지면 어떡해?
🎙

☐ 우리 부모님이 알게 되면 어떡해?
🎙

☐ 오늘밤에 눈이 오면 어떡해?
🎙

🔋 네이티브 감각 충전하기

☐ 손뼉도 마주쳐야 소리가 나는 법. 둘 다 똑같아.
🎙

이 말 영어로 한번 해 볼까요?

🎧 Re52.mp3

☑ 문장 말하기 성공　☑ 조금 헷갈림　☒ 모르겠음

💬 **패턴으로 말하기**

☐ 왜 그렇게 말하는 거야?

🎤

☐ 왜 그렇게 느끼니?

🎤

☐ 왜 직장을 옮기고 싶은 거야?

🎤

☐ 왜 내가 그 남자를 좋아하지 않는다고 생각하니?

🎤

☐ 왜 마음을 바꿨어?

🎤

☐ 왜 그렇게 생각하는 거야?

🎤

☐ 왜 그걸 원해?

🎤

☐ 왜 내가 관심이 없을 거라고 생각해?

🎤

☐ 왜 전공을 바꿨어?

🎤

☐ 이 책을 쓰게 된 계기가 무엇이죠? (왜 이 책을 쓰셨나요?)

🎤

🔌 **네이티브 감각 충전하기**

☐ 쉽게 얻은 건 쉽게 잃게 되어 있어.

🎤

DATE. . .

이 말 영어로 한번 해 볼까요?

 Re53.mp3

☑ 문장 말하기 성공 ☑ 조금 헷갈림 ☒ 모르겠음

💬 패턴으로 말하기

☐ 스페인행 비행기표는 얼마나 해요?
🎤

☐ 헬스장 등록비는 얼마나 해요?
🎤

☐ 차 렌트하는 데 얼마나 들어요?
🎤

☐ 여기 주차비 얼마예요?
🎤

☐ 여기서 공항까지 택시 타고 가면 얼마 나와요?
🎤

☐ 하와이행 비행기표는 얼마나 해요?
🎤

☐ 이 호텔에 일주일 묵는 데 얼마나 들어요?
🎤

☐ 이 차 3일 동안 렌트하는 데 얼마나 들어요?
🎤

☐ 시애틀행 고속버스를 타면 얼마예요?
🎤

☐ 시내까지 택시 타고 가면 얼마 나와요?
🎤

⚡ 네이티브 감각 충전하기

☐ (너) 무슨 일이 있어도 이거 꼭 해야 해.
🎤

54 번째

숙제

🎧 Re54.mp3

이 말 영어로 한번 해 볼까요?

☑ 문장 말하기 성공   ☑ 조금 헷갈림   ☒ 모르겠음

💬 패턴으로 말하기

☐ 거기까지 가는 데 얼마나 걸려?
  🎤

☐ 거기까지 차로 얼마나 걸려?
  🎤

☐ 공항에서 호텔까지 얼마나 걸리죠?
  🎤

☐ 끝내는 데 얼마나 걸려요?
  🎤

☐ 회복하는 데 얼마나 걸려요?
  🎤

☐ 출퇴근하는 데 시간이 얼마나 걸려?
  🎤

☐ 지하철로 등교하는 데 얼마나 걸려?
  🎤

☐ 호텔에서 시내까지 지하철로는 얼마나 걸리죠?
  🎤

☐ 과제 끝내는 데 얼마나 걸려?
  🎤

☐ 그 애가 수술에서 회복하는 데 얼마나 걸려요?
  🎤

⚡ 네이티브 감각 충전하기

☐ 너 술 너무 많이 마시는 거 그만해야 해.
  🎤

DATE. . .

🎧 Re55.mp3

이 말 영어로 한번 해 볼까요?

☑문장 말하기 성공 ☑조금 헷갈림 ☒모르겠음

💬 패턴으로 말하기

☐ 운동 얼마나 자주 해?
🎤

☐ 테니스 얼마나 자주 쳐?
🎤

☐ 그 여자애를 얼마나 자주 생각해?
🎤

☐ 비밀번호 얼마나 자주 변경해?
🎤

☐ 밤에 꿈을 얼마나 자주 꿔?
🎤

☐ 외식 얼마나 자주 해?
🎤

☐ 피아노 얼마나 자주 쳐?
🎤

☐ 얼마나 자주 샤워해?
🎤

☐ 얼마나 자주 엔진오일을 교체하나요?
🎤

☐ 일주일에 얼마나 자주 택시를 타는 편인가요?
🎤

📤 네이티브 감각 충전하기

☐ (너) 바가지 썼네.
🎤

🎧 **Re56.mp3**

이 말 영어로 한번 해 볼까요?

☑ 문장 말하기 성공 ☑ 조금 헷갈림 ☒ 모르겠음

💬 **패턴으로 말하기**

☐ 애틀랜타에 사신 지는 얼마나 되셨어요?
🎤

☐ 영어 공부한 지 얼마나 됐어요?
🎤

☐ 그 사람과 사귄 지는 얼마나 됐어요?
🎤

☐ 여기서 일한 지 얼마나 됐어요?
🎤

☐ 얼마나 기다린 거야? (기다린 지 얼마나 됐어?)
🎤

☐ LA에 산 지는 얼마나 되셨어요?
🎤

☐ 프랑스어를 독학으로 공부한 지 얼마나 됐어요?
🎤

☐ 솔로로 지낸 지 얼마나 됐어?
🎤

☐ 인사팀에서 근무한 지 얼마나 되셨죠?
🎤

☐ 여기서 걔를 얼마나 기다린 거야?
🎤

⬅ **네이티브 감각 충전하기**

☐ 이건 서비스입니다.
🎤

DATE.　　　.　　　.

🎧 Re57.mp3

이 말 영어로 한번 해 볼까요?

☑ 문장 말하기 성공　☑ 조금 헷갈림　☒ 모르겠음

💬 패턴으로 말하기

☐ 그 영화 봤어?
🎙

☐ 'Z세대'라는 용어 들어봤어?
🎙

☐ 유학한 적 있어요?
🎙

☐ 유명인 만나본 적 있어?
🎙

☐ 영어 실력 키우려고 노력이라도 해 본 적 있어?
🎙

☐ 그 영화 예고편 봤어?
🎙

☐ 최근에 제이크한테서 소식 들은 거 있어?
🎙

☐ 고양이 키워본 적 있어?
🎙

☐ 온라인으로 사람을 만나본 적 있어?
🎙

☐ 그 남자와 잘 지내보려고 노력이라도 해봤어?
🎙

⚡ 네이티브 감각 충전하기

☐ 그거 진짜 애물단지라는 말밖에는 할 말이 없다.
🎙

🎧 Re58.mp3

이 말 영어로 한번 해 볼까요?

☑ 문장 말하기 성공 . ☑ 조금 헷갈림 ☒ 모르겠음

💬 패턴으로 말하기

☐ 뉴욕에 가 본 적 있어요?
🎙

☐ 중동에 가 본 적 있어요?
🎙

☐ 미국에 가 본 적 있어요?
🎙

☐ 주유소 옆에 있는 카페 가 봤어?
🎙

☐ 이제껏 몇 나라나 가 봤어?
🎙

☐ 인도에 가 본 적 있어요?
🎙

☐ 필리핀 가 본 적 있어요?
🎙

☐ 가족이랑 미국에 가 본 적 있어요?
🎙

☐ 백화점 뒤에 있는 카페 가 봤어?
🎙

☐ 시청역 근처에 있는 그 펍에 가 봤어?
🎙

🔋 네이티브 감각 충전하기

☐ 기분 나빠 하진 마. 악의는 없어.
🎙

59 번째 숙제

🎧 Re59.mp3

이 말 영어로 한번 해 볼까요?

☑ 문장 말하기 성공 ☑ 조금 헷갈림 ☒ 모르겠음

💬 패턴으로 말하기

☐ 난 15년째 영어 공부하고 있어.
🎤

☐ 너 1시간째 기다리고 있다고!
🎤

☐ 복학할까 계속 생각 중이야.
🎤

☐ 2018년부터 한국에 살고 있어요.
🎤

☐ 졸업한 후부터 이 일을 계속 해오고 있어요.
🎤

☐ 4년째 한국에 살고 있어요.
🎤

☐ 2시간째 그애 전화를 기다리고 있어.
🎤

☐ 중퇴하고 창업할까 계속 생각 중이야.
🎤

☐ 2010년부터 중국어를 공부하고 있어.
🎤

☐ 이 회사로 온 뒤부터 3년째 관리자로 일하고 있어.
🎤

⬅ 네이티브 감각 충전하기

☐ 세상에 이루지 못할 것이 없어. 넌 뭐든 할 수 있어.
🎤

🎧 **Re60.mp3**

이 말 영어로 한번 해 볼까요?

☑ 문장 말하기 성공   ☑ 조금 헷갈림   ☒ 모르겠음

💬 패턴으로 말하기

☐ 일을 관두기로 결정했어.
🎤

☐ 그 애랑 헤어지기로 결심했어.
🎤

☐ 당신을 만나고 나서부터 달라져야겠다고 다짐했어요.
🎤

☐ 더 이상 그 애를 믿지 않기로 (결심)했어.
🎤

☐ 6시 이후로는 안 먹기로 (결심)했어.
🎤

☐ 마케팅팀에 지원하기로 결정했어.
🎤

☐ 그 애와 결혼해야겠다는 결심이 막 섰어.
🎤

☐ 직장동료들과 좀 더 잘 지내보기로 마음먹었어.
🎤

☐ 최근에, 새로운 일을 시도해보기로 (결심)했어.
🎤

☐ 저녁식사 후에 최소한 30분은 운동하기로 (결심)했어.
🎤

🔋 네이티브 감각 충전하기

☐ (우리) 처음부터 다시 시작해야 할 것 같은데.
🎤

🎧 Re61.mp3

이 말 영어로 한번 해 볼까요?

☑ 문장 말하기 성공 ☑ 조금 헷갈림 ☒ 모르겠음

💬 패턴으로 말하기

☐ 괜찮으시면 제가 이거 한번 살펴보고 싶은데요.
🎤

☐ 괜찮다면 수요일에 뜨는 비행편을 원합니다.
🎤

☐ 괜찮으면 너희 집에 잠깐 들르고 싶은데.
🎤

☐ 괜찮으시면 파티에 초대하고 싶은데요.
🎤

☐ 괜찮으시면 회의를 1시로 연기하고 싶습니다.
🎤

☐ 괜찮으시면 제가 당신 사진 한 장 찍고 싶은데요.
🎤

☐ 괜찮다면 예약을 취소하고 싶습니다.
🎤

☐ 괜찮으면 내가 공항까지 태워주고 싶은데.
🎤

☐ 괜찮으시면 저희 집들이에 초대하고 싶은데요.
🎤

☐ 괜찮다면 제 친구 타냐를 소개하고 싶은데요.
🎤

🔌 네이티브 감각 충전하기

☐ (갑자기) 너무 긴장돼. 너무 떨려.
🎤

DATE. . .

62 번째

숙제

🎧 **Re62.mp3**

이 말 영어로 한번 해 볼까요?

☑ 문장 말하기 성공 ☑ 조금 헷갈림 ☒ 모르겠음

💬 **패턴으로 말하기**

☐ 내가 너에게 전화해주길 바란다면 편하게 얘기해.
  🎤

☐ 내가 데리러 가길 원하면 문자해.
  🎤

☐ 내가 진실을 말하기를 바란다면 너부터 먼저 진실을 말해.
  🎤

☐ 추가 업무를 요청하실 경우 추가 수당을 더 주셔야 합니다.
  🎤

☐ 수정을 원하신다면 최소 하루 전에 미리 말씀해 주셔야 해요.
  🎤

☐ 내가 아침 6시에 전화해서 깨워주길 바란다면 편하게 얘기해.
  🎤

☐ 내가 널 데리러 가길 원하면 학교 끝나고 문자해.
  🎤

☐ 내가 그 비밀을 말하길 바란다면 포기하는 게 좋을 거야(포기해).
  🎤

☐ 주말에 업무를 요청하실 경우 추가 수당을 주실 필요가 있어요.
  🎤

☐ 디자인 수정을 원하신다면 최소 사흘 전에는 미리 말씀해주실 필요가 있어요.
  🎤

🔋 **네이티브 감각 충전하기**

☐ 깜빡했어요.
  🎤

DATE.   .   .

63 번째 숙제

🎧 **Re63.mp3**

이 말 영어로 한번 해 볼까요?

☑ 문장 말하기 성공   ☑ 조금 헷갈림   ☒ 모르겠음

💬 **패턴으로 말하기**

- [ ] 나라면 한번 해보겠어.
  🎤

- [ ] 나라면 그것에 대해 조금 더 생각해 보겠어.
  🎤

- [ ] 나라면 그 여자에게 한 번 더 기회를 주겠어.
  🎤

- [ ] 나라면 이 문제 참지 않겠어.
  🎤

- [ ] 나라면 그런 식으로 포기하진 않겠어.
  🎤

- [ ] 나라면 일초의 망설임도 없이 도전하겠어.
  🎤

- [ ] 나라면 그것에 대해 더 신중하게 생각해 보겠어.
  🎤

- [ ] 나라면 그 여자는 좋은 사람이니까 한 번 더 기회를 주겠어.
  🎤

- [ ] 나라면 망설이지 않겠어.
  🎤

- [ ] 나라면 그런 식으로 그 애를 용서하진 않겠어.
  🎤

🔌 **네이티브 감각 충전하기**

- [ ] 내가 네 입장이라면 남자친구랑 헤어지겠어.
  🎤

64 번째

숙제

🎧 **Re64.mp3**

이 말 영어로 한번 해 볼까요?

☑ 문장 말하기 성공　☑ 조금 헷갈림　☒ 모르겠음

💬 패턴으로 말하기

☐ 일을 그만둘 수 있다면 좋을 텐데.
🎤

☐ 좀 더 자신감이 생기면 좋을 텐데.
🎤

☐ 무를 수 있다면 좋을 텐데.
🎤

☐ 널 도울 수 있다면 좋을 텐데.
🎤

☐ 이게 우리 집이라고 말할 수 있다면 좋을 텐데 말야.
🎤

☐ 취업을 할 수 있다면 좋을 텐데.
🎤

☐ 좀 더 끈기가 있음 좋을 텐데.
🎤

☐ 시간을 되돌릴 수 있다면 좋을 텐데.
🎤

☐ 태워다 줄 수 있으면 좋을 텐데.
🎤

☐ 이게 내 차라고 말할 수 있으면 좋을 텐데. 아빠 차야.
🎤

🔋 네이티브 감각 충전하기

☐ 별일 아니야.
🎤

🎧 **Re65.mp3**

이 말 영어로 한번 해 볼까요?

☑ 문장 말하기 성공　☑ 조금 헷갈림　☒ 모르겠음

💬 **패턴으로 말하기**

- [ ] 그 남자한테 먼저 물어봤어야 했는데.
  🎤

- [ ] 운동을 했어야 했는데.
  🎤

- [ ] 돈을 모아놨어야 했는데.
  🎤

- [ ] 의사가 될 걸 그랬어.
  🎤

- [ ] 조지 가에서 내렸어야 했는데.
  🎤

- [ ] 결정을 내리기 전에 그 남자한테 물어봤어야 했는데.
  🎤

- [ ] 건강했을 때 매일 운동을 했어야 했는데.
  🎤

- [ ] 집을 사려면 돈을 더 모아놨어야 했는데.
  🎤

- [ ] 학교 다닐 때 공부를 더 열심히 했어야 했는데.
  🎤

- [ ] 조지 가에서 버스를 탔어야 했는데.
  🎤

⚡ **네이티브 감각 충전하기**

- [ ] 믿기 힘들겠지만, 그 사람 사장 아들이야.
  🎤

🎧 Re66.mp3

이 말 영어로 한번 해 볼까요?

☑ 문장 말하기 성공 ☑ 조금 헷갈림 ☒ 모르겠음

💬 패턴으로 말하기

☐ 내 충고 듣는 게 좋을 거야.
🎤

☐ 병원 가봐.
🎤

☐ 부모님 댁에 가봐.
🎤

☐ 그 애한테 말하지 마.
🎤

☐ 담배 피우지 않는 게 좋을 거야.
🎤

☐ 조금의 오해라도 막으려면 그의 충고를 듣는 게 좋을 거야.
🎤

☐ 치과에 가봐.
🎤

☐ 부모님을 좀 더 자주 찾아뵙는 게 좋을 거야.
🎤

☐ 그 애한테는 진실을 말하지 않는 게 좋을 거야.
🎤

☐ 길거리에서는 담배 피우지 마.
🎤

🔋 네이티브 감각 충전하기

☐ 걘 뜬금없이 왜 너한테 전화를 한 거야?
🎤